没有壁垒的世界

——自由、发展、自由贸易和全球治理

〔新西兰〕迈克·穆尔 著
巫 尤 译
祁阿红 校

商务印书馆
2007年·北京

© *Mike Moore*
A WORLD WITHOUT WALLS
**Freedom, Development, Free Trade
and Global Governance**
Cambridge University Press 2003
根据英国剑桥大学出版社 2003 年版译出

乔治·萧伯纳说,理性的人是不进行变革的,人类所有的进步都仰赖于非理性的人。谨以此书献给那些要求和平与进步并为之献身的非理性的人。

目　　录

鸣谢 ………………………………………………………… 6

1. 引言：一位国际主义者的成长 ………………………… 1

第一篇　大背景

2. 何谓全球化？ …………………………………………… 19
3. 耐人寻味 ………………………………………………… 57
4. 关于贸易与自由的哲学、政治学和经济学 …………… 66
5. 越来越好 ………………………………………………… 90

第二篇　从西雅图到多哈

6. 西雅图受挫追怀 ………………………………………… 121
7. 世贸组织何以举足轻重 ………………………………… 131
8. 达成一致意见 …………………………………………… 144
9. 多哈大会的结局 ………………………………………… 161
10. 创建一个"世界"贸易组织 …………………………… 181
11. "新问题"怎样才能强化议程 ………………………… 199
12. 为什么完成新回合至关重要 ………………………… 219

2　没有壁垒的世界

第三篇　公民、公司和全球治理的新政

13. 让文明社会参与 ………………………………………… 245
14. 公司的社会责任 ………………………………………… 267
15. 是反思全球治理的时候了 ……………………………… 284
16. 未来的挑战 ……………………………………………… 330

注释 ………………………………………………………… 360

图 目

图1. 新西兰报纸上吉姆·哈伯德的漫画 …………………… 6
图2. 抗议者阻挠西雅图世贸组织部长级会议的开幕式 ……… 22
图3. 自由贸易与经济增长之间的关系 …………………… 38
图4. 迈克·穆尔与捷克总统瓦茨拉夫·哈维尔在一起 ……… 82
图5. 1900—1998年间发展中国家的人均寿命 …………… 95
图6. 1950—1995年间发展中国家婴儿死亡率 …………… 95
图7. 1960—1993年间联合国开发计划署的人类发展指数 … 97
图8. 经济自由与联合国开发计划署人类发展指数的关系 … 103
图9. 因"肆无忌惮破坏世界森林……"而"通缉"迈克·穆尔的宣传画 …………………… 114
图10. 新西兰报纸上吉姆·哈伯德的漫画 ………………… 122
图11. 西雅图防暴警察用装甲车驱赶抗议者 ……………… 129
图12. 在西雅图散发的反世贸组织招贴画之一 …………… 133
图13. 多哈大会的部分协调者 ……………………………… 164
图14. 卡塔尔报纸刊登的连环漫画 ………………………… 167
图15. 迈克·穆尔与卡塔尔贸易大臣优素福·卡迈勒和尼日利亚贸易部长穆斯塔法·贝洛在多哈 ……………… 174

图16. 与中国贸易部长石广生和东道国卡塔尔贸易大臣
优素福·卡迈勒在一起 …………… 182
图17. 迈克·穆尔与俄罗斯总统弗拉基米尔·普京在一起 …… 197
图18. "迈克·穆尔让穷人挨饿"抗议者 ……………… 250
图19. 世贸组织日内瓦总部外的抗议者 ……………… 253
图20. 警方向西雅图的抗议者喷洒胡椒粉 …………… 271

表　目

表1. 美国最大公司的变更,1990—2010 ……………… 44
表2. 全球与水有关的疾病的估计发病人数和死亡人数
　　（1990年代初）……………………………… 106
表3. 联合国千年发展计划目标,1990—2015 …………… 220
表4. 文明社会各群体全球化立场分类 …………………… 252
表5. 干预多种疾病所需的年增量成本估计 ……………… 335
表6. 1999年非洲移民工人寄回国内的钱 ………………… 339

鸣　谢

任何一本书，说到底，都反映了该书作者的全部影响、他碰到的人物、读过的书和文章以及他的人生和职业体验。很多人都使我获益匪浅，其中有政治家、公务员、学者、企业家、作家和非政府组织的成员。多年来我从他们的工作和思想中吸收了很多东西。我由衷地感谢世界贸易组织的同事、员工和各国代表，他们的经验和建议有些已被我吸收。

我特别要感谢戴维·波特拟定的编辑指导原则，感谢因坦·哈姆丹和凯蒂·沃特斯提供的研究帮助。感谢贾格迪什·巴格瓦蒂、克莱门斯·布恩坎普、蒂姆·格罗泽、帕特里克·洛、迪尔米德·马丁、帕特里克·拉塔、乔治·索罗斯、彼得·沃森和埃内斯托·塞迪略等。他们拨冗读了本书初稿并提了意见。感谢波莱特·普朗谢特、厄休拉·斯蒂芬森和苏珊·康恩。他们以精湛的技艺为我打出了手稿。我要一如既往，感谢我的妻子伊冯娜。多年来，我一直是5点钟就起床，在黄色标准拍纸簿上匆匆写下心得，少不了对她的干扰。我还要感谢剑桥大学出版社的克里斯·哈里森对本书出版事宜的指导。不过，在政治见解或资料出处方面，我要始终如前，承担最后责任，任何错误，概由我负责。

所有的书都是不断完善的。《没有壁垒的世界》* 写作经年，部分吸收了我为世贸组织准备和发表文章和讲话时研究过的资料。书中，我还提出并发展了我曾在《未来简史》中首次探讨的部分见解。但愿此番努力能推动、探索和促进在这些问题上更为广泛的争论，因为这些问题对我们共同的世界的未来非常重要。

迈克·穆尔

2002年8月于日内瓦

---

* "没有壁垒的世界"这一说法不是我创造的，许多人以前就使用过，我第一次见到这种说法是在克林顿总统的一篇讲话中。

1 引言：一位国际主义者的成长

一个地地道道、终身不渝的新西兰工党激进主义分子，怎么会成为公然鼓吹全球化利益的人？毕生坚持国际主义和工人团结原则与信奉贸易和思想自由交流的世界利益原则，这是可以平行不悖的。

我14岁就开始工作了，当时是一家屠宰场的帮工。这家屠宰场每日屠宰数千头牲畜，为新西兰的贫穷乡村小镇莫埃雷瓦提供了季节性的就业机会。我不喜欢那里的暴力行为，不仅因为牲畜被屠宰，而且因为那种残忍的环境。为什么要讲究效率？你干得越好，失去这份工作就越快。

年轻时，我就学会了藐视权力、特权以及与之共生的霸道，这也许是由于我曾在为"家境贫困"的孩子办的一所寄宿学校度过一定时间的缘故。我的寡母带着3个不满12岁的孩子艰难度日，她的娘家人把工党看成一种信仰而不是一种意识形态，他们对30年代大萧条的记忆总是挥之不去。我们是忠诚于工党的部落成员。

对处于遥远的国际互联网前时代、生活在底层的贫穷新西兰人来说，华尔街与我们对大萧条的记忆几乎毫无关系。那场大萧条摧毁了许多几代人都靠小公牛和斧子在乡间过着困苦生活的家庭。诚如当时一位工党政治家所言，虽然这些累死累活的工人"忧心忡忡的擦去额头的汗水",但去失去了他们的农场。我们年轻时都深信,大萧条的祸根是新西兰的保守党政府,不是华尔街,是工党挽救了我们的国家,就像 F.D.罗斯福挽救了美国一样。工党的首届政府总理迈克尔·约瑟夫·萨维奇的照片悬挂在我们的墙上。他们对我说,他是一位圣。我没有参加工党,我出生于工党家庭。

我在一个小国的乡镇长大,得过轻微小儿麻痹症,一条腿上用过支架,所以早就逐渐惨然地意识到。自己已无缘实现新西兰人的伟大梦想,不可能成为全黑橄榄球队的队员。于是我发愤读书,决定把志向定低一些,用新西兰人的话说,成为政治家。我 23 岁时入选议会,成为最年轻政治家,但很快就成为下一次大选中最年轻的落选者。但我最后因帮助 1984 年的工党政府出台了开放市场的市场改革计划,从而引起全世界经济学家的关注,并担任了贸易与外交部长、财政部副部长和另外几个部长。这种经历,加深了我对贸易和全球化若干重大问题的兴趣,后来这些问题在世界发展和安全中发挥了重要作用。不过,我最感愉快的职位还要数美洲杯部长,因为我目睹了自希腊人入侵特洛伊营救美女海伦以来最豪华船队的下水。新西兰的黑色魔法队最终赢得了美洲杯,并获一项赛事的举办权,除旅游收入外,为新西兰净挣数百万美元,且创建了高技术造船业。

我从政初期是个理想主义者,以微弱多数取得议员席位,目睹了首届工党政府执政十多年后下台,其原因是 70 年代初石油危机、言过其实的选举诺言以及平民主义反对党国民党的压力。在审议预算那天晚上我感到振奋,因为在内阁中我的年轻英雄们力主以 90%的投机交易税禁止房价上调。我的政府决定要各公司标明所有产品的最高零售价,禁止家用商品价格飙升,我不禁欣喜若狂。可是等我走访我选区内撤销产品线的工厂时,却发现政策没有发挥作用。工党惨败。我落了选。我开始思考其他经济对策,也反思了我们处理这些危机的方法,发现很多都是我们自作自受。

新西兰国民党(亦译国家党)领导人罗伯特·马尔登当选总理。我们称他为右翼,但他实际上是庇隆主义者。他对石油危机和其他问题采取的对策,是更严格的控制,启动使纳税人不堪重负、"雄心勃勃"但注定要失败的苏加诺/苏联式的巨大工程,如天然气石油厂,以便使新西兰不受世界价格影响。正如列宁推行新经济政策时一样,马尔登旨在控制"经济制高点"。这是哈罗德·威尔逊、尼赫鲁和那一代其他很多领导人提出的政策。

那是一个不同的时代。那一代人目睹了这个世界是如何调动资源赢战争的。他们要控制和调动由中央管理的国家资源,以获得和平时期的增长与成功。持这种观点的不限于民主派的左翼。在美国,理查德·尼克松决定禁止通货膨胀,实施工资物价管制。在英国,爱德华·希思也寻求类似补救法。

1978年大选后,反对党工党的一些议员开始思考并提出一个不同的方法。新西兰经济持续恶化,保守的国民党政府到了提不出预算的程度,局面已不可收拾。1984年7月,马尔登突然决定进行大选,结果败北。

选举结束一个星期后,《经济学家》载文说:

> 在一个有320万人口、7 000万头羊的国家,(马尔登的)口

号是,"雄心勃勃"。罗伯特先生宁可海外举债,也不货币贬值,遂致新西兰的外债占国内生产总值的 45%,比巴西的还高。自罗伯特先生 1975 年出任总理以来,新西兰国内生产总值年增长率仅为 0.75%,在经济合作与发展组织(OECD)24 个成员国中,增速最低。新西兰人还算幸运,他们原来很富。如果他们的国家是一个发展中国家,马尔登的做法就会使它成为世界的灾难之一。跟那些把国内经济搞得一团糟的第三世界的领导人一样,马尔登先生不把对他的批评当一回事,总是说他是"站在人民一边"的。现在,人民有话可说了。其他国民党人当以此为鉴。[1]

工党以"让新西兰和解"的口号赢得大选。托尼·布莱尔还在上大学时,我们就是新工党了,我们的改革至今仍被别人运用与研究。然而,我们在 1984 年的所作所为,既非出于原则,亦非出于理想主义,而是出于无奈。其余的选择均被排除了。如果我们是个发展中国家,国际货币基金组织就会介入了。可我们是"富国"——只不过负债累累。我们这一代曾经享受过世界最高生活水平,但却几乎跌至经济合作与发展组织位次表的末端。动大手术已在所难免。

执政后不久我们就:

· 取消了数十亿美元的农产品(我们最有竞争力的产品)补贴。
· 取消了对肉类产品销售的中央控制。
· 实行了美元浮动汇率。
· 根据与总督达成的契约(由英国财政大臣戈登·布朗答复),

赋予中央银行独立地位。
- 通过私有化清偿外债——债务息为每美元 1.19 美分,高于我们的教育投资。
- 大幅增加了对教育和卫生实际投资。
- 取消了数百个地方政府单位。
- 改造了港口区,使船舶留港时间由过去有时需 13 天或 14 天,缩短为 30 个小时。
- 取消了几十种销售税,征收 10% 的普通销货税;把过去高达 66% 的个人税和将近 50% 的公司税都降至 33%。
- 实现家庭开销制度,免除普通销货税开征费用以保护低收入者。
- 开放入境移民。
- 对退休金高于某个水平的人加征令人讨厌的附加税。
- 改善公益服务。

我们是开拓者:《1977 年世界银行发展报告》对新西兰的实验作了如下评价:"建立专门的、以绩效为基础的政府机构,有比较明确的目的,较大的产量或结果的管理职责。这一趋势,日见明显。在高收入国家中,新西兰提供了最激动人心的例子。它把职能混合的政府部门分解成各司其职的业务单位,由行政首长根据固定条款、固定产量为基础的契约行使领导,并有权雇佣、解雇、进行集体劳资谈判。"[2]

变革是令人痛苦而难忘的,对一个小国来说尤其如此,而且改革也并非广受欢迎。诚如时任新西兰央行总裁的唐·布拉什所言:"(媒体评论员)林赛·佩里戈或许是对的,他说,新西兰是个'经过哈耶克主义者改造、由实用主义者管理、社会主义者居住的国家。'我自己凭直觉认为,新西兰人或许与其他西方国家的公民一样,承认社会主义在经济上行不通,但还是与福利国家以及费边主义的'公平'概念联了姻。"[3]

当时我们谁也没有读过多少F.A.哈耶克的著作,倒是有几位研究过卡尔·波普。他的富有独创性的著作《开放社会及其敌人》是他在新西兰时写成的。

内部的矛盾终于到了使工党政府焦头烂额的地步,最后分裂成致命的派别活动。在塔斯曼海彼岸的澳大利亚工党就没有这么激进,也没有面临如此严峻的经济状况,而且较好地解决了党内矛盾。我在党内力主与经济大腕联手,但在辩论中失败。

图1.新西兰漫画家吉姆·哈伯德总把我看作是熊猫:
他概括了权力斗争中的平衡。

我是在工党的声望跌至最低点时出任总理的——党内核心圈子里我的同僚们对其他人都不抱希望了。这样,我再次出了名,这是因为我成了我国历史上任期最短的总理。然而,我使国家团结起来了——大选那天,人们提前几小时就在投票站前排起了长队,准备把票投给他人。但那就是民主:人民即使错了也是对的。尽管我在民意测验中使工党声望倍增,但仍难以扭转局面。党内的纷争使公众失去了耐心,而面对我们的,是誓欲推翻我们的改革的保守的反对党国民党。好在他们没有这样做。但至少,我保住了工党,使之成为主要反对党,而我则返回议会,继续奋斗。

1.1 为什么要建立世界贸易组织?

1986年关税与贸易总协定(关贸总协)乌拉圭回合以来,我一直作为贸易部长或反对党贸易发言人直接参与世界贸易组织创建进程。过去3年,我担任该多边政府间组织的领导。使我感到自豪的是,世贸组织在我领导期间取得了很大的成就,尤其是2001年成功发起的多哈发展议程,即1986年乌拉圭回合以来的首轮贸易谈判,先后吸纳了占世界人口逾1/4的国家为成员国:立陶宛、摩尔多瓦、阿曼、约旦、克罗地亚、阿尔巴尼亚、爱沙尼亚、格鲁吉亚,以及对世界贸易来说最重要的,中国和中国台北。俄罗斯加入该组织的时间现在也可望大为提前了。

我参与过一个小"发达"国家的开拓性经济改革,犯过错误,目睹了什么行得通、什么行不通,现在有机会与致力于解决贸易与经济发展等重大问题的世界各国政府合作,从宏观的、全球的层次上

8 没有壁垒的世界

研究这些问题,使我眼界大开。在日内瓦的几年使我对这类问题的症结了然于心。我得出了一个至关重要的结论,这也是我写这本书的原因。无论哪个国家,但凡实行民主制度,有专业文职人员,有正派、透明的政党,有开放的商业,有自由公正的媒体,有自由工会,容忍各种宗教,其经济绩效必高无疑。可这一切,有很多是给误解了,被说成是右派政策的胜利。

对左派与右派的定义,历来就含糊不清,而且是为私利服务的。一种定义主要根据对经济的控制,看国家占有多少或控制多少。这是一种幼稚的定义,带有马克思主义的色彩。在实行马克思主义的国家,一切归国家所有,而在法西斯国家,大部分由国家控制。1930年代,希特勒、墨索里尼、庇隆、佛朗哥控制经济的程度,都比瑞典或新西兰这样的社会民主国家高得多。青年时期深受多以巴黎或伦敦经济学院为基地的较左思想影响的人,从中国的邓小平到巴西的费尔南多·恩里克·卡多佐,掌权后都是彻底改革经济、借助市场机制实现市场公正的先驱者。

正如邓小平所说,选择,要么重新分配贫困,于是大家一样贫穷;要么重新分配财富,于是必有穷富之别。

这两个人都曾被流放或判刑,被嘲弄,被同事藐视。但两人都使千百万人摆脱了贫穷。卡多佐1993年出任财政部长时,通货膨胀率为7 000%。一个月内,由于实施其所谓复兴的实际计划,他就把通货膨胀率降至10%。[4] 两人都鼓励外国投资,推行对低效国有企业私有化,改革税制和惩治腐败。邓小平称之为中国特色社会主义。卡多佐总统把它称为受控的自由市场。

近年来,在有的领域里,世贸组织和全球化都成了肮脏的字眼,人们把全球贫困、人权受侵犯、本土文化遭摧毁等问题都归咎于这两者。但我不为所动,依然笃信国际主义、团结和自由——笃信自由贸易、开放市场、民主、仁政、人人积极参与的文明社会——等发展和成功的支柱。我认为,像世贸组织这类机构所促进的货物和思想的自由交流,对于发展起到了催化剂的作用,且已提高了全世界的生活水平,增进了人权。我们既不应当把全球化理想化,也不应当把它妖魔化。

我比较详细地谈了我早年的经历和新西兰开拓性经济改革的背景,因为我惟恐有些时事评论员弄不明白,像我这样一位老资格工党/社会民主党人,怎么可能是政治和经济国际主义的激昂鼓吹者。可这并不矛盾。特权以及由特权带来的权力,一旦受国家保护,就会继续存在而且变本加厉。对比之下,自由和机会平等则与那些受保护的、强大的、得天独厚的势力针锋相对,有助于击败他们,重新分配权力、财富和机会。

领导这个组织对我这样一个社会民主党人很有吸引力。世贸组织不是保护垄断和特权,而是恰恰相反。竞争和开放与垄断和特权适成对比,有助于创造公平的竞争场地,处于各种发展阶段的世界各国,都可凭借这个场地,自由交换商品和服务。贸易保护主义和经济上与政治上的孤立主义,不是真正社会民主思想原则,而是一些思想的残余,来自殖民主义和帝国主义、1920年代近乎崩溃的资本主义、冷战僵局以及歪曲社会民主思想、对马克思主义可怕的离经叛道。

有很多国际主义者背景与我相似。美国国务卿科德尔·赫尔——他实质上指引富兰克林·罗斯福设法通过贸易一类经济手段推进国际主义——就来自一个贫穷的农业州,视贸易为促进和平与发展的手段。赫尔曾说:"我相信,持久和平和国家福利与……国际贸易最大可行程度的自由之间的联系是牢不可破的,对此我从不动摇,而且永远也不会动摇。"[5]

同样,上世纪英国最了不起的工党政府外交大臣厄尼·贝文也是在贫穷的农村长大的,他的思想就是他对当时那种非正义疾恶如仇而形成的。他献身于改善劳苦大众的状况,创建了世界上最大的工会和英国最大的日报。贝文是一位信奉基督教的社会党人,无暇研读马克思的著作,因为它们不符合民主原则,扼杀自由,禁止民主集会和宗教。他说,他的外交政策,是能自由去帕丁顿车站,然后,从那里前往世界任何一个地方。

1930年代圣雄甘地访问伦敦时,是纺织工人和其他工人紧紧围在他的四周,表示与他所代表的人团结。在他的和平抗议策略和阶级团结与种姓团结面前,强大的统治精英理所当然地退缩了,害怕了,对它竭尽侮蔑之能事。哪里有压迫,它就会在那里起到鼓舞作用,受到人们的热切期待。

我所以不时提到"国际主义"和"团结"等词的意义及其引起的共鸣,因为这些概念对我这一代人来说关系重大;这一代人,是1960年代成熟起来的。鼓舞我这一代人的,不是列宁和无产阶级专政,而是列宁说的"设想一下如果没有国家"这句话。在反对越南战争和反对种族隔离斗争期间,我们高唱"我们只是说要给和平一个机会"时,或许是天真了。然而,它们是崇高的理想主义的情感,是诚挚的,而且现在还是如此。

1.2 全球化的反对者

我之所以探讨国际主义和团结等概念的起源,原因其实很简单。世贸组织是一根重要的避雷针——尤其是1999年的西雅图部长级会议期间——是一场精心组织的运动,专门针对所谓全球公司支配的情况。

适值我们被关在铁丝网围栏里的时候,我自觉不可思议的是,像国际主义和团结这类如此美好、崇高、原则性很强、表现普遍价值观和权利的词语,怎么会遭到如此诋毁。全球化作为一个词、一个口号和对历史的一种解释,怎么会使少数人联想到精英统治、支配和权力;联想到受压制的人权、不受控制与约束的资本主义和特权?对比之下,普遍价值观,国际主义和团结则被当作安逸、和睦和宽容的代名词。至于什么叫全球化,或者说全球化不正是应该传播普遍价值观和推动团结吗?

这只是一个市场问题吗?那些咄咄逼人的抗议者和非政府组织——其中不少人没有疯,也不是坏人——的指控有何真理可言?他们断言事情越来越糟,全球化是对自由、发展、本地人和本地文化的威胁。世界真的每况愈下吗?人权在后退吗?环境在恶化吗?贫者愈贫,富者愈富吗?

本书强烈认为,虽然我们还有漫长的路要走,但是世界在一天天好起来。事实上,从衡量人类进步的尺度——寿命、婴儿死亡率、识字率、洁净水的获得、民主、人权等——而言,我们已经取得了巨大进步。自由在与日俱增,其利益也随之倍增,人民得益。随着个人自由的扩大,特权者与强权者的权力在萎缩。

要确保不断进步,就需要有一个人人参与的、建设性的文明社会。我认为,随着社会自由的发展,政治市场也会像其他市场一样,对公众压力作出反应,进行自我矫正。制度建设和人人参与的文明社会,对于改变世界的大目标而言,具有根本意义,更何况,现已有很多非政府组织比一些国际性的政府组织还大。个别金融巨头,如乔治·索罗斯,凭借其基金网络,每年投入全世界发展中国家和各转型经济体的资金达3亿至5亿美元。微软公司的比尔·盖茨资助南部非洲防治艾滋病的款项,从数额上说,比世界卫生组织的拨款还多。

相信我们总能比过去做得更好,这是人的本能;这也是人类之所以是人类的道理。否则,我们或许迄今还处在穴居时期,或者还驾驶着T型汽车,也许劳动者家庭花一年的薪水才买得起一套《不列颠百科全书》,而现在只要花点上网费就能在网上查阅。正是这种无论取得多大成就也从不满足的状况,驱使着我们不断取得更好的结果。

政治自由和经济自由是实现发展和社会公正的最重要的前提,在这样的条件下,为进步而不断进行的奋斗必然取得最好的结果。自由正在全球范围蓬勃发展,民主则是为贫困和失败所累的地区最好的,而且有时还是最革命的选择。在自由得到发展的地方,贫穷和不公正现象就会减少。无论什么形式的自由,一旦受到阻挠,人类进步必将受到挫折。

2001年世贸组织通过的多哈发展议程,为全球繁荣、和平和发展提供了前所未有的机会。在随后几章,我将概括帮助落实多哈议程的一个路线图并细说部分障碍。我还要用我几十年来置身政治和世界贸易的切身体会,考察一下国际结构和现行国际组织机构的适用性。也就是说,要看一看在政治、大社会、文明社会、不文明社会以及企业中起作用的各种力量,然后分析一下不断发展的科学和技术将如何继续改变我们的一切——也许不包括我们产生新思想的天赋能力。

这种"开放社会"依然有其自身的敌人。从宗教改革和启蒙运动以来,在各个时代的各种文化和社会中,都潜藏着这样的敌人。他们反对日本的明治维新,拉回大约700年前抵达阿拉伯湾的庞大中国船队,试图摧毁英国工业城镇的技术。极端民族主义、贸易保护主义和部族组织,都是我们人类的祸因,必然会限制自由,阻挠人权进步,阻碍生活水平与生活条件的改善。但凡言论遭到意识形态和神学扼杀的地方,自由必然凋谢,思想无法活跃,投资不会落地,最终是国家遭殃。很多人都认为,科学正超越我们在精神、伦理和法律方面的应付能力。然而辩论、思想交锋、宽容他人、理性的分歧是进步的前提。民主和自由本身就是好思想,而且也是提高生活水平和提升生活方式的最实际的途径。

全球的大公司,不但没有漠视舆论,或对舆论指手画脚,反而很害怕公众舆论。他们有公关机构,而且其中大多数公司的员工素质都优于发展中国家的公司员工。股东的权力和公众舆论往往会迫使公司争取较好的结果。乔治·萧伯纳说:"理性的人是不进行变革的,人类所有的进步都基于非理性的人。"但在对变革持开放态度的地方,他们需要有氛围、机会和制度,否则,变革就难以持久、和平地进行。

像全球交流、聚焦南方、第三世界网络等非政府组织中的专职"杞人忧天者们",似乎生活在另一个现实之中,只看到一个麦当劳似的乏味的世界。他们往往忽略了现实中较好的一面:在一个令人兴奋的新世界里,从贝多芬的作品、大众旅游、洁净水、新药、帕瓦罗蒂的演唱和廉价的信息,到泰国的外卖餐等,不仅价格公道,而且随处都能买到。现在,由于新技术的出现和迅速下降的销售成本,全世界接触到来自各种文化的知识、历史和思想的人比以往任何时候都多。在发展中国家,如果你夜晚驱车外出,就可以看到,虽然其他店铺早已打烊,网吧里却有许多青年人。马克·吐温说过,只有人类才有羞愧感——或者必须有羞愧感。他说得对。但人类又是唯一受希望驱动的。这一切都是全球化。

由于来自公众的新压力迫使政治家作出反应,政治市场就不断进行自我矫正。有的政治家甚至有预见性,能起到领导作用——假如我从20多年的政界生涯中吸取了什么教训,那就是,过早的正确就是错误。妇女运动和环保主义者赢得了惊人的重要胜利。30年前,尚无一个国家有环境部长或妇女事务部,可现在大多数国家都有了。监督、自由媒体、繁忙的非政府组织、富有同情心的政治家、开放的经济政策——这一切,都有了。

本书第一篇里,我先探讨了全球化的几个主要问题和自由贸易的哲学基础。我认为,与过去相比,对世界上更多的人来说,这个世界要比以前好。在第二篇里,我概述了世贸组织在多边体系中的决定性作用,分析了西雅图贸易部长级会议失败的原因,说明了导致多哈发展议程的动因,制定了确保新一轮谈判成功的路线图。

在第三篇里,我分析了在这个由媒体驱动的时代,我们的文明社会所起的日益重要的作用,提出了供企业界选择的如何发挥更加积极、对社会负责的作用的建议,讨论了全球治理的更好途径——我把我们的时代称为私人外交时代——使我们的国际组织对各国政府和议会切实负起责任来,并最终为它们服务。最后,我要谈谈我们面临的未来的挑战。举行乌拉圭回合谈判时,冷战把半个世界禁锢于严寒期内;当时,传真、移动电话、国际互联网和艾滋病等几乎都还未出现。在未来变化的冲击下,我们可能打败仗。除了变化,一切都未可预知;而变化则正在加速。

下面要说的,是我在国内国际政治中有了种种幸运经历后形成的个人观点和见解。但愿它能使人快乐,使人愤慨,并有助于鼓励新一代公务员比我干得出色。

第一篇 大背景

2　何谓全球化?

全球化就像帝国主义、殖民主义、资本主义和共产主义一样,变成了一个万能标签,像一根大棒那样,可以随意砸向任何意识形态方向。它将是新千年的重要政治、经济和社会现象。

世界殖民体系大部分是在 20 世纪末解体的。随着苏维埃帝国与共产主义的崩溃和资本主义上升为世界主导经济力量,全球化取代了种种"主义",成了公众舆论的主要刺激因素之一。当然,就像很多人把占支配地位的"超级大国"美国看成代表占压倒优势的文化与经济帝国主义的力量一样,人们对全球化的看法也难免毁誉皆有。它使人想起精英统治、对人权的压制和肆意妄为的丑恶的帝国主义形象。在上个世纪的最后 10 年中,全球化已成为声浪最高、往往带有暴力的歧见和抗议的主要目标。

我们现在所讨论的不是弗朗西斯·福山所说的历史的终结,[1]而是旧意识形态的死亡。世界政治力量——无论是民主的还是专制的——多半是用不同时代创建的模具铸造出来的。最近在欧洲和其他地方出现的右翼势力的压力,是由民族主义、反正统的倾向和移民问题引起的,很可能未等复归理性民主中心,就导致极左势力的最终复活。在屡受冲击的拉美经济中,昔日的左派已有卷土重来的迹象。

然而，把欧洲政治进程的局外人新近的成功看成右翼的胜利，是把复杂问题简单化了。最好还是把这些结果看成"怀疑论时代"的进一步表现形式，被日益疏远的公众之所以报答外部力量，是因为内部机构没有对他们所关心的事作出反应，而那些外部人则被认为与这些机构没有任何联系。一股古老的民族主义和部族主义暗流正在涌动，其失败是由于权力日益流出民族国家。随着经济和社会的进一步开放，国内政治家可利用的手段少了，因而他们的反应不能满足选民的需要和期望。

政治上的分歧最终将不是什么左、右的问题，而是政治家怎么办的问题，是抵制还是鼓励全球化的各种表现形式的问题，而全球化是他们无论如何也无法直接控制的。

全球化有助于提高全球生活水平。它不仅是日益相互依存的金融和贸易的流动，也是思想和人员的流动，其势犹如海啸。不过，它与朝着更大透明度、更加民主化、思想的迅速传播这一世界趋势相互交织，同时也与之发生冲突，而国际互联网所提供的奇妙自由和所释放的无政府主义则加速了这个趋势。尽管全球电子媒体也起了巨大作用，然而，使这个竞技场变得如此平坦的还是国际互联网。一个好的网页、邮件投递名单和策略，可以把一个代表少数不满者的非政府组织变成进行抵制或变革的强大力量。国际互联网能使最偏远、最不起眼的竞技者进入经济、社会和政治市场。

反全球化的示威在很大程度上是由非政府组织领导的现象，通过国际互联网精心组织的抗议活动从网络空间走向西雅图的街头，抗议1999年那次倒霉的世贸组织部长级会议，引起了世人的瞩目。通过国际互联网相连的反全球化的神童们，形成了强大的、尽管有极大矛盾,但却震撼了政治体制的利益联盟。(通过国际互联网组织的第一次这样的抗议,就是使经合发组织1998年多边投资协定胎死腹中的那次抗议[见第13章]。)西雅图的抗议又激起了一系列的抗议活动。现在,这种抗议活动已成为从世界银行会议到七国集团峰会、欧洲国家领导人会议的每一次国际会议的特色。

我这里不是要就这些组织或非政府组织的优缺点展开辩论,我将在其他地方对它们进行探讨。这里要指出的是,这些抗议反映了一种新的现实:比较广泛文明的社会将不会再对影响他们生活的决策不闻不问了。我认为这是完全正确的。这是一种非常健康的发展。我们面临的挑战就是找到有创造性的新路子,切实促进具有比较广泛文明的社会与为国家间互动而建立的国际和多边机构之间的交流。

美国国会领袖蒂普·奥尼尔曾指出"所有政治都是地方性的"。埃及贸易部长优素福·布特罗斯·加利曾被迫在第二次预选中(成功地)赢得一个议会席位。我曾高兴地对他说,如果给选民们一个选择,大多数人宁愿议员带回的是一辆轿车,而不是诺贝尔奖。尽管政治仍然是地方性的斗争,经济现已不再是一个国家的问题,而是一个全球性的问题。不承认这一点、不为此作好准备的政府,不仅得不到轿车,就连教育子孙后代与这个非常不同的世界打交道的资格也会丧失。

民族国家,即威斯特伐利亚体制,尽管面临种种威胁,仍将是一种基本的治理体制。实际上,种种证据表明,民族实体有增无减(见第15章)。正是由于国际舞台上利益集团的数量不断增加,多

图 2. 抗议者阻挠西雅图世贸组织部长会议的开幕式。全球化已成为声浪最高、往往带有暴力的歧见和抗议的主要目标。世贸组织不需要敌人,但它的工作方式常常使其自身成为自己最可怕的敌人。这种情况已经发生了变化。(罗伯特·索尔博摄影。路透社版权,1999 年。)

尽管有极大矛盾,但却震撼了政治体制的利益联盟。(通过国际互联网组织的第一次这样的抗议,就是使经合发组织1998年多边投资协定胎腹中的那次抗议[见第13章]。)西雅图的抗议又激起了一系列的抗议活动。现在,这种抗议活动已成为从世界银行会议到七国集团峰会、欧洲国家领导人会议的每一次国际会议的特色。

我这里不是要就这些组织或非政府组织的优缺点展开辩论,我将在其他地方对它们进行探讨。这里要指出的是,这些抗议反映了一种新的现实:比较广泛文明的社会将不会再对影响他们生活的决策不闻不问了。我认为这是完全正确的。这是一种非常健康的发展。我们面临的挑战就是找到有创造性的新路子,切实促进具有比较广泛文明的社会与为国家间互动而建立的国际和多边机构之间的交流。

美国国会领袖蒂普·奥尼尔曾指出"所有政治都是地方性的"。埃及贸易部长优素福·布特罗斯·加利曾被迫在第二次预选中(成功地)赢得一个议会席位。我曾高兴地对他说,如果给选民们一个选择,大多数人宁愿议员带回的是一辆轿车,而不是诺贝尔奖。尽管政治仍然是地方性的斗争,经济现已不再是一个国家的问题,而是一个全球性的问题。不承认这一点、不为此作好准备的政府,不仅得不到轿车,就连教育子孙后代与这个非常不同的世界打交道的资格也会丧失。

民族国家,即威斯特伐利亚体制,尽管面临种种威胁,仍将是一种基本的治理体制。实际上,种种证据表明,民族实体有增无减(见第15章)。正是由于国际舞台上利益集团的数量不断增加,多

图 2. 抗议者阻挠西雅图世贸组织部长会议的开幕式。全球化已成为声浪最高、往往带有暴力的歧见和抗议的主要目标。世贸组织不需要敌人,但它的工作方式常常使其自身成为自己最可怕的敌人。这种情况已经发生了变化。(罗伯特·索尔博摄影。路透社版权,1999 年。)

边关系中的复杂性也与日俱增——这是世贸组织和各国政府在1999年西雅图所汲取的教训。

胡安·恩里克斯指出了一个残酷的事实：技术并不仁慈；它从来不说"请"字，而是猛烈冲击并摧毁现行体制，然后创建全新的体制。无论是国家还是个人，都必须在汹涌澎湃的变革大潮中冲浪，如若试图阻止它，必将被砸得粉身碎骨。现在，各国政府都必须与信息民主化所释放的新力量合作，并推动其发展。政府如何合作、人性化地分担这些问题并分享这些机会，关系到它们的成败。我认为，这既不是对国家利益的背叛，也不是对信息技术和跨国公司支配地位的某种新的"无形的手"投降。正如以色列的果尔达·梅厄曾经说过的："国际治理并不意味着国家的终结，就像多一个管弦乐队并不意味着小提琴的结束。"全球治理不等于全球政府。

然而，全球化撕开了一条成熟的恐惧细缝，那里面有许多政治投机者可以利用的东西。长期以来，他们把内部失败归咎于外力，所利用的是一些人的恐惧心理，因为这些人觉得这些急遽变革的冲击正威胁着他们。现在，世界上所有的错误都可能被归咎于全球化所象征的种种力量。

用这个富有含蓄意义的词，我们想要说明什么？《金融时报》的马丁·沃尔夫在挪威举办的一个研讨会上提出了下列问题：什么是全球化？它是新事物吗？它对社会和企业有什么意义？全球化具有怎样的挑战？全球化会逆转吗？

我认为，有证据表明，对于大多数地区的大多数人来说，由于全球化，世界变得更美好，更公平，更干净，更民主了。诚如捷克总统瓦茨拉夫·哈维尔所说："全球化本身在道德上是中性的。它是好是坏,全看我们赋予它什么内容。"[2]

2.1 什么是全球化?

也许回答全球化不是什么的问题要容易一些。它不是一些缺乏鲜明个性的达沃斯知识分子策划的阴谋,不是无情的跨国公司实现肆意掠夺的方案,不是三边委员会玩弄的阴谋,也不是世贸组织建立世界新秩序的计划。世界也不是像一位不安的人给我的信上所说的那样,是由皇家游艇不列颠号上发出的秘密电报管理的。

全球化也不是世界的美国化:至少从物质上来说不是如此。如果是这样,美国就遭到了巨大的失败。以汽车制造业为例。1950年,美国汽车制造商生产的汽车占世界总量的2/3。随后几年,它的汽车产量的市场份额下降,1960年跌至48%,最后降至1980年的21%,其时,日本的汽车产量超过美国,开始独占鳌头。[3] 现在,日本依然是全球经济中首屈一指的汽车制造商。当然,全球化——尤其是全球制造业——的本质特征之一,是在诸如汽车一类的产品中识别"国家"成分,但这已经变得越来越复杂了。但经济不是静止的。有那么十来年,美国汽车制造商为"生锈地带"的锈蚀忧心忡忡;一部接一部的书写出来了,对美国经济的委靡不振和美国模式的寿终正寝深感遗憾,日本则被奉若新兴的全球经济大国。然后,是日本的衰退以及美国以信息技术和国际互联网革命为后盾的"新经济"复兴。

现在人们比较理解的是,国际经济模式在全球的影响以及外国经济的发展与国民福利。老的国际贸易模式是以各国具有集中管理的厂房与设备、出口一种或多种成品的企业为基础的,它高度重视就降低外国关税进行谈判、为成品进入外国市场达成最低入境成本为目的。例如,从1993年度美国的贸易数据就可以看出前一模式的情况。这些数据显示,平均来看,美国进口的45.5%和出口的32%是在"相关各方"之间,亦即本国公司的子公司或母公司之间实现的。[4] 过去,跨国公司是寻求政府给以特权;我们愿意为你们生产轮胎,只要你们授权我们对它的垄断生产。跨国公司的这种性质已发生改变。现在,新的跨国公司的投入是来自不同的跨国源地。

这对于国际贸易有巨大影响。格扎·费克特库蒂指出,全球化程度越来越大的工业,要求有一个平坦的比赛场地和通用道路规则,包括日益影响国际竞争者相对成本的政策。国际一体化的深化,使更多的生产决策受到国内调控政策的制约。"由于全球化已使各种国内法规变成潜在的贸易壁垒,在贸易方面对微观经济政策进行更大协调的必要性已变得更为明显……因此,贸易官员不得不越来越多地关注影响国际商务活动的国内政策问题。"[5] 正如约翰·杰克逊指出的:"因此,今天的国际经济问题,基本上就是一个'管理'相互依存的问题。"[6]

菲利普·勒格兰认为:"要是你对公司的力量感到担心,那你就应当支持全球化。自由贸易使国内大企业受制于外国企业的竞争。英国电信、法国电信和德国电信,就像沃达丰公司和维京公司等大大小小的新公司一样,现都在相互侵犯对方的势力范围。与全球市场相比,封闭的国内市场被少数几家大企业垄断的可能性要大得多,因为它们有可能讨好政府。即使很多全球性公司比过去大了，可它们未必就比以前强了。给公司以影响力的，不是因为其规模，而是因为不存在竞争。"[7]

反全球化往往成了反崇尚美国的同义词。除了在美国，我无论走到世界上的什么地方，都发现世贸组织被看成是美国的阴谋。人们没有看到这样的事实：美国公司的出口将近占全球出口总额的1/4，而进口则且占全球进口总额的1/5上下。可一旦美国经济低迷，进口减少，就业岗位移向海外，批评美国和全球化的人也迅即牢骚满腹。

全球化不是一种政策，而是一个过程，是人类从树上下来、不再穴居、开始以狩猎和收获谷物以及交换货物和思想为生以来，一直继续至今的一个过程。全球化是在多种因素推动之下国际一体化的加速，在很大程度上是由技术推动的。由信息推动的投资——在瑞士、新加坡和哥斯达黎加等国，有远见卓识的政治家们积极鼓励这样的投资——以及大幅下降的交易、运输和信息成本历来是抢摊的急先锋。

具有开拓思想的管理学大师彼得·德鲁克认为："世界经济不是处于变化之中：它的基础和结构已经发生了变化，而且是不可逆转的变化。"[8]

正如托马斯·弗里德曼所写的，也许最重要的变化趋势历来都是"信息和通讯的民主化。"[9] 随着运输和通讯成本的大幅度降低，使全世界实现有线、无线、陆上、空中四通八达的机器，现在比以往任何时候都先进。

试想：1815—1900年间，美国的铁路使陆路运输费用下降了95%，贸易遂呈指数式增长。英国铁路系统从17世纪的3.2公里运煤用铁路线,发展到 1830—1850 年的"铁路狂热"时代,铁路总里程长达 9 650 公里。今天,其铁路全长约 32 186 公里、车站 2 500个。1869 年苏伊士运河开通后,伦敦与孟买之间的船运费用降低了 30%。到 1920 年代,相对于收入而言,运费下降了 80%(与美国同期的运费降幅相同),1882—1947 年间的货运量则激增 1 000%。空运是真正的运输革命,它现在承担着按价值计 40% 左右的世界制成品出口的运输,反映了全球信息技术制造业的迅猛发展。[10]

20 年前,美国人日电话量为 2 亿次;现在已逾 50 亿次。电信技术的进步使我们在越洋光纤系统上以每秒 25 亿比特的速度传输信息。换句话说,使用该系统,每秒钟可以传输一部半《牛津英语大词典》。而且,数据传输速度还有望提高。据《有线》杂志报道,涂铒纤维和孤立子这两项技术相结合,可以使传输速度超过每秒 1 000 亿比特![11] 有了这种技术进步,数据传输速度可从比现有水平提高 3 900%,这就意味着从根本上真正达到实时数据传输,也许达到了纳秒,信息损耗极小。1980 年,电话交谈通过铜线传送,每秒传送不到一个页面的信息。一磅光纤可传递的信息,比一吨铜线可传递的还多。现在,一束细如发丝的光纤,每秒可传输相当于 90 000 卷《不列颠百科全书》的信息。(我年轻时,购买全套《不列颠百科全书》需要用一个工人阶级家庭一年的工资,而现在,通过国际互联网或 CD,几个小时的工资就够了。)

如果一磅光纤能传送一吨铜线所传送的信息,那么无论是从环保,还是从廉价、高效的传输来说,其意义都堪称开天辟地式的。

距离这个魔障已经被征服了。我们的先人为谋求好的生活而背井离乡,从欧洲到美洲或澳洲殖民地的。他们挥泪向家人告别时,都知道,离别难,重逢更难。无独有偶,去亚洲偏远地区和美国金山淘金的华工也都知道,他们也许再也无缘和亲人团聚了。欧洲大旅行原本只是富人的特权;当然,如果 1914 年或 1939 年你是一名军人,那就另当别论了。

也许他们的孙子辈会对参观阿兹特克人遗迹的包揽旅游不以为然,可是欧洲和亚洲的商业区和寺庙里却挤满了年轻的徒步旅行者。驻新加坡的某投资银行家,能去果阿的海滨胜地度周末,沉浸在月光下的社交聚会中,周一回到办公室,而且并无疲惫之感。在扩大了的欧洲范围内,已经不需要护照。马可·波罗因其旅行而载入史册。今天,穿越多国国界的人估计每天要超过 200 万。[12] 2000 年,波音公司首席执行官菲尔·康迪特预测,到 2016 年,各航空公司每年要运送 30 亿乘客到各自的目的地。[13] 1980 年,国际旅行者还不到 3 亿。到 1990 年代,这个数字就翻了一番。世界旅游组织预测,20 年内——届时全球人口将达到 78 亿左右——全世界将有 20% 左右的人出国旅行。[14]

有批评者认为,全球化是对各地文化的威胁,即大众化文化的美国化,价值观念、艺术、文学和音乐的凋零。他们说,这就叫"音乐电视横行"。我认为,只要各地的语言、音乐和文化都生气盎然,就会出现相反的情况。例如,与一个世纪之前相比,现在说威尔士语和毛利语(新西兰土著语言)的人多了。我年轻时,学校里不用毛利语,也不鼓励孩子们说毛利语。是政府的政策和父母亲的影响使这种语言绝处逢生。

针对特定人群的广播和有线电视频道以及国际互联网,为各种非主流音乐和文化,创造了成千上万新的个性化市场和销路。旅游只不过是为其他文化、历史和环境举办的庆典活动而已。以法国布列塔尼地区洛里昂的凯尔特文化节为例。每年8月,都有近40万人在此隆重集会,颂扬凯尔特文化。来自散居世界各地的凯尔特人的风笛和音乐;来自乌拉圭、新西兰、古巴、荷兰,甚至苏格兰的风笛吹奏者,在这里分享他们对自己文化共有的喜爱之情。人们以自豪和热忱追寻着他们共同的"根"。1789年法国大革命以前,布列塔尼——凯尔特人的一块飞地,他们所说的凯尔特语与威尔士语大同小异——一直都有其自身的议会和语言。它现已成为这一复兴的中心,因为满腔热情的企业家看到了举办此项盛事的商业和文化利益。

历史上许多恐怖事件曾经导致大批人移居国外——有亚美尼亚人、爱尔兰人、柬埔寨人、犹太人、中国人、匈牙利人,现在他们已成为吸引投资、人才和爱国热情归国的源泉。美国、英国、法国和其他很多发达国家的大批政治支持者,都是由这些流亡者形成的,很多人已出人头地。近年来开放的民主社会得到了这些好处。闭关自守的经济,如古巴,则自绝于归国侨民带来的种种利益。

100年前,购买一份《泰晤士报》,需要花一个普通工人一天的工资;现在,几分钟的工作报酬就够了,而且,邮政信箱不仅充满了邮寄的广告宣传品,还有赠阅的报刊。一个世纪前,给伦敦发一份10个词的电报要花一整天的工资;现在此项业务实质上已经免费。弗里德曼写道,打一个纽约到伦敦的3分钟电话的费用,相当于(按1996年的美元计)1930年的300美元[15]——现在,按整个购买力说,这实际上也是一项免费业务了。

中国人发明的螺钉,1 400年后才进入西方市场。中国人发明的手推车,100年后才进入欧洲。相比之下,全球化则以惊人的速度使技术创新进入了市场。正如胡安·恩里克斯等人指出的,全球化使国际互联网进入普通家庭的时间,是电话进入 1/4 美国家庭的时间的 1/5。[16]

戈登·穆尔的著名法则——运算能力的总量每 18 个月增加 1 倍——有过时的危险。现在,普通秘书用个人计算机的计算能力已超过曼哈顿计划时所用的计算机。芯片从根本上来说只不过是一个微型电路硅片,然而它却改变了整个世界。硅谷是这场革命的中心和制高点,它造就了 25 万个百万富翁。而他们并没有都随着网络公司的倒闭而蒸发。在"技术—破坏"后,大量的财富和数以百万计的新工作依然存在。在巴西和印度等国,信息产业比美国增长快 10 倍。

下列数据就反映这场技术革命有多深刻:[17]
- 1995 年,个人计算机销量为5 000万台,汽车是3 500万辆。
- 每两个月,网络的规模就扩大一倍;每 4 秒钟就有一个新的网页产生。
- 今天计算机网页有 3.2 亿;两年内将达到 30 亿。
- 国际互联网业务 10 年内将达到3 000亿美元。
- 不断下降的信息技术投资的价格有助于降低全球通货膨胀。
- 5 000万人拥有收音机用了 38 年,5 000万人拥有电视用了 13 年,5 000万人拥有个人计算机用了 16 年,而5 000万人用上国际互联网只用了 4 年时间。预计到 2005 年,它在全世界的用户将达 10 亿。现在,世界上使用最广泛的语言,既不是英语,也不是汉语,而是由数万亿个0和1构成的复杂数字语言,指挥着计算机执行它们的指令。据恩里克斯预测,到2003年,电话网传送的数据中,97%将是数据而不是个人之间的对话。[18]

我们这个无边界的世界造成了不属任何国家、由共同事业联合而成的利益集团和压力集团。有趣的是,"基地组织"在阿拉伯语中原意是数据库,指1988年为了抗击在阿富汗的苏联人、由奥萨马·本·拉登建立的圣战组织支持者的数据库。这场战争得到了以美国技术和智慧制造的沙特武器的支持和穆斯林世界很多士气高涨的志愿者的参加,而领导这场战争的则大体上是有绝对伊斯兰特点的全球化梦想的乌托邦理想的知识分子。基地组织依然是很强大的威胁。全球化了的、廉价的、难以追踪的、无法阻挡的高技术信息和数据流,无论对好人和坏人都提供了机会。知识可以为医生共享,也可以为恐怖分子和毒品贩子所共享,因为技术本身是中性的,就像一架印刷机。这就是问题的症结。

2.2 全球化是首次出现的现象吗?

全球化并不是什么多新的东西;它的存在大大早于英国控制海洋——之后又放弃对它的控制——之前。历史学家和经济学家认为,在19世纪末20世纪初,这个世界通过贸易所达到的一体化程度比今天还高。当然人员的流动规模也比今天大。早在6世纪,印度的棉花就进入了世界贸易,且沿着贸易线路进入叙利亚、塞浦路斯、西西里、突尼斯、摩洛哥、西班牙,最后进入尼罗河流域。

1500年至1700年间,印度可能是世界最大出口国。肯尼思·波梅兰兹和史蒂文·托皮克在《贸易创造的世界》中指出,伊斯兰贸易线路把中国的造纸术传到欧洲,并把希腊的医药重新带给了在中世纪黑暗时代失了传的欧洲。[19]

欧洲人历经几个世纪,才打破了阿拉伯、印度、中国在亚洲、中东和非洲的繁荣贸易网的一统局面,到17、18世纪,英国东印度公司已成为"当今跨国公司公认的始祖之"。与此同时,荷兰、法国、丹麦和其他欧洲国家对亚洲的进口由政府授权的垄断公司进行。[20]

法国"太阳王"路易十四(1638—1715)在晚茶时使用的是中国的瓷器,喝的是也门的咖啡,加的是圣多美岛的糖。晚茶之后,他抽的是弗吉尼亚的烟。当时,有些法国贵族饮的是阿兹特克人所喜欢的巧克力饮料,而英国人则喜欢喝印度茶。1840年,法国外交家夏多布里昂说到铁路、电报和轮船时指出,"距离将消失,流通的将不仅是商品,思想也要长上翅膀。就像在同一个国家内各省之间那样,国与国之间的金融和商业壁垒拆除时,日常关系中各国都倾向于实现民族统一时,怎么可能再恢复那种陈旧的隔绝方式呢?"

哈里·杜鲁门曾经说过,唯一新的东西就是你未曾读过的历史。所谓**新**的就是不断加快的变化速度以及人们随时都能观察和识别到的正在发生的变化。导致信息流动和开放的这种力量,就是使批评家对全球化感到痛惜,驱使他们展开反全球化国际互联网运动的同样的力量,这种讽刺对一些人没有多少影响。

反应与保护主义也不是什么新东西。英国的运河拥有者曾经组织起来反对来自铁路的威胁。不过,贸易比较开放的国家的发展比那些不开放的国家要快一些,贫穷要少一些,工作、医院、学校要好一些(见第5章)。30年前,加纳的生活水平与韩国一样。朝鲜战争期间汉城曾经四度易手;1945年,北方有半岛最富裕最工业化的部分。到1963年,韩国人均国民生产总值才达到100美元。可现在,韩国是经济合作与发展组织的成员,而北方则是一个经济上完全瘫痪的空架子。2001年韩国就偿清了国际货币基金组织的贷款,并已从亚洲经济危机中恢复了元气,着实令人刮目相看。45年前,中国台湾的工厂主每月付给工人的工资是7.50美元,现在,每小时就支付7.50美元。

1960年,马来西亚的收入水平与海地相同;而今这个加勒比国家仍为西半球最贫穷的国家。第二次世界大战后,缅甸和泰国的生活水平相同。现在,普通泰国人的富裕程度已为当时的25倍。30年前,日本处于发展中国家水平。如今由于存在着严重的金融基础设施问题,它也许步履维艰,但它依然是一个技术和出口强国,储蓄丰厚,是发展中国家产品的巨大进口国。波罗的海沿岸各国,生活水平与丹麦相仿,捷克共和国在苏联经验和实验前,与法国不相上下。1900年,阿根廷生活水平比加拿大或新西兰都高。试猜想出了什么问题?

历史始终与人、思想和产品的流动有关。在过去比较原始的时代,大力推动全球化的是民族主义扩张和宗教扩张。地理大发现时代(即帝国的时代)使世界各民族都受到了压迫、剥削与奴役。我们看到,在十字军远征之前,在这个地球上就有上帝的代表人物领导的各种宗教信仰的帝国。抵抗十字军的人使用的是从坦桑尼亚开采的矿石在印度铸造的剑。1914年下达第一次世界大战的作战动员令时,奥斯曼帝国的指令是用14种语言发出的。具有讽刺意味的是,严厉批评全球化的最现代版本,恰恰来自那些派出传教士以使其信仰全球化并发展新教徒的教会,同时还有老式马克思主义者或其意识形态的追随者,他们唱着《国际歌》在大街上游行,反对全球化。

全球化的不利方面也不是什么新东西。在16世纪,由科尔特斯率领的只有数百人的西班牙军队,依靠钢铁、马力和火药击溃了南美洲当地好几万人的军队。但造成最大破坏的,是天花、流感和其他疾病。到1618年,当地2 000万人口降至不足200万。哥伦布抵达后的200年内,北美土著居民的人口减少了95%。[21]

国际主义也不是新东西。它与民族主义一样,同时受到恶人和圣人的鼓动。各大宗教的核心就是,只要我们信它们的神,就有共同人性和公民权。马克思主义的全世界无产阶级联合起来的理想和一个大熔炉的自由梦想,都被证明是幻想。考古学家证实,无数废墟和纪念碑都是为了歌颂自认为功在千秋的个人和帝国而建造的。

近50年来,冷战一直支配着国际政治。从理智上腐蚀并搞乱了我们的想象和全球性组织机构。这是一场生死攸关的战争,非打赢不可,而且确实打赢了。冷战使全世界的去殖民化进程变得反常,各新兴国家受到青睐,它们的经济、政治、文化都变成了代理人的战场。现在,我们正在回到更古老的文化间和文化内的对抗。我们看到充满罪恶仇恨的部族文化又回到了巴尔干和阿富汗等地区。然而,由于近期的一些原因,在这两个备受折磨的地区依然存在着希望。

几个世纪以来，随着各国消除了省与省之间的壁垒，经济开始繁荣，政治力量增强，国家不是削弱了，而是加强了。强大的德国是从长期不和的几个州的基础上崛起的。造就经济超级大国美国的，不是50个州的相互竞争，而是各州的联盟。欣欣向荣的欧盟现正着手制宪。因此，世界比过去安全了。

全球化并非反常。反常的是，世界贸易的进程怎么会因1929年下半年开始的大萧条而出现停滞。由于贸易保护主义和经济民族主义的爆发，那次大萧条变得更厉害，时间拖得更长，破坏性更大。美国于1930年通过了斯穆特-霍利关税法，此后两年，经济出现萎缩，贸易减少了40%。由于广泛的贸易保护主义，1929—1932年，世界贸易额减少26%，工业产量减少32%。[22]

多米诺骨牌效应随之出现，一些国家相继采取以邻为壑的政策，包括货币的竞相贬值。到1933年3月，世界贸易额比1929年的水平下降了33%。[23]惩罚性的《凡尔赛和约》的影响，为未来欧洲民族主义和邪恶的部族主义提供了进一步的借口。由此而形成了上个世纪的一对孪生专制——法西斯主义和马克思主义。这两者都是贸易保护主义的、民族主义的，而且是残忍的。

世间万物中，惟有人善于学习，懂得应变，并告诉别人如何应付裕如。第二次世界大战后出现的伟大民主制度与1918年之后的道路适成对比。马歇尔计划在现代史上是无与伦比的，因为是战胜国使战败国得到了重建。有些所谓进步的左派组织竟然攻击马歇尔计划。在新西兰议会中，左派称之为"战争计划"*。他们

---

* 战争计划(Martial Plan)与马歇尔计划(Marshall Plan)在英文中谐音。——译注

的孙子辈们现在又在攻击马歇尔计划的后继者——经济合作与发展组织秘书处——并指责世界银行,说它使世界陷入贫困。这就像指控红十字会引起世界大战一样。显然,这个过程不是新的,对它作出的反应也不新。

在1997年庆祝香港回归的典礼上,我对一位中国高级官员说,中国必然会成为另一个超级大国。他回答说,中国历来是世界上最强大的国家。他指出,过去200年是个例外。中国有过庞大的商船队,其规模两倍于哥伦布的小小船队,它扬帆远航,与印度、非洲和伊斯兰世界通商。一个船队就有两万名船员。

中国15世纪就开始使用银币,对当时的世界形成了冲击。"英国人和荷兰人用西班牙比索购买中国人的丝绸,比索由非洲奴隶在现今被称为墨西哥和玻利维亚的地方铸造,开采银矿的人则是用印加和阿兹特克人征召劳工的方式雇佣的当地土著民。"[24]有一部分银币是用西班牙大帆船,直接从墨西哥途经菲律宾运到中国的。

中国享有磁罗盘、木钻、火药、丝绸布匹、中药、法律和最大的灌溉系统之利,与英国人弄懂煤是一种能源相比,要早几个世纪。这个进步为什么中断了?为什么这个发现了炼铁和轮作技术的国家未能成为最重要的经济体和有组织的社会?是政治。是闭关自守、实行统治而不是管理的人夺得领导权的结果。"中央大国"无需外来启示。经济和社会沙文主义窒息了中国社会的思想和创新。

瓦斯科·达·伽马是一位有进取心的葡萄牙冒险家,是15世纪绕过非洲南端的第二个欧洲航海家。他从肯尼亚沿岸挑选了一名领水员，由他导引到达了印度。小小的葡萄牙和荷兰终成贸易大国。荷兰现在仍然是个贸易大国，世界最大的烟草制品出口国之一，还是石油出口大国。然而，这些产品却没有一种是在当地积聚的。反之，葡萄牙则后撤了，因为注重国内的领导人和法西斯主义把它从开放与对外部世界好奇的社会的前沿拉回去了。

在以新式武器(大炮)武装起来的葡萄牙船队抵达后的60年内，日本对那些武器进行了改进，终于拥有了数量与性能都超过了其他国家的大炮。为什么直到司令官佩里的炮艇迫使他们向后转时，他们这才交出这一技术？因为统治阶级是武士阶级，是一个尚武的阶级，而战争是由绅士指挥的，是经过很多冠冕堂皇的过场和高谈阔论之后才一对一地作战。当农民出身的士兵发现炮是一种致命武器时，日本通过法律，限制它的使用。

平等和权力的民主化几乎始终遭到有垄断权的人的抵制。历史上，外向的民族和领导人走向了昌盛，而内向的民族和领导人则走向了失败，人民遭殃。

2.3 全球化对社会和企业意味着什么？

2.3.1 生产和就业

全球化已使世界经济结构发生了深刻的变化；它不仅大大促进了金融和贸易流，而且还把世人都置于全球化的影响之下。

首先，在不断变化的后工业经济中，生产与就业已没有多少联系——生产增长未必就意味着就业机会增加。但停滞必然意味着就业机会减少。各部门生产率一直在稳步提高。以农业为例：1948年，美国一个单位农业劳动，可生产13个农产品产量单位，而1996年，还是一个单位农业劳动，可生产106个农产品产量单位，即农业劳动生产率提高了715%。美国农业部指出，1948—1996年间，国内农产品产量年平均提高1.89%，这是生产率提高所致。[25]

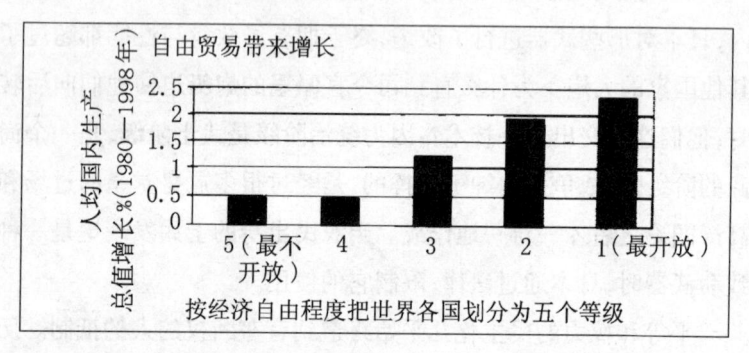

图3. 自由贸易与经济增长之间的关系（资料来源：瓜尔特尼和劳森等。2001）。

有的产业部门，裁员显然是实现增长的前提——改革派政治家们付出了个人政治上的代价后才发现这一点。例如，30年前我的祖国新西兰继续实行肉类加工厂——我们称之为屠宰场——登记政策，这是以农业为基础的经济中的一个关键因素。20年前，我们有一个经国家批准具有垄断权的机构，可以给肉类出口商发放许可证，我们每年为此付出数十亿美元的补贴，可是生产的肉却卖不出去，进入屠宰场的牲畜出去的时候都成了肥料。

纳税人付出了高昂的代价。他们辛辛苦苦挣的钱被用于解决劳资争议，甚至被直接用于工会的费用。肉类加工厂的工人、老板和农户们高兴了。但是,宝贵的纳税人的资源没有用于教育卫生事业,而是用于购买政治和平了。具有讽刺意味的是,这一切都是保守党政府实施并维持的。如果政治成功的定义是再度当选,这种做法一时奏了效。但它却把变革和进步的力量冷冻起来了。

终于,在 1984—1990 年间,这种不符合经济规律的做法被工党政府废除了。在新西兰这个重要产业中,一度被国家补贴赶走的改革精神又回来了。现在,这个产业具有高度的国际竞争力,符合客户要求的肉品经空运畅销全球。全球化以及我们新近的开放性经济政策遭到了新西兰右翼和左翼平民主义政治家的诋毁,我们这个改革的政府越来越受到仇视。对肉类加工厂那些 50 岁的失业工人,要让他们相信约瑟夫·熊彼特的创造性破坏原理有什么好处是很困难的。但是必须把这一点说清楚。你可以牺牲新的工作来暂时保留老工作,可是到头来,你是既保不住老工作,也得不到新工作。

这是技术转让、产品全球化和降低成本方面为人们所熟悉的模式。但是首先要有技术发明和技术出口,而后再有技术进口。进口被看成不如出口划算。担任出口部长被看成是一项爱国的工作,是为祖国而战。但精明的进口商也可以是伟大的经济爱国者。一个精明的进口商做成一笔好买卖,一下子就可以提高工人的购买力。进口引进了技术,新思想,并把我们大家联结在一起,不论我们住在哪儿,做什么工作。关税是对投入所征的税,因为投入会减少别处的就业岗位。据估计,由于 2002 年美国对钢铁的贸易保护主义措施,钢铁工业每保住一个就业岗位,下游消费工业失去的就业岗位就可能增加 10 倍。[26]

作为新西兰1980年代的贸易部长,我给出口者发了奖。大多数国家都这样做。我至今仍为未能坚持给精明的进口商发奖一事感到后悔。尽管现实已经发生了变化,对进口商的偏见却没有改变,这还不限于新西兰。

假如在和平时期,人们被征入伍,被命令去某处工作,我们会感到愤怒。这与政府告诉你如何花钱,或者买什么产品,有多少不同?因为这恰恰是在贸易保护主义政策之下很多人正在做的。

新近一项世界银行研究表明,截至1990年代后期的20年中,融入世界经济程度提高的24个发展中国家的人均收入增长、寿命延长,受教育的情况得到改善。这些国家共有30亿人口,1990年人均年收入平均增长5%,而富国为2%。许多这样的国家(如中国、匈牙利和墨西哥)都制定了国内的政策和制度,使人民利用全球市场,使贸易在国内生产总值中的比例大幅增长。这些国家正在赶超富国——它们的年增长率从1960年代的1%提高到1990年代的5%。在这些参与全球一体化的国家,人民的工资提高了,贫困人口减少了。[27]

据一项报告称,中国加入世贸组织,从长远看,每年还可增加二三百万就业机会,但短期内会导致失业人数增加,尤其在农业和传统工业领域。该报告称,劳动密集型的第三产业和小型企业将进一步发展,从而提高就业弹性。[28]

先进国家的劳动力市场有一个重要趋势,就是对劳工的需求由非熟练型向熟练型的稳步转变。不管对熟练如何界定,是根据教育、经验还是职业类别,情况都是如此。这一趋势已导致一些国家的熟练与非熟练工人的工资与收入差异的急剧扩大,同时导致另一些国家非熟练劳动力陷入失业。

例如,斯劳特和斯瓦戈尔提出的一项国际货币基金组织报告说,在美国,自1970年代后期以来,相对于熟练工人而言,非熟练工人的工资大幅下降。[29]他们指出,1979—1988年间,与中学毕业生相比,大学毕业生的平均工资提高了20%,与20来岁男性工人相比,40来岁的男性工人平均周工资提高了25%,逆转了此前几十年里工资收入逐渐趋于平等的走势。

该报告说,除英国外,其他国家的工资差距都不像美国那么明显。在那些工资差距拉开幅度较小的国家,非熟练工人失业率增高。报告说,劳动力市场结构的差别,似乎可以说明这些国家在工资和就业结果方面的不同。在由分散化劳动力市场确定弹性工资的国家,如美国以及日益采取这种办法的英国,对非熟练工人需求相对下降,致使这些工人的相对工资变得更少。相反,在由集中化劳动力市场确定僵硬工资的法国、德国、意大利等国,则出现就业率下降。

关于劳动力市场趋势的另外两个事实,也有助于说明贸易的影响。第一个事实是,美国制造业对劳工总需求的变化有70%是行业内部的,而不是跨行业的,是从技术密度低向技术密度高的变化。在行业分类的各层次上看,与1970年代相比,1980年代美国制造业的大多数部门都雇佣了技能相对较高的工人,尽管这类工人的工资也提高了。

报告的第二项发现是,出现收入差距扩大的,不仅是先进国家,而且还有很多发展中国家,此外,有证据表明,发展中国家对劳工的需求也转向具有较高技术水平的工人。例如,在1980年代中后期,墨西哥的贸易自由化导致高度熟练工人的工资相对提高。报告作者指出,贸易自由化没有促进对非熟练劳工的需求,也没有提高非熟练劳工的工资,事实上,在一些发展中国家发生的情况正好相反。

2.3.2 资本流动

现在,资本流动在推动世界经济发展方面,即使不比贸易更重要,至少也与它同样重要。1999年,全世界资本流动总值大致相当于世界日贸易值的48倍。[30]在世界日贸易额中,商品和服务占8 000亿美元;2001年世界股票、证券和货币的日交易额为188万亿美元。国际金融研究所估计,流入亚洲新兴市场的私人资本净额,从1998—1999年的390亿美元,大致增加了6倍。该投资额所产生的直接利益和外溢效应,对那些错过机会没有得到投资的世界穷国来说,关系重大。例如,现在,中国是世界上外国直接投资率最高的国家之一,吸收了流入东亚的直接投资的80%左右。[31]中国国家发展计划委员会估计,到2002年,在中国的外国直接投资将达到大约470亿美元的最高记录。[32]相比之下,印度获得的只有这个数目的1/10左右(2001年吸收国外直接投资40亿美元)。《国际先驱论坛报》报道说,一个月吸引的外资,中国首次超过美国。这一趋势是否会持续下去尚有疑问。

德鲁克指出,虽然资本的流动与商品和服务的贸易并没有完全分开,但它们之间的联系已经松弛,而糟糕的是,变得不可预测。他认为,这些变化不是周期性的,而是持久性的。他补充说:"世界上的货币数量非常庞大,一种货币的流进流出要比金融、贸易或投资流动的影响大得多。在一天当中,这种虚拟货币的交易量也许比整个世界一年需要支付贸易和投资的钱还多。"[33]

正如很多观察家所指出的,显然,这股巨大的力量只有最强大的国家才抗拒得了——1997年的亚洲金融风暴或2002年的阿根廷经济危机也说明了这一点。当然,这些崩溃的大部分责任,都在国内的决策者:银行向国际投资者空头借进,然后多头贷给作价过高的本地资产;缺乏透明度;任人唯亲的资本主义和彻头彻尾的行窃。建立于沙滩上的政府被大水冲走了。墙塌了,他们无处藏身了。

不过,这些趋势使金融服务用户和金融机构本身,都指望有全球性的解决方法来解决他们的金融问题。现在,在世界各地,只要按一下电钮,就可以筹措资金进行投资,或进行货币兑换,或改变金融风险形势。货币是胆小鬼,只流向保险、安全和有透明度的地方。最贫穷的国家往往是最腐败的国家。谁愿意把自己的退休基金投向一个规则可以由军方将领随心所欲改变的地方呢?但无论在一个地区还是在全球范围内,如果要把资金用于发展,使穷人不至于错过机会,规则就必不可少。

弗里德曼报告说,1975年冷战顶峰时期,外国直接投资总额为230亿美元;到1997年,世界银行说它已达6 440亿美元。[34] 1998年,全球商品贸易总额达到5.4万亿美元,而资本平均日交易量为1.5万亿美元,大约相当于商品贸易量的70倍。[35]华盛顿特区政策研究所估计,在世界最大的经济实体中,有51个是企业而不是国家。[36]微软公司比尔·盖茨的总资产超过了以色列、马来西亚或智利1999年的生产总值。[37]不过,上个世纪,盖茨在美国财富中所占比重比洛克菲勒小。财富集中于少数人手中的现象并不新奇。问一问欧洲各王室即可知道。

很多人只是把全球化视为一种商业工具,或者是资本家剥削穷人赚钱的一个阴谋。但随着形势的变化,企业在沉浮,财富在丧失:看一看世界的首富们和美国的顶尖公司就知道了。我们看到了10年间的巨大变化;如果这是美国富人的阴谋,他们就显得太不成功了。就看一看1990年代的变化吧(见表1)。促成金融全球化

表1 美国最大公司的变更,1990—2010

美国最大的公司		
1990年的美国	1998年的美国	未来10年的美国(工业部门)
美国棉籽油	通用汽车	
美国钢铁	沃尔玛	软件
美国制糖	埃克森	宇航
大陆烟草	福特	基因学
联邦钢铁	通用电气	生物信息科学
通用电气	国际商业机器公司	纳米技术
全国铅	花旗集团	声波开关技术
太平洋邮递	美国动画电报公司	微型材料
人民天然气	菲利普·莫里斯	金融
田纳西煤铁	波音	信息技术
美国皮革	银行美洲	机器人
美国橡胶	SBC通信	娱乐

资料来源:恩里克斯,《当未来赶上你们时》,2000;恩里克斯,2001。

的是朝金融市场自由化发展的这种快速趋势。一个又一个国家相继使金融体系自由化就可以看出来了。在那个过程中,外汇管制(旨在使国内市场摆脱全球影响)被取消。在由此而产生的日趋一体化的全球资本市场,具有复杂金融和公司结构的全球金融公司成为举足轻重的参与者。这些企业将在全球运营——交易成本相对较低,加之新技术的应用,使这些企业成为它们意想中的世界上任何一个金融市场上的积极参与者。但是,金融市场往往发展缓慢,所以它成为贸易自由化通常先于资本流动全球化的理由之一;一个国家需要有健全的基础结构,以免因快速改变的银行往来余额而遭殃。

2.3.3 谁受害?

全球化及其结果常被作为必须制止的坏事的例证。在这些反对者看来,如果有人赢了,那肯定是以他人为代价的。有的观察家认为,如果引申一下,就是如果有人赚了钱,那肯定是取之于他人的。这是"每一笔财富的背后必有一宗大的罪恶"的翻版。这种观点在殖民时代也许有道理,因为当时的帝国会给某些恩宠的臣民和公司以特权;那是一个国家的财富以原始资源和原动力为基础的时代。

全世界仍然存在着极大的不公平。富国的购买力能让穷国的供应商——尤其是糖、咖啡和棉花等供应商——相互对阵,从而保护它们自己的市场,补贴当地的生产,给发展中世界的农民以毁灭性影响,使他们败下阵去,这就是事实(见第 3 章)。

在赞比亚,由于贸易自由化和当地公司拙于应变,服装工业几乎全军覆没,1991年纺织企业有近140家,如今已不足8家。[38]这种种结果引起了非政府组织和其他方面的关注。《国际先驱论坛报》的乔恩·杰特撰文谈了全球化对赞比亚服装业的冲击:"冷战结束后的全球贸易发展使非洲变成了工业化世界不需要或不想要的产品的倾销市场;二手衣服、汽车、家具、机床和武器堆积如山。"[39]

不过,实际情况是,尽管我们能够缓解对发展中世界的部分影响,但却不能对穷国隐瞒这样的事实:无论现在还是将来,国家和公司的财富越来越靠知识,而知识是无限的、流动的。正如克林顿总统2001年指出的,1995年以来,美国国内总收入约30%的增长来自信息技术部门。[40]像赞比亚这样的发展中国家面临的挑战是,建立能使它吸引投资的基础设施,为不具竞争力的产业部门的资源寻找新出路,向教育与卫生事业多作投入,使现在和未来几代人有机会参与全球化世界的竞争。

2.4 全球化的挑战

在过去的一个世纪中,日益全球化的过程一直在逐渐影响着决策。有关美国独立战争的报道要几个星期后才见诸伦敦的报端;有关克里米亚战争和布尔战争的报道也要几天。现在,有些问题在部长们得到正式简报之前,就已经出现在电视上了。信息传播的加速和扩展开始改变人们的观点,使公众越来越多地参与对外政策。越南战争的结局是在公众电视屏幕上打出来的,对政府的最终决策产生了深刻影响。2001年9月11日的袭击发生的同时,全世界亿万人就得以亲眼目睹。

1997年，借瑞士世界经济论坛年会之际，《时代》周刊召集了一次著名的讨论会。与会人士预测，治国的艺术与实践将发生根本性的变化。他们都预见到一个治国新时代的到来，变化是必然的，但许多变化实在太新、太大，还无法完全理解。[41]

诚如联合国秘书长科菲·安南所说："你要是来控制，会感到吓人。这东西是停不下来的。"

那些经济上封闭的政府对信息闸门打开的代价感触尤深。要抓住增长的机遇，这些政府就必须向外部世界完全开放其经济。我认为，随着全球化，民主和自由只会增加，不会减少。经济的开放将最终迫使政治制度的开放。暴君害怕信息；知识就是力量。政府对传统经济领域的支配正在被互联网新的逻辑所改造。

有人认为，信息时代将宣告民族国家的终结。我不这么看。随着辅从原则*日显其效，民族国家肯定是在发生变化，并终将因这些变化而同时得到加强与削弱。（见第15章）

诚如彼得·德鲁克所言："因此，在经历经济全球化以及与之相伴的信息革命后，民族国家很可能还会继续存在。不过，那时的民族国家将发生重大变化，尤其是在国内财政与货币政策、对外经济政策、国际商业管制，也许还有它的战争行为等方面。"[42]

在各国内部和国际之间关于大"分配"的辩论，越来越多地涉及关于获得知识与教育的机会。向富人征收重税已经行不通了。知识是各种新、旧产品增值的关键因素。实施英才教育的社会将

---

* 辅从原则，亦译辅助原则，即决策应在最低层次作出，以便与一个政治体制（民族国家）的有效行动相适应。——译注

繁荣昌盛,因为它们提供了开放的、民主的高等教育机会;基于校友间相互忠诚的社会,如果没有多少接触最近的将来必不可少的技术的机会,这样的社会将止步不前,并逐步消亡。阶级制度成本高;在大多数成功的国家,阶级之间的战争已经结束,人民赢得了胜利。纽约的国际互联网联系比整个非洲的还多;新加坡的投资比整个非洲还多;这应当对我们有所启示。

新财富的创造问题似乎被忽略了。真正的问题是,新财富的创造是否提高了生活水平,改善了生活方式,更好地被国内和国际所共享。我认为是的。全世界千百万人也这样认为。新近,环境国际公司与世界经济论坛合作,就人们对全球化问题的看法进行了一项调查。[43]调查报告的结果表明,在所调查的 25 个国家中,有 19 个国家的大多数人认为全球化将给他们和他们的家人带来好处。例如,印度是坚决维护世贸组织的国家之一,有 79% 的印度人支持全球化,为受调查国中最高者。

然而,这个报告也指出,对全球化的看法可能并不稳定。它指出,通过调查后,有 13% 的回答者改变了对全球化的看法。这表明受访者对全球化的看法尚未达到不可移易的程度。

年轻人只要有一点点机会,只要可以自己抓取,就不会轻易将它放过。我飞往像金边这样的发展中国家的首都。那里由于电力奇缺,从夜空俯视,你几乎不相信自己已经来到一个大城市。晚上驱车时你能看到什么呢? 年轻人在排队等候进入灯光昏暗的网吧,在经历几十年的恐怖和内战后,他们渴望借助 Hotmail 和 Yahoo 通过电子邮件与外部世界交流!

罗伯特·康奎斯特在《对一个饱受蹂躏的世纪的反思》中写道:

"20世纪文明的幸存是一件来之不易的事……克尔恺郭尔曾说,最危险的心理缺陷是懒惰和急躁。思想懒惰意味着不愿正视不熟悉的、复杂的、难以驾驭的现实。急躁导致错误地相信某种理论,认为它能说明一切,从而代替思考和判断。对民主的懵懵懂懂,或者狂热情绪的死灰复燃,都有可能使现有的机会毁于一旦。"他补充说:"更重要的是,我们的看法与乌托邦的种种概念截然相反,我们坚持认为,一种可容忍的秩序是特殊与个别之间的适当平衡:人类既不是蚂蚁,也不是鲨鱼。"[44]

漠不关心和玩世不恭是必须避免的最大危险。如前所述,很多民主国家政府之所以遭到不信任,是因为一个曾被推崇和尊重的传统社会出现了很多错误。我们要年轻人尊敬老人和传统价值观。然而,如果我们看看美国的情况,五对婚姻中有两对破裂,[45]非婚生儿童的比重正在加大——在某些西方国家占绝大多数。[46]据揭发,教会领袖猥亵儿童者有之,王室成员行为举止有失检点者有之,体育明星滥用类固醇者有之,音乐偶像吸毒者有之,商界领袖违反规则而不受惩罚,政治家被视为编造谎言的大师。

英雄人物还是有的:9·11事件中的救援人员、阿富汗的老师、改变政治景观的精神领袖纳尔逊·曼德拉、莱赫·瓦文萨等。但现在,更大的透明度、更广泛的民主、不断增多的媒体调查以及掌权者滥用职权的大量事例,正在引起新一轮的怀疑主义。现在,政治家必须对穷追不舍的媒体和公众作出交代。安然公司的破产和公众对会计审计公司的注意已引起立法改革。权力贩子及其金钱造就了一批选民,他们要求对竞选献金进行改革。整个欧洲的低投票率实质上是欧洲人在回避他们想解决的那些问题。有时出现了矫枉过正,但人们正在设法来解答这些问题。对准着领导人的探照灯毫不留情,正在推动变革,撤换那些不作出回答的人。

2.5 全球化可以逆转吗?

在挪威的研讨会上,马丁·沃尔夫简明扼要地回答了这个问题:"是的,如果我们有精神病的话!"或者像联合国秘书长科菲·安南所说:"反对全球化,无异于反对万有引力定律。"

整个历史上,局部的逆转是有的。1200年的柬埔寨曾经是世界上最富的国家之一。1960年代,黎巴嫩和乌干达分别以中东和非洲的瑞士著称。工业革命开始时,印度和中国合计占世界贸易总额的40%;现仅占世界贸易总额的3.4%。[47]

上世纪,我们目睹了第一次世界大战和大萧条后以革命面目出现的种种反革命大逆转。第二次世界大战后创建了一些机构,人们希望通过这些机构来管理国际人权和国际机遇,可是冷战却进一步破坏了这些机遇与开放性,使这些机构的理想主义无法实现。在人类进步和以文明的方式处理分歧的问题上,联合国的体制是无可替代的。但这个体制没有能够实现其缔造者们的梦想。

在毫无成效的西雅图会议后,2001年11月未能举行新一轮多哈贸易谈判。这本来可以给历来对强国有利的地区主义、双边主义和民族主义的反应以更大的推动。这样的危险依然存在,而且总是会存在的。世贸组织和以该组织为主要成分的多边体制的建立,在一定程度上是为了防止世界倒退到或者再次出现潜在的敌对贸易集团。

在很多地方，民主是一朵娇嫩的花。就在20年前，拉丁美洲、非洲和东欧的广大地区还处于上校们和指令性经济的统治之下。反动派在那里鬼鬼祟祟活动，提出各种危险的民粹主义、简单化的种族主义、民族主义的解决方案。民主普及了，但它在许多国家根基还很浅。从中美洲到东欧的部长们以及非洲的少数振奋人心的亮点，经常使我意识到这有多难。一位中美洲领导人直言不讳地对我说，他的农产品能否进入北美富裕的、受补贴和受保护的市场，对他的民主政权来说是生死攸关的。他所担心的是，如果他不能提供就业机会，如果不能让停滞不前的经济出现增长，军人政权还有可能卷土重来。

2002年阿根廷的经济崩溃后，如果坏人利用民粹主义的机会夺取政权，令人担忧的就不是经济传染病，而是政治传染病了。此次崩溃不是由全球化引起的，尽管那个国家很多学者以及谋一己私利的政客和评论员立即对此指手画脚地百般指责。责备别人总是比责备自己容易。如果全球贸易制度是公平、开放的，那么从牛肉出口一项，阿根廷即可多获得50亿美元收入。但2002年，阿根廷眼看又要出现一位民粹主义领导人，作出简单得令人伤心、不能算数也无法兑现的诺言。穷人们看不到自身状况的改善，但却眼睁睁地看着不断更迭的领导人不承担其政策后果，他们感到失望了。

经济上的失败是由无能的、往往腐败的政府造成的，它考验着人民忍耐的极限。那些左翼和右翼的民粹主义领导人，还有那些反现存制度的人物，在拉丁美洲相继登台亮相。在国家处于不健康状况时，他们就像政治大出血一样，不断冒出来。令人厌恶的民族主义通常以军人或企业界巨擘的面目出现,使用的是政治教科书中最陈腐的伎俩。这是政治权威人士与非权威人士的过错。世界银行、国际货币基金组织、世贸组织、共产主义者、资本主义者、外国佬、共济会、罗马教廷。不论是谁,不论在什么地方,概莫能外。然而,人民心中有数。生活水平提高不是很快。全球贸易体制中存在着大量不公正行为。要想让民主制度运行良好,先要填饱肚子。

在我写这本书的时候,路易斯·伊纳西奥·卢拉·达席尔瓦当选总统一事震动了巴西的市场和政界。他是一位工会领袖,是穷苦人的激进领导人,此前曾多次参加过竞选。我把他归入与他人不同的一类。他崇尚民主这一点是无懈可击的。他也许完全具备以工会为后盾的、民主、正直、具有献身精神的人格传统,打破了从澳大利亚到波兰、从英国到韩国的模式。这就是希望之所在!

对全球化的切齿痛恨,有一部分是来自伊斯兰世界的极端分子。他们视之为邪恶和剥削,其中有的人仍梦想有一个宗教的、虔敬的、超越民族国家的黄金时代。

思想、意识形态和神学理论是没有国界的。伊斯兰革命,就像布尔什维克革命和法国大革命一样,也梦想着其他国家、其他民族会起而仿效。在这革命中,"理想"的正确道路是被动并又积极输出的。比较讲究唯物主义的马克思主义者追求的是今生的幸福,"嘲笑死后到天堂的幸福";一旦这种乌托邦思想失败,他们的理想就破灭,开始反革命。

但如果把失败看成是上帝的安排,或者认为胜利要依靠或通过牺牲来取得,决策者就会面临非常复杂的挑战。具有讽刺意味的是，从历史上看，西方为赢得冷战，曾与原教旨主义一起追求共同目的。无宗教、反宗教的苏联人及其卫星国和从波斯尼亚、中亚、中东直至北非的附属国，成了靠石油发财的狂热分子的目标与资助对象，购买西方武器，获取西方技术和信息指导。最激烈，而且也是到目前为止最大的冲突，是在阿富汗反苏联人，接着反塔里班的战斗。下一步，是伊拉克？反恐战争，与冷战一样，必须打赢。无辜牺牲者是会有的。贫穷绝非暴力的理由，但是，坏人一旦吃饱了，并得到来自充满非正义与贫困的地方的庇护和支持，就比较容易得逞。

9·11事件发生9天后，美国贸易代表罗伯特·佐立克对《华盛顿邮报》的谈话言犹在耳："贸易不仅与经济效率有关，它还提升了处于这种持久斗争核心的价值观念。"这场反恐斗争是一场争取自由的战斗，是提高生活水平、教育水平、实现我们所希望的美好未来的一场竞争。这场战斗将付出生命和财产的代价。但不准备为自由和独立自主付出代价，就不配拥有自由和独立自主。

部分反对全球化和世贸组织的人，抓住9·11事件的机会断言这完全是美国咎由自取。在反全球化的力量中，有些非常奇怪的关系和同床异梦的盟友。砸坏欧洲一家麦当劳餐厅和焚烧一面美国国旗是否有同样的象征意义呢？（将来还会有更怪诞、更具潜在危险的联盟。）我当新西兰总理的时候，他们告诉我有一些所谓的本地极左派，这些人一旦失去莫斯科提供的收入，就会靠拢曾经与俄罗斯是不共戴天的仇敌（也是胜利者）的政府。我先前曾引用过马丁·沃尔夫的话，说除非我们有精神病，否则全球化是不可逆转的。历史上有过非常愚蠢、疯狂的事件，将来也会有。挫折总会有的,但它们不会占上风,而且永远不可能持久。

我不相信人类数千年的发展和进步会被逆转。1987年的股市崩溃、亚洲金融危机、墨西哥金融危机、阿根廷金融危机,都是对这一体制的考验。然而,尽管每一次都有人作出可怕的预测,说是我们面临着另一次大萧条,但是这一体制岿然不动。为什么? 因为我们接受了历史的教训。1930年代,只有为数很少的中央银行。今天,世界上有了艾伦·格林斯潘和美钞。现在,我们有了世贸组织:如果成员国不承担义务,代价将会是巨大的。我们有世界银行和国际货币基金组织,它们尽管常受到批评,但却是重要的全球性基础设施,能减少激烈的全球化和市场力量的消极面。造成我们失败的因素有管理不善、缺乏透明度,也有企业界与政界领导人的短视和贪婪。进步有可能被延缓,我们将会遇到以旧面目出现的新冲击,然而历史趋势必然会使我们乐观。

在关于公司治理的公开辩论上,民主制的自我纠正优势非常明显。这场大辩论是由2000年安然、世通、阿德菲亚和其他大企业相继垮台而引发的。一连几个月,重要的新闻杂志、报纸和电视新闻节目邀请企业家、学者、政治家就公司的不法行进行辩论并提出改革建议。对这个问题,非政府组织并没有沉默,但它们被挤出了这场辩论,因为政治家们竞相提出改善公司治理的方案。

21世纪开了个让人充满希望的头,但旋即就被9·11恐怖袭击粉碎了。这次袭击使建筑上的缺陷得以暴露;也使内部的和不同文明之间的冲突得以暴露,有的狂热分子甚至为这次恐怖袭击欢呼雀跃。可是国际社会重新振作起来。我们看到新一轮多哈贸易谈判的开始,蒙特雷发展筹资大会和规模宏大的约翰内斯堡地球峰会的成功召开等等。欧元顺利投放市场；中国成为世界贸易组织成员国，重新融入世界经济；欧盟制宪大会正在为此前最分裂的欧洲大陆研究最好的统一形式，一个空前民主的联盟正在东扩。原本是为了阻遏共产党俄罗斯帝国而建立的军事联盟北大西洋公约组织，现在正在自我改造，不仅与新生的俄罗斯坐到了一张桌子上来，而且正着眼于更广泛的全球区域安全问题。中东问题依然十分棘手；印度—巴基斯坦关系仍然很不稳定，非常危险。但这些问题的存在已长达半个多世纪。

无论在哪里，温和派都是大多数，但我们知道，如果不能对世界上的问题作出反应，就会助长极端分子。从结核病的死灰复燃到政治与宗教宽容的缺失，一切弊端都孳生于贫穷这张温床。我认为贫穷不是采取任何暴力行动的借口。显然，恐怖之毒是治理不善所致。即使奥斯陆和平协议或者克林顿计划得到落实，即使萨达特没有被极端主义的穆斯林所杀害，即使拉宾没有被极端主义的犹太人所杀害，有谁会相信9·11袭击就不会发生呢？奥萨马·本·拉登属于富裕的、受过教育的精英阶层，具有乌托邦式的目标，心目中有一个不同的世界，想通过诉诸武力达成目的。这些精英们一旦吃饱了，并得到来自充满非正义与贫困的地方的庇护和支持，就比较容易得逞。这并不是什么新鲜事。以前就有过类似情况：沙皇俄国的残暴和不公正产生了列宁；法兰西贵族的傲慢和不公正导致了革命。波尔布特和希特勒之所以上台，就是因为穷途末路、幻想破灭的人们认为他们能解决统治阶级造成的问题。如果没有大萧条、没有大规模失业和通货膨胀，希特勒还会有选民吗？他会不会被看成是古怪的狂人呢？

今天有何不同？贫穷和不公正、疾病、环境退化、恐怖主义和犯罪是不分国界的。这些问题已经全球化，需要全球性的治理。失败的国家不仅给本国人民造成问题；他们的污染、危险思想和疾病还殃及全球。

9·11后，有人预测比较孤立主义的政策会回归。仅举一例：伦敦经济学院约翰·格雷教授说："它使支撑全球市场的信念蒙受沉重打击……9·11的教训是，时髦的全球化岁月只是一段过渡期，是两个重要冲突时期之间的一个过渡。"事实证明，那种认为由千年虫触发的崩溃会使世界面临末日的说法是错误的，事实也证明，那些认为9·11以后世界会在忧虑和混乱中荡然无存的人也错了。这种事情没有发生。这篇社论的作者还说中国、俄罗斯、日本也行将崩溃。

有很多志士仁人在孜孜不倦地设法解决世界问题。为什么？因为我们已无法与痛苦保持距离。我们每晚看电视时就体验到其中的痛苦。我们知道如果失败会有什么危险。现在，人人都是我们的邻居；他们的苦难使我们大家感到羞愧，而他们的成功则使我们深受鼓舞。全球化意味着决策者已无藏身之处。外交政策已因信息而为大众所知。

对世界来说，问题是要确保全球化利益共享，维护安全和公平的规则与规章。我们必须把我们自己的家庭、社会和国家所期望的标准和道德纳入国际间透明、良好的运作之中，以便文明社会的方法能发挥其严密检查的作用，产生更好的结果。我相信历史并没有终结：我们的历史几乎还没有开始。

3 耐人寻味

全球化的最大影响莫过于对我们的饮食。各大城市的中餐馆、泰国餐馆和印度餐馆的数量比肯德鸡和麦当劳多得多。在大多数发达国家的超市货架上,有来自智利的鲜鱼、以色列的番茄、突尼斯的大枣、新西兰的冻羔羊肉和乌拉圭的牛肉,琳琅满目,自不待言。

在发达国家和发展中国家,几乎到处都能买到外来的包装食品,从罐头荔枝到方糖一应俱全。在政治混乱时期,在人迹罕至的荒漠哨所,一台正在制冷的可口可乐销售冰柜可以看作是代表消费主义、选择、全球一体化和公司组织的殿堂。如此多样化的产品竟然在这么多人的可及范围之内,就连古罗马皇帝见了也会目瞪口呆的。

关于全球化有各种各样的描述——从海盗式的冒险家到帝国主义者,到当今信息和公司驱动的变化,到为保护富裕世界的扭曲的贸易的补贴——最典型的是关于粮食的历史。几代人以前,人们看到这么多产品都能买到,会大为吃惊的;对于我们如此相信不是我们自己或我们所信赖的邻村所种植的粮食,他们也会大为震惊的。这证明了全球市场的活力,证明我们对国内和全球粮食安全管理者的信任。(见第14章)

冒险的商人漂洋过海,历时数周,寻找外国产的贵重原料以获取利润,此举打开了世界的大门。在欧洲尚处于黑暗时代、在人类还没有到达新西兰、在北美还几乎无人居住的时候,印度和中国商人的足迹就已遍及了半个世界。在冷冻技术发明之前,香料是特别贵重的。为争夺盛产香料的鲁姆岛(在今天的印度尼西亚),荷属东印度公司的香料之战最终形成了一场军事僵持;荷兰人安排了一次挽回面子的交易,把"无价值的"曼哈顿岛给了战败的英国人。

和现在一样,技术在当时也是创造繁荣、改变世界的强大力量。罐头食品——就像互联网一样——也是出于军事的考虑,是英国海军1813年首先使用的,[1] 给了水兵多种安全食品,取代了他们那些有限的、常常供应不足的腌咸肉和饼干等主食。有意思的是,普通消费者半个世纪之后才吃上罐头食品,因为一个普通开罐器的发明就花了这么长的时间。起初,工厂生产的食品标准是不安全的,后来由于立法,由于富有创造力的资本家(如海因茨王朝——他看到了为普通百姓生产罐头食品有利可图)的努力,这些标准得到了改进。虽然相关法规遭到一些新生工业的反对,但它们赢得了消费者的信赖,因而最终提高了商业信誉。

冷藏技术也像罐头食品一样,拉长了各个国家之内——由于有了家用电冰箱——以及国家与国家之间的供应链。1880年代晚期的冷藏运输,彻底改变了像阿根廷和新西兰这样一些国家的经济。17世纪,富人开始享用烟草、咖啡、茶叶和糖,他们的这些嗜好驱使着商人满世界跑。

对粮食的生产、储存和全球分销的研究是一项非常诱人的研究,是对过去几百年来全球化过程中呈现的最好和最坏方面的研究。举一个最糟糕的例子:食糖是最早实现工业化生产的食品之一,它诱发了世界上一些最残酷的殖民剥削。今天,糖仍然是一个令人惊讶的例子,说明贸易补贴和关税可以使发展中国家继续陷于贫困。

3.1 推销甜蜜

甘蔗是一种长得很高的草本植物,早在公元前300年,印度人就栽培成功了,但它的普及缓慢,[2] 过了一千年,才传到中国、日本和中东。最早大规模种植甘蔗的是阿拉伯人。埃及产的甘蔗被公认为世界最优质的。伊斯兰对伊比利亚半岛的野蛮征服促成了甘蔗的种植。其他的欧洲人是在十字军东征期间杀向耶路撒冷时才认识这种新作物的。

威尼斯商人以其庞大的商船队和海军,再加星罗棋布于地中海的驿站和贸易站,控制了中世纪欧洲的糖的贸易。随着奥斯曼土耳其人的崛起,糖的贸易继续向西推进。到15世纪,土耳其人已剥夺了威尼斯人来自穆斯林世界的食糖供应源。威尼斯人首先转向不久前重新被征服的西西里和伊比利亚。接着,他们与葡萄牙人联合,开始了改造整个世界经济的伟大历程。

葡萄牙人发现了大西洋上的马德拉群岛和非洲沿海的圣多美岛,使当地糖的生产发生了巨大的变化。非洲人沦为奴隶,被送进甘蔗种植园劳动,为其葡萄牙主人和意大利商人创造财富,同时也就造成了好几万人的地狱。葡萄牙人决定把生产进一步扩大到巴西，以满足欧洲人日益增长的需求。美洲成了被纳入世界蔗糖市场的第四个大陆。甘蔗成了集亚洲植物、欧洲资本、非洲劳力和美洲土壤于一体的、真正的国际性作物。

接着是加勒比海诸岛，其中的法属热带岛屿海地变成了一个巨大的甘蔗种植园和奴隶贸易站——在此过程中造就了现代工厂的先驱。1500年至1880年，大约1000万非洲人在骇人听闻的条件下被送上跨越大西洋的船运往美洲。其中大部分被运往甘蔗种植园，而且很大一部分就是运往海地的（海地输入的非洲人是美国的两倍）。

"由于欧洲吃甜食的人日益增多，用甘蔗取代蜂蜜成了满足欧洲人爱好的主要方法。一个又一个热带岛屿上的森林被砍伐殆尽，建立起一座座奴隶种植园，专门进行出口式农业生产，以致连粮食也全靠进口。在东南亚各殖民地，从事生产的不是奴隶，而是负债的或被迫的农民，但结果也很糟糕，"波梅兰兹和托皮克写道。"即使到了现在，大多数前甘蔗殖民地依然非常贫穷，而且还存在着永久性的生态伤疤：牙买加、海地、古巴、巴西东北部、爪哇、菲律宾……莫不如此"。

它们的社会伤疤则更不待言了。

正是因为糖，海地才被美国有效地兼并。[3] 只有中国台湾——曾为荷兰的甘蔗殖民地——幸免于其他前殖民地的厄运，因为它后来再度受大陆中国政府的控制，而该政权对搞单一作物的殖民地不感兴趣。世界经济带来的不仅仅是进步。

"糖被我们看成一种供闲暇消遣的产品，是从气候温和的加勒比海地区的马纳纳进口的，其实糖是第一种工业产品，它残酷地奴役着成千上万的奴隶,是他们的艰辛劳动才生产出给我们带来甜蜜的糖。"[4]

甜菜是生产糖的一种非常低效的原料,是在英国舰队封锁贸易时,由拿破仑最先在欧洲推广的。此后甜菜的产量大大提高。

今天,世界糖市场仍然存在着某些最大、最无耻的贸易保护形式。对产糖国进行了几代人剥削的北方国家,现在又不让这些国家的产品进入它们的市场,背叛了它们花言巧语编制的自由贸易原则。请看下列事实:[5]

- 供应世界的糖有90%以上是按照高于"世界价格"的价格销售的。价格的超出部分以课税的形式加在了消费者头上。
- 平均计算,发达国家的价格比世界价格高出1倍。
- 40%的世界生产享受巨额补贴。
- 日本、西欧和美国属于保护程度最高之列。
- 部分小出口国以援助形式获得出口补贴。
- 生产国所得补贴由消费者纳税抵补。
- 大多数国家的制糖工业受高贸易壁垒保护已逾300年。
- 取消价格保护可使价格下降,降幅大体上分别为:日本65%,西欧40%,美国、墨西哥、印度尼西亚和东欧25%,中国和乌克兰10%左右。

贸易保护主义政策扭曲价格,进而扭曲经济刺激,致使资源浪费。进口限制推动了国内商品价格超过世界价格,于是国内企业增加产量,可是消费者的总体购买量下降,并由于价格上升而造成实际收入减少。

美国的生产者不仅发展自身的甜菜制糖工业,而且控制着庞大的甘蔗种植园,他们从贸易保护主义中获得了巨额利润。美国通过价格支持和以关税税率配额形式实施的进口限制,来帮助国内制糖工业。由于这一限制,糖出口国按正常关税在美国销售的数量微不足道,超过部分的出口关税将近150%。1998年,这些进口限制和价格支持使糖类产品国内用户多支出19亿美元,而国内甜菜与甘蔗生产者受益在10亿美元左右。此外,在甜菜与甘蔗种植园的总利益中,42%的利益被只占总数1%的种植园所获。[6]

例如,道格·欧文说:阿方索·范胡尔家族凭借它在佛罗里达州南部和多米尼加共和国的土地,向美国提供的甘蔗占其所需的15%,从对美国生产的价格支持和对多米尼加糖出口的限额中,获利总额在5 200万至9 000万美元之间。[7]

糖贸易改革与自由化全球联盟主席布鲁斯·沃恩指出:"尽管我们认识到取消关税将是逐步进行的,然而重要的是要采取协调一致的办法取消所有关税。在太多的国家,糖生产者和营销商不是对自然市场状况,而是对支持计划作出回应。"[8]

它所伤害的不仅仅是穷人。罗宾·克莱报告说:"贸易保护主义政策最近期的受害者,是卡夫公司在密执安州霍兰那家工厂的600名员工,该厂生产救星牌糖果。2003年,卡夫公司要把救星牌糖果的生产迁往加拿大。原因呢?糖在加拿大比较便宜,是加拿大按较低的自由贸易的世界价格进口的。反之,美国自1922年以来一直以关税或配额保护其制糖工业……(萨吉诺的国会议员乔·福德尼提出把当年糖的关税提高一倍,他也因此获得'甜菜乔'的绰号。另一位议员问福德尼:'要是让你来干,你会在这个国家四周建起一道关税壁垒,高到实际无法克服的地步,难道不是这样吗？'福德尼先是否认，然后又说，'但你知道，那不是个令人讨厌的坏主意。'）"[9]

在糖的问题上的这种做法不只是经济上和政治上的不公正；它还阻止了极其贫穷的产糖国对美国的出口。哥伦比亚和危地马拉等国就被剥夺了可用于购买粮食、燃料和医药的宝贵外汇收入。很多观察家都发出警告说，如果不是富国对本国糖业的补贴，安第斯山脉和加勒比海地区农民的糖在全球市场会有相当的竞争力，由于无法向世界市场销售自己的糖，他们很有可能转向种植非法的毒品作物。

而且不只是美国。澳大利亚贸易部长马克·韦尔在国际农业生产者联盟家庭农场国际贸易峰会上说："欧盟对大麦、糖、牛肉的配额外关税远远超过 100%；它们的平均农产品配额外关税是 45%。"[10]

就连古巴也决定大幅度缩小其制糖工业，尽管糖是古巴 20 世纪大部分时期最重要的现金来源，制糖业与卡斯特罗的社会主义革命密切相连。2002 年 7 月《国际先驱论坛报》报道说："在古巴岛上到处是高高的、绿油油的甘蔗在风中摆动，岛上至少有 1/5 的土地被用于甘蔗生产。糖是古巴另一项重要产品朗姆酒的主要成分。糖料作物种植园、制糖厂和糖厂工人，是古巴绘画与文学的独特的主题。"古巴政府已决定关闭 156 家糖厂中的一半，主要原因是"世界"市场糖价暴跌，此外曾经有保证的前苏联市场已不复存在。古巴正转产柑橘和芒果，并把目光投向旅游业，以期弥补失去的出口收入。[11]

3.2 令人头疼的农产品问题

当然,糖不是唯一例子:咖啡的情况同样是悲剧性的。10年前,咖啡业价值300亿美元,农民的所得在100亿美元左右。现在,全世界咖啡业价值600亿美元,农民的所得大约55亿美元。对农民来说,现在的咖啡价格比大萧条时期还低,实际价格为百年来之最低。

一个可悲但又为人熟知的现象是,国际机构、各国政府和各大公司之间缺乏协调,政府以扭曲市场的"援助"方式进行干预,那些大公司并不因为低成本而让利给消费者——在日内瓦,一杯高档咖啡要卖3美元。德国、美国和法国对越南的援助,使它成了第二大咖啡出口国。对于穷国来说,咖啡是一种重要的经济作物,它占埃塞俄比亚出口的64%、乌干达出口的60%、萨尔瓦多出口的25%。

在中美洲和墨西哥,就业岗位已减少50万个。竞争使消费者获利的理论和自由贸易原则,在这里失灵了。富国往往不对咖啡豆征收关税,但却对在急需就业岗位的穷国进行加工后的咖啡征收高额关税。哥伦比亚总统帕斯特拉纳有一次非常动情地对我说,种植咖啡的气候条件实际上与种植大麻的一样。国际咖啡组织总裁内斯托尔·奥索里奥向我强调指出,咖啡业的未来可持续性岌岌可危。我回答说,"那就更有理由庆祝多哈发展议程所提供的机会并完成这个发展回合的谈判了。"

或以棉花为例。在世界贸易中,它是作为生产者的非洲少数几个具有国际竞争力的行业之一。2001年,美国农场主实现了创纪录的43.8亿公斤棉花的大丰收,这在很大程度上是由于美国政府34亿美元的援助。西非是第三大棉花出口区,马里是该地区的最大的棉花生产国,它的农民去年也获得创纪录的2亿公斤的丰收。两者的区别在于,由于没有补贴,国家棉花公司还要赔钱,这主要是由于自1995年以来世界棉花价格下跌了66%(至每公斤0.88美元),仅2002年就下降了10%。世界银行和国际货币基金组织估计,如果美国不进行补贴,就会导致产量下降,全球价格上升,西非与中非国家每年可增收2.5亿美元。但事实上,美国对棉农的补贴很可能会增加到16%。这将使2.5万户棉农平均净收入达到80万美元左右。

极大的不公正和矛盾继续存在。这就是农业成为贸易谈判中的大难题的原因,也是多哈发展议程给很多穷国带来希望的原因。除非在农业领域有实质性改革,否则这一回合定就不应当结束。若是敷衍了事,现存不平等依然如故,就将是悲剧无疑。

4 关于贸易与自由的哲学、政治学和经济学

自由贸易的概念是世界贸易组织宪章的基础,自由贸易优越性的哲学基础是以普惠的基本正确性为前提的,而普惠则有几千年的深刻道德基础。最惠国地位——实际就是你给任何贸易伙伴的最佳待遇,应该惠及所有贸易伙伴——是良好治理的结果,也是世贸组织的基本原则。但这一概念要溯及民族国家创建以前。要惠及个人,就要有超越任何信念、合乎道德的行为原则。这就是文明行为的基础。

这种基本互惠性已成为发展自由贸易和民主的基础。经济愈开放、愈民主,对普通人愈有利,自由不断扩大的空间也愈大。正如约翰·斯图尔特·穆勒指出的:"国际贸易的范围扩大和迅速增长,是世界和平的主要保证,是思想、制度和人类特征不断进步的伟大、持久的保障。"[1]

在是否存在"利己基因"的争论中,争论的核心是,人们做事情不只是为了自己或自己那个群体的利益,而是为了子孙后代的利益。遗传唯亲为的是决心确保物种的延续,在这里被视为雄心、勤奋和魄力之源。正如马特·里德利所说,我们的祖先没有一个独身而死。

4 关于贸易与自由的哲学、政治学和经济学 67

推迟一时的满足以求得较好的长远结果,这在政治上和经济上都是明智之举。这不仅是企业投资,也是包括个人、社会、政府在内的一切投资的切实可行的、明智的基础。[2] 大量证据表明,道德价值体系的出现有其理性的基础。十诫既是常识性的,又是理性的。把这些原则推广应用,就成了良好治理的基础。圣经理论认为互惠是正当生活的基础,它不仅对个人,而且对国家都有深远的意义。

尽管所有的社会都有其自身的道德结构,但是所有的宗教和文化都包含了互惠这个概念:你希望别人如何待你,你就如何待别人。汉斯·昆(亦译龚汉斯或孔汉思)写了"人性黄金律"。[3] 我们在各大宗教伦理传统中都发现了这一点。请看他下面表述的共通性:

- 孔子(公元前约551年—前489年):"己所不欲,勿施于人。"(《论语》15.23)
- 拉比·希勒尔(公元前60年—公元10年):"凡不愿别人这样对你的,就别这样对别人。"(《安息日》31a)
- 拿撒勒人耶稣:"你们愿意人怎样待你们,你们也要怎样待人。"(《马太福音》7.12;《路加福音》6.31)
- 伊斯兰教:"你们当中任何人,只要他对自己兄弟的希望不像他对自己的希望一样,他就不是一个信徒。"(40圣训)
- 耆那教:"人类对尘世当漠不关心,自己想受到何种对待,就要这样对待世上一切生灵。"(Sutrakritanga, I, II, 33)
- 佛教:"吾觉之不宜不快者,彼亦会同感;岂可施吾觉之不宜

不快者于彼?"(《相应部》* V,353,35—342,2)
- **印度教**:"不能以自己所厌恶的方式待人:这就是道德的实质。"(《摩玛哈帕腊达》XIII,114,8)

人类是有精神境界的;他与其他动物不同,是有良心的。我们把对自己的行为缺乏良知或见识的人叫作反社会者。然而,何谓良心? 我们何以凭本能就知道基本的是非呢? 也许良心就是上帝对我们的窃窃私语。南北战争期间,亚伯拉罕·林肯就曾求助于"人性中善的一面",设法使交战双方达成妥协。

显然,人类早就认识到需要互惠:没有谁能独自存活。我们创造的"协同"一词,使一句更为古老的格言相形见绌:如果彼此合作而又相互尊重,一加一可以等于三。

亚当·斯密说:"各种动物还只能靠自己的力量,独立地支持与保护自己,没有从大自然中的其他动物的种种天赋中受惠。人类则不同,哪怕是差别极大的本领,对他们来说也是有用的。不妨这么说吧,他们通过以物易物、易货贸易和商品交换的方式进行全面配置,把凭借各自本领生产的东西拿来放在一起,在需要的时候,每个人都可以购买另一个人凭其本领生产的产品。"[4]

劳动分工就说明我们人类是各不相同的。几千年来,家族一直是政治和社会的基本单位。在人类大踏步前进的12 000年中,我们有两类生存方式:狩猎—采集;动物驯养与作物栽培。后者就是有效率的农民,他们开始种植和储存食物,驯养动物,创造了首批永久性村庄。这个社会不仅自给自足,而且开始进行剩余谷物

---

* 《相应部》(Samyutta Nikaya),佛经名,原文系巴利文。——译注

或陶瓷的交易：经济专业化的开端。埃及的木乃伊腹中就有来自北欧的产品,甚至有来自远东和北美的东西。

4.1 比较优势理论中令人信服的逻辑

专业化导致人类基本的政治、宗教和社会结构的发展。简言之,就是文明的组织。财富的增长和时间的"富余"使寻找财富和新的技术、思想、作物和动物的探险得以进行。这又有助于深化专业化过程,提高生活水平,创造一个可以利用他人思想的世界。1779年,威斯敏斯特一位富裕的激进议员大卫·李嘉图提出了比较优势理论,把政治经济学中的也许最有根据、最深刻的观察进行了通俗化,并形成了文献。他告诉我们,在群体层次而不是个人层次上的专业化是经济成功的基础。

有人误以为,这种情况的逻辑延伸就是：效率最高的国家或公司会吞没整个市场,但这却忽略了创新、新产品、消费者情感和资源利用方向改变所致的竞争优势。

李嘉图的理论基于并阐释了亚当·斯密的《国富论》(1776年出版),该著作的基本点是,人们应该有追求各自利益的自由,政府的职责是为商业发展确立法定权利和基准体系。公正是一种公共福利,就像公路和公园是公共福利一样。斯密解释说："如果一种行为在每个家庭都是谨慎的,在一个伟大的王国中就很少会是愚蠢的。"

自由贸易、民主和良好治理的成功运作并没有什么神秘。经济自由就要允许选择,这样对企业有利,使财富的创造者享有其劳动和风险的成果,也意味着资源、劳动和资本更有效的配置。

斯密在《道德情操论》中有一个著名的论断:"……在一个大社会中建立合作,单凭仁慈还不够,因为我们对亲朋好友仁慈的偏向是无法纠正的;一个建立在仁慈基础上的社会,任人唯亲必然盛行。在陌生人之间,在分配自利方面,市场这只无形的手要公正一些。"[5]

我们也许会问,既然贸易保护主义政策明显是不良经济手段,为什么在政治层面依然行得通呢？这是因为获利的少数人能从拿出部分利益来酬谢那些有特权的人。在贸易保护主义受到威胁时,那些面临危险的人——不论是面临失业的新西兰汽车制造工人、美国钢铁工人,还是面临配额减少的欧洲渔民——都可能对决策者施加巨大的压力。相比之下,承受贸易保护主义政策全部代价的绝大多数人,很少会直接感受到很大的影响,因此很少会对此提出抗议或直接投票反对。

文明的整个推动力,一直从物质上和社会上促进和扩大自由。但国家的领导必须坚持开放,保持良好治理,以便在政治和商业市场作出这些选择。

4.2 合法、透明的基础设施对发展具有决定性意义

贫穷国家的问题是,那么多的人没有财产权,得不到公正和公平,也没有提高和激发其人民的才能、技术和雄心的各种机构和制度。埃尔南多·德索托的里程碑式著作《资本的奥秘》,揭示了那些摆脱腐败官员控制、奋力走向成功的人们的巨额隐蔽财富、存款、

4 关于贸易与自由的哲学、政治学和经济学 71

资产和卓越才华。

德索托研究小组去了不同的发展中国家,比方说,在海地,他们发现 1995 年法律管辖外不动产的价值大约相当于海地政府拥有财产的 10 倍。他的研究人员发现,租借按政府计划为期 5 年,且有权买进的土地,要耗费两年时间,办理 65 道官僚机构的手续。然而,在海地这个拉丁美洲最穷的国家,穷人的资产总额,仍比它自 1804 年脱离其前殖民地太上皇法国获得独立以来所得到的外国投资总额多 150 多倍。[6]

德索托的自由民主研究所的研究揭示了下列事实:

- 整个拉丁美洲,全部不动产的 80% 在法律管辖之外。
- 在发展中国家,法律管辖外的劳动人口占其总数的 50%—70%,其产品占第三世界出口总额的 1/5—2/3 以上。
- 在埃及,穷人的资产为有案可查的外国投资(包括苏伊士运河和阿斯旺水坝的资金在内)总额的 50 倍以上。
- 在埃及,要取得合法注册的一片国有荒地,需办理 77 道官僚主义手续,经过 31 个公私机构的批准,要历时 5—14 年才能完成。这就是许许多多埃及人非法建房的原因。

正如海外私人投资公司总裁彼得·沃森所言:"穷人的企业,就像不能发行股票或债券以获新的投资和融资的公司。没有这样的代表权,他们的资本也就是不生息的资本。"[7]

正如德索托——我认为凭该著作他就当获诺贝尔奖——所解释的:"因为这些资产的所有权没有进行适当的登记,这些资产也就不易转为资本,不能超出人们相互了解信赖的小圈子之外进行交易,不能用作贷款附属担保物,也不能用作投资的股份。试与产权受法律保护的国家对比一下。美国新建企业一项最重要的融资来源,就是该企业家的住房抵押贷款。"[8]

他认为,财产法(有限责任公司、诚实的政府官员和高效的公共服务)是西方拥有的、超过其竞争对手的巨大优势。

在发展中国家和许多前共产党国家,一种保护自身与财产的更有效的方式是,不向政府纳税,而是向当地的恶棍和社会黑帮上供。可悲的是,有时候,他们的"诚实"与正直大大超过那些由纳税人供养、本该向这些公民提供保护的人。

布林克·林赛援引哈耶克的观点指出,无独有偶,实施经济极端集中制的政权,也是非常暴虐、专制的,它们表现出极权主义体制最坏的特征并非偶然,而是极权主义迟早要产生的现象。[9]

财产权、获得诚信的公共服务、法治和保护商业活动不受腐败的侵害,是发展经济的关键要素,而不是靠描述这一问题谋生者所创造的行业。在发展过程中存在的令人不安的事实是,对公民安全、人权和社会进步的最大威胁是暴虐、腐败的个人以及由他们培育并赖以生存的制度。他们靠贸易保护主义、任人唯亲、冒牌资本主义和抽取国际基金和本地纳税人的资源以肥私。

在后殖民史——尤其在非洲——中,接二连三地出现的趾高气扬的暴君,如乌干达的伊迪·阿明、目前利比里亚的查尔斯·泰勒,他们任意搜刮民脂民膏,且常挑起与邻国的战争或邻国之间的战争。据说扎伊尔的蒙博托在西班牙购置了一处城堡,在瑞士购置了有32个卧室的公馆,还用协和飞机把他的密友运往巴黎购物,用他从本国人民头上和国际援助中窃取的几十亿巨款供其挥霍。林赛指出,刚独立的时候,扎伊尔有将近4万英里可使用的公路,到蒙博托死时,仅剩下3 000英里。[10]

良好的治理——建立有诚实、透明的公共服务,遴选可信赖、负责任、可更换的政治家——这不是什么温暖动听、含混不清、自由主义与空想式的社会改良理论,它是明智的经济手段,是最富成效的。

林赛还援引了经济学家保罗·莫罗被广为引用的研究成果——莫罗在研究中试图量化不良法律制度造成的后果。"这项分析利用衡量官僚主义、繁文缛节、腐败以及司法效率和廉正等的多项指数(由一家私营商业情报咨询公司提供),说明不健全的法律制度对私人投资总额、从而对经济增长率产生的重大影响。具体地说,这些指数的一个标准偏差的增加(例如,从孟加拉制度质量的水平跃升至乌拉圭的水平),那就会使投资率剧增 5 个百分点,从而使[孟加拉国]的年国内生产总值增长率的提高超过 0.5 个百分点。"[11]

正如林赛指出的:"对法律秩序造成最大的破坏的,莫过于一个决意侵吞、胡作非为的政府。任何财产都是不安全的,任何协议都是不可靠的,因此,任何复杂的劳动分工也是不可能的。经济生活总是发育不良、虚弱无力,局限于小规模的、短期的活动,而且总是悄悄地进行,以避开掠夺性政府贪婪的视线。"

林赛还指出,这种独裁政权缺乏权力交接的制度性机制,往往会出现不稳定的局面。"由于获取或丧失政权的风险极高,所以权力过渡经常是流血的。这种过渡也有可能极具破坏性:备受原政权青睐而兴旺发达的集团,突然会成为新政权的迫害对象。政局不稳定转化为法律不稳定,这又再度破坏现代工业社会繁荣所依赖的大规模长期投资的基础。"

正如我们所看到的,1998年,印度尼西亚的苏哈托被推翻时,镇压之举常常可以掩盖对权力的控制无力,只能靠分享特权的方式予以维持,结果会对经济产生扭曲和破坏。苏哈托统治期间,他的儿子、女儿和少数几个得宠的朋友从丁香、汽车和木材等私下交易中获得了巨额收益。正如林赛所评论的:"脆弱而专制的政府不可能坚持安全稳定的财产权,这种权利现在极易受到虎视眈眈的诸多捕食者的伤害。"

但有几位发展经济学家现正在研究实际上怎样才可行,而后把成功的原理应用于一种理论,使这一理论适应其他形式的经济。穆罕默德·尤努斯的成功令人振奋。他是孟加拉国乡村银行的创办者和开办小额信贷的先驱。孟加拉国常被透明国际说成是最腐败、最难办的、最欠发达的国家之一。

尤努斯在《穷人的银行家》中讲了他的故事。他研究过乔布拉村最贫穷的人。他谈到当地做小圆凳子的人对商人和放贷者的依赖。尤努斯解释说:"人们……很穷,但不是因为他们愚蠢或懒惰。他们整天都在干活,而且是复杂的体力活。他们贫穷的原因是国家金融机构没有帮助他们扩大经济基础。由于缺乏正式机构,这个信贷市场已被当地放贷者所掌控。只要我能借给乔布拉村民[所需要的]27美元,他们就能自由地销售自己的产品。"这里所需要的是一个机构,一个把钱借给那些一无所有的人的机构。他还意识到,他的那个社会里与许多发展中国家一样,懂得生活酸甜苦辣的是妇女,因为她们负有养育孩子的最后责任。85%的贫穷农村妇女是文盲,丈夫不在身边连出门都感到困难,一切都很困难。[12]

大银行在谈结构调整计划;尤努斯表示异议,提出一项道德文化计划。尤努斯的客户中95%是妇女,据报道还贷率将近100%,而且他的贷款进入了孟加拉逾200万户农村贫困家庭。由于行之有效,国际机构现在要给以援助了。他的资产现在已达25亿美元。但是没有多少记者来出席宣布25美元贷款的记者招待会。

尤努斯并不是独一无二的。他和其他一些先驱者的做法都证明,好的想法能不胫而走。海外私人投资公司是一家美国政府的机构,由能干的彼得·沃森管理,协助美国负责的发展中世界海外直接投资。例如,现代非洲基金管理会,即海外私人投资公司负责的撒哈拉以南非洲私人产权基金,就投资肯尼亚向欧洲市场供应蔬菜与花卉的大公司——弗拉明戈控股公司。1980年代初,该公司尚属起步阶段,现已雇佣了近6 000名肯尼亚人,分别担任田间管理工、设备操作工、工程师、护士和管理人员。近年来,该公司增长势头强劲,已为周围村镇办起学校,为工人及其家人发起和主办各种赛事,为员工提供免费优质保健和住房津贴。海外私人投资公司还在与索罗斯基金会和南非国家城市重建住房机构联手,为穷困的南非人(其中很多人都是住房困难户)兴建近150 000套住宅单元。按南非国家规定有资格享受低收入住房补贴者就能获得房屋所有权。

在某些发展和非政府组织圈内,"有条件"是个讨厌的词。但如果我们不能保证海外发展援助资源笔笔有着落,不被鲸吞,那援助有什么用呢?援助目标选择不当会使问题变得更糟糕,如果为腐败的官僚、商人和政治家撑了腰,不但会引起南方国家贫困者的反感,而且会引起北方国家纳税人的不满。要让心存疑虑的纳税人接受增加援助的预算是很困难的。著名心理学家埃里克·弗罗姆曾在著述中谈到他所说的对母亲无保留的爱与对父亲有条件的爱之间的差别。2002年在联合国秘书长科菲·安南领导下达成的蒙特雷共识,在经历了漫长的努力后,终于凭借良好治理、贸易和援助为发展挽回了信誉。

我们应该研究实际上的可行性,然后建立某种可以推广的理论。过去,情况正好相反。我曾收到新西兰财政部一份有关改造一个组织的文件,该文件写道:"它在实践上是可行的,但在理论上可行吗?"

我们面临的巨大挑战是:建立适当的法律和商业体制,确保没有腐败和官僚主义惰性的"市场"运作。为了确保多哈发展议程的成功,我们在世贸组织建立了一套培训和能力建设制度,授权官员们更好地代表各自国家的利益,这是我们朝这个方向迈出的可行的、坚实的一步。遗憾的是,有些人仍然认为,技术援助把钱给了别人,还要同意他们的做法。

4.3 无胁迫合作是成功文明社会的基础

以赛亚·伯林在英国广播公司所作的著名讲演中曾提到人类最根本的问题之一:"一个人为什么要听另一个人的?"他接着探讨了如何达成政治服从。"一个哲学家在掌权之后,必须建立人为的奖惩制度。无论什么时候,只要人们做了事实上增进幸福的事,就要给以奖励,而当他们做了事实上减少幸福的事,就要予以惩罚。

人们的动机如何则无关紧要。只要人们对幸福作出贡献,他们的动机是善意或自愿的,还是自私、丑陋、卑鄙的,都无关宏旨。只要人们阻碍人类幸福,无论他们是出于恶意或邪念,还是无知犯错或满脑子幻想地干傻事,都不重要——在这两种情况下,他们所造成的损害是一样的,所带来的好处也是一样的。"[13]

无胁迫合作的意愿是成功文明社会的基础。与对方合作不成就诉诸法律、起诉或立黑名单的国家、公司和个人,实际上是承认他们这样做是因为他们未能解决问题。据美国商会的说法,在美国,企业因受诉讼影响所增加的成本,是以五花八门的上涨成本、以年均1 200美元的"诉讼费"的形式转嫁给每位消费者的。

在柏拉图的理想国里,公民受过良好的教育和培养,所以不需要强制他去完成某项任务,也不需要什么制裁制度,他也不会故意或无意地作出任何反文明的行为。[14]卢梭在《民约论》中也提醒不要搞国家崇拜,他说,这不是自由公民的行为,而是臣民或奴隶的行为。[15]

一个强大的文明社会是由什么构成的呢?答案是它的制度、风俗习惯和文化。这是它的社会资本。而这些又都是基于互惠这一基本概念:可以期待你的邻居、竞争者、教师、女儿的未婚夫、法官、警察和你的商品供应商做自己该做的事。他们将表现出基于共同价值观的诚实和正直。也许英格兰对世界的最伟大的礼物——除了几乎已成万国通用的商业语言和自由民主政体的基础的英语之外——就是一个独立、纯洁、高效的公务机构的思想。当领导人、研究人员和国际组织写到发展中国家(事实上还有发达国家)良好治理时,他们在用词上都是精心推敲的。他们所说的是:

"阻止腐败。"在社会信任出现危机的地方,那些被解除了权力的人就退缩到范围狭小、无人信任的四面楚歌之中。

对文明社会有利的是人们在公认的规则内的相互合作。在《让民主名副其实》一书中,罗伯特·帕特南写道:"文明参与的网络既方便了沟通,又改善了有关个人可信赖信息的流动……信赖与合作取决于有关潜在伙伴过去行为和现在兴趣的可靠信息,而不确定性则强化了集体行动的困境。由此可见,在其余一切都相同的情况下,参与者之间(直接和间接的)沟通愈多,相互信赖愈深,他们感到合作起来也就愈容易。"[16]

我们为什么应该平等待人呢?亚里士多德认为,我们现在所称的人权(我们已把它编集成典,赋予了对和错的概念)是以人性为基础的。我认为,民主制度,终究会导致更好的社会与经济结果,尽管有时不很平等,没有条理。

启蒙运动时代摧毁了君权神授说。然而,认为我们各得其所是上天造就的事实这一信念历久犹存。现仍流行的一首英语赞美诗说道:

> 所有光艳美丽之物,
> 所有大大小小生灵,
> 所有聪明奇妙之物,
> 皆由吾主上帝所造。

> 富人住城堡,
> 穷人看大门,

高低上帝定,

财产他安排。

令人遗憾的是,很多人仍然抱住特权不放,不公正地欺压弱者,不允许公民的社会流动,而这种流动性是进步的关键要素。社会内部劳动力的流动是经济和社会成功的重要因素。无论过去还是现在,受种姓制度或阶级制度困扰的国家都太多太多了。这种制度不独道德上不得人心,而且是不经济、低效率的。这是种族保护主义,奖赏的是有势力、有特权者,扼杀的是有才能者的经济。在过去的数百年中,英国最伟大的社会变革出现在两次世界大战之后。尤其是1939年,英国展开"总体战争",在各条战线上招募劳动者,使妇女走上工作岗位,破除了一切障碍,极大地提高了生产率。

4.4 社会流动性既反映变革又产生变革

在英国和美国发起的总体战争期间,工会未遭禁止,工会领导人也未遭杀害。第一次世界大战期间,英国工会领袖欧内斯特·贝文还进了内阁。第二次世界大战后,第三帝国建筑师和军需部长阿尔贝特·斯佩尔不无遗憾地指出,希特勒对待工厂女工的态度以及驱逐犹太民族和少数族群的科学天才,对纳粹战争机器是致命的。

1970年代,人们动辄把英国所有问题都归咎于英国病——对耗费较大、目光短浅、缺乏民主的工会态度的简称。这在某种程度上是正确的,但还有另一面,即阻止和挫伤工人社会流动的阶级制度。势利行为和阶级战争,是白人相互之间种族歧视和等级制度的表现形式。店主的女儿玛格丽特·撒切尔和现在的新工党正在打破这种"阶级战争",尝试创建一个更多地基于商业、政治、教育和公共服务优点的社会。阶级结构使整个经济失去了潜在的天才。机会均等造就一个基于优点的社会,这本身就是良好的行为原则,而且效率较高。

美国、加拿大、澳大利亚和新西兰等新大陆前殖民地的成功有很大一部分原因就是社会流动性。那些把殖民地首都旧的阶级制度照搬过来的殖民地,如拉丁美洲部分国家,因排除社会有才干的成员付出了代价,而且现在仍然如此。

我们是平等的,但不是一样的。从民主的观点看,这一斗争一直在政治与社会规则之间进行,也就是在劳伦斯·E.米切尔所说的自由与平等之间进行。他认为:"平等要对自由进行干预:在上帝看来人人生而平等,但在经济与社会环境中几乎做不到。为了增进弱者的平等,国家就要对强者的自由进行干预。即使如此,条件的平等只是一种愿望,我们在很大程度上可以把平等看成是自然的事实——按照这种思路,就总会有某种衡量平等的尺度。"[17]

查尔斯·达尔文写道:"随着人类文明的进步,小部落联合成较大的社群。从最简单的道理中,每个人都应该明白,他应当把自己的社会直觉和同情扩大到本民族的全部成员,尽管他并不认识他们。一旦做到这一点,那只有人为的障碍才能阻止他把同情传递给各民族和各种族的人们。"[18]

西方价值体系中的所谓美国化——其基础是美国开国先父们

的允诺:每个公民都有权追求幸福的权利——这是问题的一面。要确立或实践以价值观为基础的制度,一个重要方面就是对我们自己和社会承担责任和义务。民主、公民参与和普遍参与,远非每三年用两分钟时间在某人或者党派的名字旁边画上一个钩而已。它们关系到我们如何过好生活、如何争取选民、如何提高绩效、如何发展客户。

大约170年前,托克维尔在其《美国的民主》中指出,公民联合会依靠的是政治联合会的艺术,通过这个联合会,公民受到"正确理解的自身利益"的伦理观的影响,"文明的自尊不断促使他们相互帮助,使他们愿为国家的福利牺牲自己的部分时间和财产。"[19]罗伯特·D.帕特南指出:"社会资本,如体现于公民参与的横向网络中的,增强了政治机构和经济的绩效,而不是相反:社会强,则经济强;社会强,则国家强。"[20]

代议制是文明社会最基本的成分。和平实现政权更替不仅在道义上是对的,而且对稳定经济有利。民主国家加自由市场是锦上添花,这不是历史错误。民主工会和自由制度是一个国家实现经济和社会成功的两个不可或缺的因素,这不是大自然的恩赐。近年发生在东欧、始于工会的历史巨变也绝非偶然,从波兰团结工会发挥中枢作用,到莫斯科以总罢工相威胁而告终的未遂政变都是如此。例如,过去为自由而战、现在仍在为自由而战的,是非洲人国民大会党领导下的工会领袖们;在津巴布韦,领导反对罗伯特·穆加贝的政治反对党的工会运动积极分子是摩根·茨万吉拉伊。

企业与政府沆瀣一气反对人民的事屡见不鲜。当然,有时工会也与政府合谋与人民作对,以牺牲无工作的人为代价,为有工作的人谋取好处。但是自由工会是民主经济的一个基本成分,这与制衡原则有关,而不是与金钱与残暴的权力有关。

新生的捷克斯洛伐克的总统瓦茨拉夫·哈维尔说,东欧国家的政治镇压使那里失去了健康的文明生活和有价值的公共机构:"工会、我们的卫生系统的民主参与和管理、我们的能源系统的公有制、对我们的生活和行为方式都是非常重要的。东欧的问题不只是缺乏私人投资的问题,还有从电话到公路到学校等等公共投资和公共建筑年久失修的问题。"

图 4.与捷克总统瓦茨拉夫·哈维尔在一起:我心目中的一位英雄,一位继续鼓舞人心的剧作家和政治家。

这位曾遭马克思主义者监禁的独特的剧作家兼政治家,不仅目睹了他的祖国退出《华沙条约》,而且还帮助它以和平的方式分成两个独立的国家。这两个国家现在都想加入欧洲联盟。然而2000年在布拉格国际货币基金组织/世界银行/世界贸易组织的一次会议上,我看到被误导的抗议者辱骂哈维尔,并要求他为践踏民主道歉时,我感到愤怒和惊讶。

我们看一看世界上那些民族主义、部落意识、种族主义比较强的国家,就能注意到对自由贸易和开放社会赤裸裸的反对。我不是说凡是反对自由贸易的人都是反民主的。但我的确注意到有奇怪而又矛盾的联盟。我们看到了机会主义的民粹主义者,如美国的帕特·布坎南和拉尔夫·纳德;欧洲的极右派和极左派;新纳粹分子和新马克思主义者——都在起劲反对全球化和人口流动。

谢拉俱乐部的比尔·莫耶斯评论说:"北美自由贸易协定批准以来,各个公司已利用协定第11章对政府保护公民的权力提出挑战,破坏环境和卫生法律,甚至攻击我们的司法制度。"[21]在纳德看来,全球化的实质也就是"使人权(和)民主权从属于全球贸易和投资规则"。[22]这是一种放肆的耸人听闻的筹集资金骗局,因为那根本就是无稽之谈。

这不是要诽谤抗议运动在民主中的基本作用(见第13章)。西方的环境记录比较好,这不仅因为市场力量的运作比国家更有效,而且因为人民的民主文明参与要求政治家有更好的表现。东欧的共产党政府官员和企业经理,就像缅甸和非洲的独裁者以及拉丁美洲的上校一样,没有受到公众的压力和监督。

合作、互惠、民主;有益于个人的,就有益于社会;有益于一个国家的,就会逐步有益于国际大家庭。个人之间的合作是为了较大的社会利益,国家也必须如此。民族国家的发展解决了个人、部落和长期不和的王公解决不了的问题。国际主义原则在解决国家间争端与分歧方面已经有了长足的发展。

今天,真正的爱国者和好公民也必须是国际主义者。我们为他人服务而且服务得很好,就是很好地为自己服务。民族国家要取得进步,就要与他国合作。各种国际规则和组织机构都是保护和促进各国利益的。它们提高了独立性,而在现代世界,独立性是靠相互依存来推动的。

帝国的时代结束了:文明的国际主义时代可望即将到来。我们现在正借助国际机构实现民族主义的目标。我认为国际主义是实现更广泛的民主演变过程的下一步。

乔治·奥韦尔的《1984年》提醒人们注意"新话"和"假话";注意"战争就是和平"这样的政府口号。[23]伊拉克的萨达姆·侯赛因谅必读过奥韦尔的小说,因为他新近告诉他的人民,如果美国人再回来,他要再次给他们以重创。他也许从希特勒的宣传部长约瑟夫·戈培尔的理论中获得了灵感,因为戈培尔说:"如果你撒一个弥天大谎,而且不断重复,人们最终就会相信。"

很遗憾,奥韦尔已经离开了我们,不能再把落选的狂热抗议者描写一番了。这些人假民主之名,试图阻止民主的、负责任的领导人来开会。这些极端分子歪曲与贬低在野党提出的确凿理由,不让我们就如何改善条件进行大辩论。国家权利和国际权利充满了矛盾和危险。实际生活永远不可能与理论一致。正如阿瑟·基思爵士所说:"【希特勒】称其运动为国家社会主义,他把对内群体的道德与对外群体的残忍的双重标准发挥到了极致。社会主义代表部落内的公社主义，国家主义则代表其邪恶的外表。"

4.5 社会愈开放，结果就愈好

本章一开始就指出，经济愈开放，愈民主，老百姓的受益就愈多（见第5章）。但凡逐步形成真正参与式民主的国家，都以没有内忧外患而著称。在赚钱与打仗两者之间，民主国家不只是选择前者，他们的领导人感到很难获得对打仗这种实系浪费之举的支持。

对政治权利和人权压制最厉害的地方，环境也最恶劣，那里的政府仍在试图控制人民、商业和信息。或是从巴尔干到非洲部分地区，那里占起主导作用的是肆无忌惮的、自发的部族本能。坏的政权还非难外部敌人——例如2002年大选期间的穆加贝，他就把自己治理不善引起的问题归咎于白人殖民主义者；或者上世纪与马来西亚对抗期间的苏加诺。

比较开放的社会就比较好。而且，随着国家的开放，它们也变得更民主，贸易更频繁、更自由。过去几十年来，智利、南非、中国台北、韩国和墨西哥就是典范。看一看波罗的海诸国、匈牙利、捷克共和国和其他"转型经济体"的巨大进步吧。造出"转型经济体"这一表达方式就是为了承认这一革命趋势并使之合法化。巴尔干地区新近的事态，还有"非洲发展新伙伴关系"中由非洲人规划和推动的非洲复兴，都给了我们希望的理由。

民主的生命线是信息。卡尔·波普告诉我们，由于所有的决策都是基于不完全的信息，因此，历来没有尽善尽美的事。民主必须到位,被领导的人民才能纠正失误,更换他们的领导人。不过,国家需要有我说的某种良性循环,不仅要有自由、公正的选举,而且要有自由、公正的信息,以不断推进这种循环。

我第一次读《1984年》时,担心政府和大企业能控制信息时代从而控制人民。我错了。相反的情况发生了。信息时代、传真机、摄像机和移动电话的兴起,推动了东欧的解放,因为它们揭示了马克思主义的失败。现在,是人民监视"老大哥"*,而不是相反了。

互联网革命使信息得以民主化;我们不再需要等"专家"为我们编造新闻或给我们讲党的路线。技术使人民自己去寻找未经编辑的真理。乔治·索罗斯向东欧的文明社会组织转赠传真机和复印机,帮助他们更快地从共产主义中解放出来。2001年菲律宾公民发动了几次大规模抗议活动,最后迫使当时的总统埃斯特拉达下台,并最终使他面临腐败的指控,而在这方面,移动电话发送的一则则短信功不可没。在每一次国际性集会上动员抗议活动的,正是新的通信系统所产生的创造能力和自由。这绝非坏事,而可能是非常健康的。虽然这个新时代产生了大批舆论导向专家和公关咨询专家,最终,真相还是会大白于天下。

我认为,假如我们要拯救我们的环境,保护世界上迁徙的鱼类和鸟类,制定开放的贸易规则,提供更有效的政治和经济安全,国家的、全球的、区域性的法律、规则、标准和准则就必不可少。这要经历一个不完善的、痛苦的缓慢过程。

---

* 老大哥(Big Brother)在乔治·奥韦尔的《1984年》中指进行监控的媒体设施。——译注

在世贸组织等国际机构解决各种复杂问题的过程中,它们也逐步建立起个案研究的资料宝库,对国际交流中某些核心问题和思想达成一致意见,从而开创更普遍的民主与和平的先例。不过,我们务必警惕,在另外一些方面,规则和机构会固执地自我表现,从而破坏创立这些规则与组织的人们的善意。

4.6 需要规则

良好的意图经常有可能导致危险的结果,并因设计者的政见变得更加危险,因为现在民意测验和焦点群体不仅被用作营销工具,而且被用作形成政策的工具。对美国的文明社会和民主发展无比崇拜的托克维尔也告诫说,不要在社会的表面覆盖"一张细致、统一、琐碎、复杂的规则网,因为这样会扼杀那些最具独创性和精力最旺盛的人,使他们无法渗透这张网脱颖而出"[24]。

他认为,这种规则不仅没有强化必要的行为,反而束缚了人们的手脚。他写道:"这种权力不是摧毁,而是阻碍了生存;它不是实施暴政,而是管束、削弱、压制、麻痹人民,最终使他们变成一群懦弱、勤劳的羔羊,而政府则成为牧羊人。"他说:"我总以为我刚才描述的那种普通、沉静、温良的奴隶状态,在与某种外在形式的自由相结合时,比人们想象的要更加容易,甚至可能在人民主权的庇护之下证明其自身。"

这是先见之明;它对于当今政治上正确的人是个告诫,因为他们寻求的是结果平等,而不是机会平等。它也有助于说明为什么1960年代许多左派改革归于失败,为什么把福利国家推向极致的善意改革者取得的是适得其反的结果。

约翰·斯图尔特·穆勒谈及安全时说:"……从重要性上看,商业的经济影响要超过商业的经济利益,这种影响是智力与道德方面的。鉴于目前人类进步水平低下,对于人类与不同于他们的人接触、与不同于他们所熟悉的思想和行为模式接触的价值,几乎是不可能高估的。这种接触的主要形式曾经是战争,现在则是商业活动……任何国家都需要借鉴他国的东西,不仅包括某种艺术或技术,而且还有其自己特点中不如他人的东西。"[25]

那些认为全球化是新东西的人,请再听一听穆勒、休谟和亚当·斯密是怎么说的吧:他们都认为商业的扩大产生好的政府,因而减少了战争的倾向,增进了个人自由和安全,减少了个人对其上司的"奴性依附",从而促进了平等。

斯密说,商业活动增长对个人自由的影响是"商业利益中最不引人注目的",也是"[它]最重要的影响"。穆勒也强调他所说的开放带来的额外"间接"收益。他主要指的是伴随贸易而来的信息流动。他指出商业活动加强了技术转让和高尚情趣的养成。200多年前,伊曼纽尔·康德在其《持久和平》中说:"持久和平可以建立在代议制民主制、国际组织和经济依附这三个基础之上。"

约翰·布伦德尔在经济事务研究所出版的《发动思想战》[26]中援引罗兰·沃贝尔在《西欧的集权》中的话:"'如果实行自由贸易,国境线上就不会有问题了。贸易和服务交换能创造朋友;只有控制才孕育敌人。庞大的国家统一体为一些错误的政治家提供诱人的目标。'贸易的确创造朋友,而且正如巴斯蒂亚所说,'商品不能跨越国界时,军队就将跨越国界了。'而且,如 国际教育协会创始人}阿瑟·塞尔登总是敏锐指出的,我们每进行一次交易,就与某人达成一项协议——而且是在没有胁迫的情况下——双方都会有所收获。还能有比这更好的吗?"[27]

有了这种种集体安全一体化和人类价值观与民主价值观的全球化,一个比较富裕、健康、没有多少战争的世界就不难想象了。以后还会有希特勒、萨达姆·侯赛因、波尔布特和本·拉登。他们能嚣张到什么程度,嚣张多长时间,将是对新生的、活力日增的国际主义的检验。

5 越来越好

世界已老态龙钟。雨水和太阳的温暖日渐减少,金属已几近枯竭。

西普里安,205 年

世界总是行色匆匆,而且离自己的尽头越来越近。

伍尔夫斯坦大主教,1014 年

这是自 6 000 万年前恐龙灭绝以来,自然界历史上最具破坏性的时期,假如我们依然故我,还不改弦更张,那么经济、社会和环境的代价势必是灾难性的。

约尔延·兰德斯,世界野生动物基金会,1998 年

披头士乐队的《越来越好》不断重复这样的歌词,"你得承认是越来越好,总是越来越好……"它的歌词由保罗·麦卡特尼主创,约翰·列农添了一句典型的讥讽:"不至于坏到哪儿去"。现有资料表明,这两位披头士都说对了。

对全球的人来说,当今最重要的问题是什么?民主制度、个人授权、平均寿命、婴儿死亡率、洁净水供给、消除饥饿和贫困、不平

等、人权、性别关注、滥用童工和环境问题等等。我们注意到,据联合国开发计划署和其他机构汇集的资料,就有关人类状况的几乎每一项有用指标而言,过去半个世纪都是我们人类历史上取得最大成就的时期。实际上,在世界大部分地区,这些进步都在加速。因此,让我们研究一下,为什么在这方面,有的国家做得好一些,而有的国家则做得不那么好。

其实,无论是在纽约内城,还是在向外扩展的墨西哥城,还是在许多正脱离马克思主义的过去、进行痛苦转轨的国家,总有进一步改进的余地。当然,在非洲这块最悲惨、被忽视的大陆,令人不满的事比比皆是,不公正肆虐的地方不胜枚举。

但我们不要忘记:1900年,美国男性平均寿命为49岁。1920年代,美国大多数农场还没有电。1831—1866年间,伦敦泰晤士河的污染导致传染性霍乱,死亡人数达3.5万。[1] 1861年,维多利亚女王的丈夫艾伯特亲王死于由这条河传播的伤寒。[2] 1950年,污染造成它大面积水域缺氧,使它实际成了一条死河。[3] 就在50年前,伦敦那场大烟雾夺去了4 000人的生命。现在,人们到这条河去钓鱼、游泳,它的污染水平在发达国家大幅下降。例如,1997年美国环境保护署报告说,1970年以来,"美国人口总数增加了31%,车辆里程增加127%,国内生产总值增加114%。在此期间,空气质量显著降低,排放物增加了。"[4]

印度和北京城市居民承受的污染水平类似于50年前伦敦的情况,这令人沮丧,但这是一个渐进过程。尽管有这一负面因素,但世界上有更多的人享受到比以前好的生活条件。

5.1 民主政治

100年前,像我们现在所理解的民主制度国家屈指可数。实际上,英国妇女到1920年代才有了选举权,虽然选举权是宪法规定的权利,可事实上在进入1960年代以后的很长一段时间里,全世界仍有千百万人——包括先进的民主国家美国的黑人——都是没有选举权的。具有讽刺意味的是,虽然瑞士是很多国际机构的总部所在地,它直到1971年才赋予妇女选举权,到2002年才同意加入联合国。苏联有伟大的宪法,但被忽视了。在"民主共和国"的大旗掩护下,很多邪恶的政权都制定出绝妙、高尚的宪法。

一个世纪前,英、法、德、奥等大帝国都凭借军事实力,主宰并保护其商业特权。

1919年,在划时代的凡尔赛和会上,大国进行了家长式的操纵。虽然伍德罗·威尔逊提出了14点开明的建议,提倡自决概念,寻求扩大自由,但当时的那些领导人都热衷于扩大自己国家传统的(抑或是重新划分的)帝国势力范围。事实终将证明,《凡尔赛和约》对欧洲各大家族是一大灾难,它导致了1939—1945年那次的欧洲战争,一场世界性的冲突,继而是反对殖民主义的斗争和冷战。

战后为摆脱欧洲帝国主义桎梏的斗争使此后40年至60年的历史走了弯路,因为国际马克思主义的竞争性意识形态与比较民主的西方意识形态发生冲突。这些实属欧洲人的概念,在世界范围内争夺控制权,实际上在那个时代,只要是反共的,即使是暴君,西方都能接受。2002年,机会主义分子、刽子手、当年美国和南非反共情绪和现金的受益人、长期领导安哥拉反政府武装的乔纳斯·萨文比被打死,这使人想起那恐怖的冷战时代。那种对立意识形态的极端例子,诸如1968年8月苏联入侵捷克斯洛伐克的事件,粉碎了把马克思主义看成解放力量的种种幻想。

30年前,中美洲大部、南美洲全部、欧洲一半国家以及南非,都处于军事/指令经济的铁蹄之下。但在布拉格之春发生后的20年内,人民的力量在菲律宾、印度尼西亚、秘鲁和智利爆发了。在韩国,曾遭军事独裁当局诽谤的持不同政见的反对派金大中,自由当选为这个国家的总统,而韩国也于2002年成为共同主办世界杯足球赛的东道国之一。中国台北出现了多党民主政体和平执政。

自由是有感染力的(它在很大程度上借助了信息流的全球化),因为它不仅在道义上是正确的,而且符合人民的需要。这个空前扩大的自由过程曾因冷战而一度冻结,而柏林墙的拆除,从根本上结束了共产主义是否会胜利的争论。

堪称民主国家的总数和堪称生活在某种民主政体下的人民的总数,都在稳步增加。据"自由之家"汇编的数据,1950年全世界有14.3%的民主国家;2000年已增至62.5%。在此期间,生活在民主政体下的人民由31%增至58.2%。[5] 这并没有否认这些经济和民主政体面临着巨大挑战。正因为它还很脆弱,所以建立以规则为基础的多边体制并使之得以公平的管理,以确保各方利益就格外重要。即使在实行一党制的少数国家,自由也在与日俱增。认为这个世界正变得越来越不自由,认为在过去一个世纪里我们并没有取得明显进步的看法是断然错误的。

5.2 平均寿命

衡量进步的一个重要指标是平均寿命。世界人口中,85%以上的居民至少可活65岁——比100年前的平均寿命提高了一倍以上,而传染病死亡人数则可望从930万降至650万。[6] 在发展中国家,平均寿命已从20世纪初的30来岁提高到1999年的65岁。[7] 经济合作与发展组织各国的平均寿命要高得多,而非洲撒哈拉以南各国则低得多。我提到过,还有很大令人担忧的地方:非洲广大地区的艾滋病、苏联解体后各共和国平均寿命的降低等。现在,很多发展中国家的人均寿命只相当于发达国家百年前的水平。不过,大多数地区的趋势是不断改善而不是恶化。

现在发达世界面临的主要挑战之一是人口老龄化问题。我在本书另一章(即第16章)中谈了这个问题。现在,在发达国家,年龄在60岁以上者约占人口的1/5;到2050年,年龄在60岁以上者将占人口的1/3。[8] 到2010年,由于生育率下降,发达地区65岁以上者将占人口总数的16%左右。[9] 人的寿命延长会造成新的挑战,但这是好事。与30岁就死于伤寒的风险相比,长寿所遇到的挑战毕竟是良性的。

近年来,延年益寿的趋势在全球范围内是相对一致的。例如,1980—1999年间,全球的人均寿命从63岁增长到66岁,提高3岁。在低收入国家,人均寿命增加了6岁,达到59岁;中等收入国家的人均寿命增加了3岁,达到69岁;高收入国家人均寿命增加了4岁,从74岁增至78岁。[10]

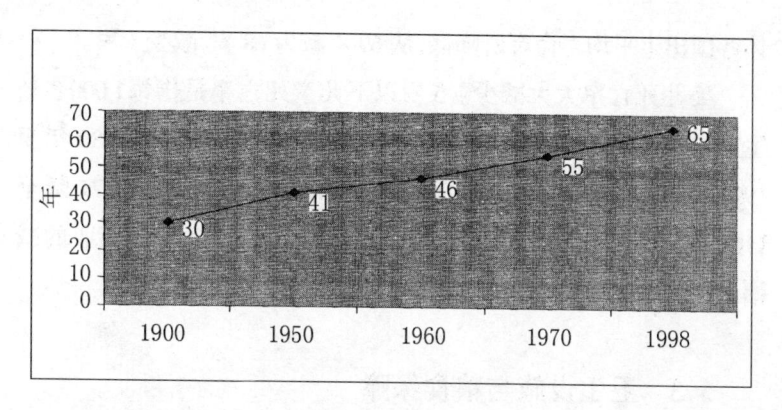

图 5. 1900—1998 年间发展中国家的人均寿命(资料来源:联合国开发计划署)。

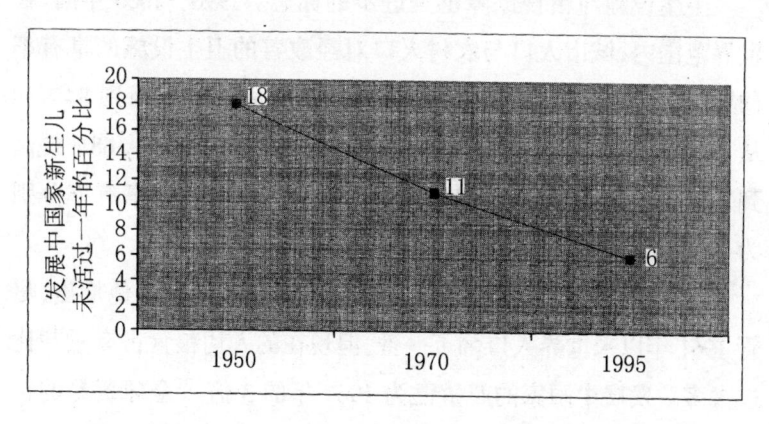

图 6. 1950—1995 年间发展中国家婴儿死亡率(资料来源:联合国开发计划署)。

在 1970—1975 年、1995—2000 年间,发展中国家的出生人均寿命从 55 岁增至 64 岁,益寿 9 年。在最不发达国家,也从 44 岁增至 51 岁,延年 7 岁。就连非洲撒哈拉以南地区各国也出现了改观,出生平均寿命从 45 岁增至 49 岁,延年 4 岁。实际上,唯东欧和独联体各国出生平均寿命有所降低,从69岁减为68岁,减少1岁。[11]

婴儿死亡率大大减少。5岁以下儿童死亡率是指每1 000名新生儿中不足5岁即夭折的人数。从世界范围来看,自1980年至1999年,这个数字从123降至78。在低收入国家则由177降至116。同期,在中低收入国家,这个数字从135降至85。南亚的减幅最大,从121减至89。[12]

5.3 卫生设施与粮食保障

卫生设施与粮食保障也是进步的标志。1990—2000年间,在世界范围内,城市人口与农村人口对经改善的卫生设施的享有率(城乡人口享有排便处理设施的比例)分别从78%提高到84%和从29%提高到36%。在低收入国家,上述享有率分别从68%提高到79%和从25%提高到31%。中等收入国家的相应享有率分别为75%到82%和29%到39%。[13]

马尔萨斯错了。隆博格认为绿色革命是成功的。他指出,尽管1961年以来世界人口翻了一番,但现在的人均粮食占有量却比过去多。发展中国家的产量已为1961年的3倍。[14]全球贸易的扩大对加强粮食安全起了关键作用。全球发展中世界的饥民已由1949年的45%降低到1970年的35%,继而降至1997年的18%——而且,联合国估计,到2010年,这个比例将降至12%。[15]

不但饥民所占比例降低,而且其绝对人数也减少了。1971年,饥民总数为9.2亿左右,1997年减至7.92亿以下(即减少了1.28亿左右)。到2010年可望减至6.8亿。[16]还不行,但无疑比以前好。

在过去的 15 年里,发展中世界营养不良儿童所占比例已由 40%下降至 30%,到 2020 年可望进一步减至 24%。[17]在过去 10 年中,发展中国家人均日食物摄取量已由 2 463 卡增至 2 663 卡,增幅为 8%。[18]联合国粮农组织预测,在未来 30 年中,营养不良的人会继续减少,各地区人均卡路里摄取量都会有所增加。国际粮食政策研究所、美国农业部和世界银行的研究得出了同一结论,认为所增加的这部分粮食供应只会减少、不会增加穷人的负担。[19]实施贸易限制,既伤害发达国家,又伤害发展中国家,因为关税和农业补贴实际上直接或间接地提高了粮食成本(而且对发达国家的劳动人民来说,所受的伤害相对还大一些)。

发展中国家和发达国家的生活水平都在提高

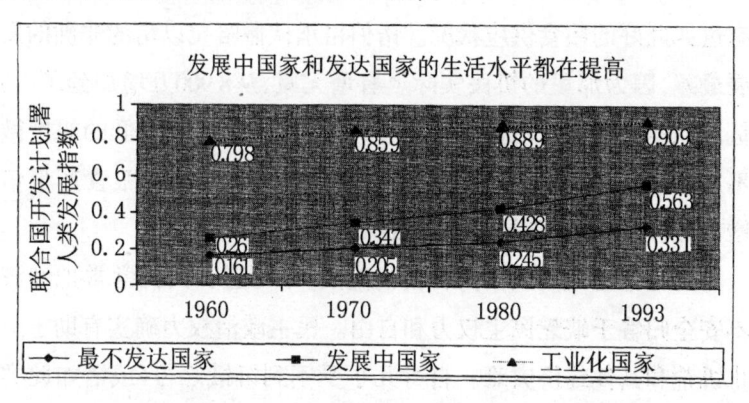

联合国开发计划署人类发展指数	1960	1970	1980	1993
工业化国家	0.798	0.859	0.889	0.909
发展中国家	0.255	0.347	0.428	0.563
最不发达国家	0.161	0.205	0.245	0.331

图 7.联合国开发计划署人类发展指数(资料来源:联合国开发计划署)。

我们现在寿命长了,生活水平也提高了。什么原因呢?因为我们已在保障洁净水、医药、卫生设施和食品供给上取得了重大进步。在伦敦历史上,对提高平均寿命作出最大贡献的是公共排水系统和供水系统的发明。贫穷国家医生的数量已增加了一倍。在改善全球人类命运这一伟业中,我们已经做得够多了吗?不,没有,谁也不会承认人类的旅程就到此为止了。但我们确实亲历了人类历史上最惊心动魄的进程。世界银行预测,如果多哈发展贸易回合取得成功,那么到2015年,3亿人就可以走出极端贫困的深渊。

约翰·诺伯格在他那本神奇的著作《捍卫全球资本主义》中指出:"30年前,发展中国家将近35%的人口忍饥挨饿。现在的数据是18%。多不多?多。太多了?当然。但这个数字正在迅速缩小。经过20世纪头20年的努力,瑞典才宣布根除了长期营养不良。仅仅30年工夫,世界饥饿人口的比例就减少了一半,而且可望于2010年降至12%。地球上从未有过这么多的人,我们也从未有过如此好的粮食供应状况。"诺伯格承认撒哈拉以南的非洲的发展最差,因为那里的饥民实际上有增无减,从8 900万增加到了1.8亿。但他又说:"即使在那些地方,尽管饥民的比例降低的幅度微不足道,但也从34%减至33%。过去半个世纪,全球粮食产量倍增,在发展中国家则是增至三倍。"[20]

阿马蒂亚·森在《作为自由的发展》中写道:"人们常常把经济不安全归咎于缺乏民主权力和自由。民主政治权力确实有助于阻止饥荒和其他经济灾难。自身几乎受不到饥饿之苦(或诸如此类经济灾祸)的独裁统治者,对于及时采取防范措施往往无动于衷。民主政府则截然相反,因为它必须赢得大选,直面公众批评,因而有强烈采取措施防止饥荒和诸如此类灾祸的动机。因此,世界历史上运转正常的民主制度——不论是经济上富裕的(如当代西欧和北美),还是相对贫穷的(如独立后的印度、博茨瓦纳或津巴布韦)——都从未发生过饥荒,这是不足为奇的。【作者注:津巴布韦的报告是颇耐人寻味的,它说2002年大选期间罗伯特·穆加贝进行政治镇压以后,该国发生了独立以来的首次粮荒。】饥荒常发生于受外来统治的殖民地(如英属印度或由外族英国统治者管理的爱尔兰),或一党制国家(如1930年代的乌克兰、1970年代的柬埔寨),或军人专政的国家(如埃塞俄比亚、索马里,或前不久的部分撒哈拉国家)。[21]

有大量证据表明,中国1958—1961年间的"大跃进"时期,中国领导相信他们自己的宣传和统计资料,首先是干部想让上级满意,其次才是事实。自从中国摈弃过去的政策,实施更开放的经济改革,不到20年就使1.5亿多人摆脱了极端贫困,取得了史无前例的物质进步。

5.4 教育与识字

教育水平也提高了。但困境犹存:在发展中国家,1/3的儿童没有完成5年小学教育。[22]但1990—1999年间低收入国家15岁以上的男性文盲率从35%降至29%,女性从56%降至48%。在中低收入国家,男性文盲率从22%降至18%。同期,撒哈拉以南非洲男性文盲率从40%降至31%,降低9个百分点,女性从60%降至47%,降低13个百分点。南亚、撒哈拉以南非洲以及中东和北非成人文盲率降低了12个百分点,女性的降幅更大。

青年文盲率也在下降。1990—1999年间,在低收入国家,15岁以上男性文盲率从24%降至19%,女性从41%降至31%。就女性而言,下降幅度相当大:1990—1999年间,在南亚、撒哈拉以南非洲以及中东和北非,降幅在9至13个百分点。[23]

这无疑是个良好的趋势。未来在这方面的挑战将有增无减,因为婴儿死亡率在大大降低。但远程教育和其他技术给了我们的前辈所没有的武器。天下的父母都知道,只要有一点点机会,让孩子受教育是让他们获得美好未来的关键。他们曾经失去受教育的机会,现在他们努力工作并作出牺牲,为的是让自己的孩子获得这样的机会。我说的是父母亲,但更多的指的是母亲:就像我们看到的那些打扫医院和学校的女工,她们从发展中国家来打工,把自己的安乐置之脑后,一心为了自己的儿女的前途。母亲从来不是贪图安乐的人。

如果政府不肯把钱花在孩子们身上,而是花在枪炮上,或是侵吞国家的资源,那进步就没有希望了。有些地区的增长之所以缓慢,根源概出于腐败、堕落,有时是由于精神错乱的领导人。但我们看到了令人鼓舞的进步迹象。

5.5 全球贫困

全世界生活水平也在提高。1998年,有大约28亿人(占世界人口将近一半)日均生活费不足2美元。[24]1987—1990年间,世界上在极端贫困条件下生活的人数从12亿增至13亿,但1998年又降至12亿,约占1/5。[25]不过,在1990—1998年间,全世界生活于极端贫困条件(日均生活费为1985年的1个美元,此系世界银行的基准点)下的人,从占总人口的25%减至20%,减少了5个百分点。[26]

1987—1998年间,在发展中经济和转型经济国家,日均生活费不足1美元的人口比重从28%降至24%。[27]

据联合国的报告,在过去50年中,我们减少的贫困人口比过去500年还多,而且实际上每个国家都在减少。[28]联合国开发计划署认为最富国与最穷国之间的不平衡在加剧。哥伦比亚大学的泽维尔·塞拉－伊－马丁对此表示同意,认为从总体来看,不平衡在各国内部或许是加剧了,但他指出,这种情况因国而异。塞拉－伊－马丁认为,对于国与国之间的不平衡,"有一个很重要的问题联合国没有看到。假如按购买力,而不是按市场汇率衡量收入,收入就平等多了。联合国说,1960年,人口中最富的20%与最穷的30%相比,收入高30倍、1997年高74倍,但它用的是市场汇率。如果按购买力,则相应的为11倍和15倍。尽管1980年(当时此比率为16)后比率降低了,然而就整个时期而言,这种趋势还是上升的。"[29]

例如,2000年印度的人均收入的卢比,按当时汇率计算,相当于每年460美元。但他们的衣、食、住等必需品与美国相比要便宜得多,这样的卢比收入就相当于美国人将近2 400美元的收入。与此相似,2000年中国人按官方汇价的收入为840美元,但按购买力计算,则超过了3 900美元。[30]

在消除贫困上,发展中国家取得了令人难以置信的进步。过去40年中,各地区社会指标都有改观。在过去20年里,东亚贫困状况大有改善:1970年代中期,占总人口60%的人日均生活费不足1美元,到1990年代中期,已降至20%。近年来,南亚大部分地区、中东、北非和拉美部分地区,贫困人数也在减少。[31]

设在英国的经济政策研究中心在 2002 年的报告中写道:"世界经济一体化的日益加强未必会加剧收入的不平衡。不平衡问题在 19 世纪极度膨胀,但到 20 世纪中叶就开始减缓了。处于绝对贫困中的世界人口,现在比以往任何时期都少。"[32]

由于人口不断增长,发展中世界穷人占总人口的比重由 1987 年的 28.3% 降至 1998 年的 24%。实际上,虽然穷人总数大致不变(12 亿),但其所占比重却不及 1950 年时的一半。由此可见,过去 50 年内,34 亿多人脱了贫。不过,联合国和世界银行都强调,今后的道路依然很漫长。国际发展目标是把处于极端贫困状况的人减少一半,到 2015 年时降至 12% 左右。[33]这个目标是可以实现的。

本书在其他地方提到,撒哈拉以南非洲的问题最严重,1987—1998 年,极端贫困的人数增加了 39%。在此期间,这个数字在发展中世界所占比重从 18% 上升到 24%。[34]

东亚国家在经济合作与发展组织国家的收入中所占比率从 1960 年的 10% 上升至 1998 年的近 20%。在拉美和加勒比地区,此比率大致稳定在 20%。南亚的收入——1960 年代和 1970 年代恶化,1980 年代和 1990 年代大有好转——保持在经济合作与发展组织国家的 10% 上下。再就是撒哈拉以南非洲,人均收入从 1960 年相当于经济合作与发展组织国家的 11% 降至 1998 年的 6% 左右。[35]

过去的这个世纪里,我们取得了巨大成就。但我们的星球还很脆弱。例如,粮农组织估计,近 50% 的主要海洋鱼类资源的捕获量已达其极限,有 18% 左右的鱼类资源已被过度利用、无再生的潜力。[36]世界自然基金会估计,目前的捕获量至少已为可持续捕

经济自由会提高生活水平

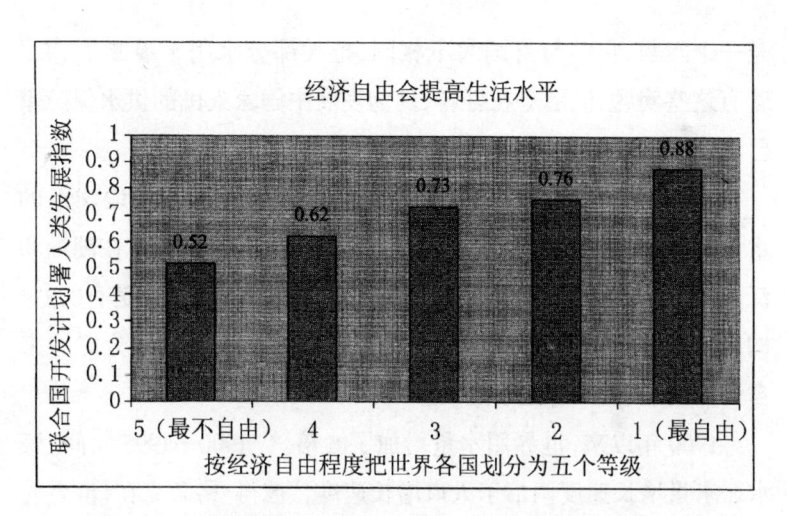

图8. 经济自由与联合国开发计划署人类发展指数的关系（资料来源：瓜特尼和劳森等，2001年）。

获极限的2.5倍。[37]渔业问题观察家、印度全国渔业工人论坛主席托马斯·科切利不仅谴责捕捞过度，而且谴责沿海水产养殖以及工业和家庭污染。

5.6 水——世界的关键资源

人类面临的最严峻挑战之一是供水。目前，世界96%以上的国家都有充足的水资源，而且在各大陆，人均供水量都提高了。但1940年以来，我们的水消费量差不多已增加了3倍。[38]人口增长必然意味着对水资源造成更大的压力。

当前我们面临的主要问题是水的分配不当和浪费，发生这种情况的主要原因是，很多地方水价不合理。在最贫穷的国家，这更是一个问题,它们与富国大不相同,把大部分水用于灌溉了。[39]尽管有这些问题,但形势在好转,因为发展中国家人民的供水保障率已从1970年的30%提高到2000年的80%。

水是生命之源,人体的75%都是水构成的。但是,地球上的水中,咸水超过97%,淡水不足3%,而其中有大约0.3%在湖泊和江河中,69%以上为极地冰盖、冰川和永久性积雪,再就是有0.9%构成土壤中的水分、沼泽和永久冻土。世界淡水其余三分之一来自天然地下水源,即地下水。

1900年以来,世界用水量增加了6倍。[40]"1900—1995年间,淡水需求量增长速度两倍于人口增长速度,"彼得·格莱克在《世界的水 1998—1999年:两年一次的淡水资源报告》中说,"[而]25年后,全球人口将从60亿增至80亿左右。"[41]

地球上的淡水以地下水的形式存储着,极易受到污染。世界气象组织报告指出,有1/5的人得不到安全饮用水,全世界有一半人没有适当的卫生设施。[42]开采地下水作为消费用水的速度超过了自然界对它的补充速度,从而造成了新问题。格莱克断言:"并不是危机已经临近,我们已经面临危机。"[43]世界观察研究所认为,稳定的世界粮食供应现在要取决于越来越大的全球缺水。该研究所的一项研究估计,全世界每年有1 600亿立方米水流进了缺水的城市和农场,永远也无法返回地下蓄水层。[44]

不过,朱利安·L.西蒙在《最后的资源2》中有说服力地指出,海洋很大,水的问题可能出现(1)在某个时候需用水的地区,没有足够的水,因而水价过高;(2)能得到的水都是污水。"人们'创造出'可用水,而且发现和利用新水源的机会有的是",他说。"有些水源大家都知道,而且已经被部分使用;用船只跨国输水,打挖井,净化污水,用拖船把大浮冰拖放到需用水的地方,还有海水淡化。还有许多新的可能性,其中有的已有可循的线索,有的则——必然——是一无所知。"[45]

除了污染之外人们关注的主要是:管理不善造成的损失、不经济的用水计价体系、对用水的暗中补贴等,结果导致低效用水。例如:

- 最贫穷的国家把90%的水资源用于灌溉,富国只用37%。[46]
- 低效灌溉系统浪费了60%—80%的水资源。[47]
- 不良供水系统使菲律宾马尼拉有58%的水白白浪费,拉美平均浪费也达40%。[48]

这些数据令人鼓舞,因为它们表明,只要提高效率,节水潜力巨大。世界观察研究所指出,有好几项研究报告说,在不增加工业成本的情况下就可以节约用水30%—90%。桑德拉·波斯特尔在《沙柱》中说,灌溉占全球淡水用量的2/3,但抵达作物根部的实际上不到一半。他列举了几个已经采用的步骤,并指出要想办法提高用水效率。以色列、印度、约旦、西班牙和美国等国采用的滴灌法,证实了这些研究所得出的结论,说明这样不但使产量提高了20%—90%,而且减少了30%—70%的水的浪费,结果令人鼓舞。

马来西亚某地区的稻农把水蓄于灌溉渠内,扬弃了传统的秧苗移栽法,采取种子稻田直播法,使水的利用效率提高了45%。以色列把65%的家庭废水用于灌溉,把淡水用于家庭和工业。[49]

欧盟报告指出,1992—1994年间,马德里用水量减少了29%。由于明智的用水办法,该市每年节约用水1亿立方米。整个欧洲的供水系统每年平均损失为30%,某几个城市的供水系统损失达70%—80%。[50]

表2　全球与水有关的疾病的估计发病人数和死亡人数(1990年代初)

疾病	发病率 (起/年或受感染者)	死亡率 (死亡人数/年)
痢疾	1 000 000 000	3 300 000
肠道蠕虫病	1 500 000 000(受感染者)	100 000
血吸虫病	200 000 000(受感染者)	200 000
麦地那龙线虫病	150 000(1996年)	—
沙眼	150 000 000(严重)	
疟疾	400 000 000	1 500 000
登革热	1 750 000	20 000
小儿麻痹症	114 000	
锥虫病	275 000	130 000
班氏丝虫病	72 800 000(受感染者)	—
盘尾丝虫病	17 700 000(受感染者; 270 000失明)	40 000(失明导 致死亡)
总计	3 342 789 000	5 290 000

据联合国估计,由于污染,全球有10亿人用不上安全水,到2025年,2/3的人生活中有水荒之虞。[51]也就是说如果我们什么都不干的话。但人类的经验是,政策要适应新情况和新信息。欧洲委员会认为,欧盟有20%的地表水面临污染的严重威胁,指出1990—1995年间,向欧盟供水的成本几乎增加了一倍(从120亿欧

元增至 200 亿欧元)。[52]

设在美国的非营利组织"生活用水国际",新近获得由美国政府资助的海外私人投资公司的资金,为其在肯尼亚的业务增购钻探设备。该组织在肯尼亚的分支机构自建立以来总共打井 70 眼、修复了 25 条水系。今天,肯尼亚全国又有 15 万多人喝上了洁净卫生的水。这种新设备每年能打井 20 眼,每眼成本大约 2 万美元。世界卫生组织说,"无论何时,发展中世界 50% 的人口都受到与水有关的疾病的折磨,其原因是水质受感染或者间接受带病微生物的影响。"[53]每年死于与水有关的疾病的人约有 500 万(见表 2)。

汉斯·佐缪在《水的政治》中指出,现在的情况更糟糕。他断言:"所有疾病中,有 3/4 与不卫生和不安全的水有关。的确有由水传播的病(如痢疾、伤寒和霍乱)和与水有关的病(如由在水中产卵的蚊子传播的疟疾)。全世界每年都有 2 300 万人死于不安全的水。每年仅痢疾就夺走 300 多万人的生命。"[54]

农药污染是全世界的一大隐患。设在罗马的粮农组织农业工程部的西奥多·弗里德里希说,很多情况下,有潜在危害的农药如何使用,完全取决于农药公司销售代表的指导。该机构举了这些例子:[55]

- 在马来西亚使用喷雾杀虫剂的人,由于缺乏培训、设备维修不良、防护服不达标,造成中毒。
- 哥伦比亚花农和巴西果农的人农药用量超过必需的 9 倍。
- 巴基斯坦农户滥用农药,过半浪费,导致地下水污染。
- 印度农产品含有大剂量农药残留。

・印度尼西亚喷用设备过半漏泄。

只要有决心、有资源,我们就能减少事故。由于知道了这一点,人类几乎各个层面的活动才有了很大的好转。

中国人口众多,是各方关注的关键地区,不仅面临工业污染,而且还有上游水土流失,造成长江等大江大河淤塞等问题。当局打算投入 48 亿美元巨资防止长江污染,并在长江上建造巨型三峡大坝以兴建世界最大的水电站。不过,迫使 113 万人搬迁的大坝本身已受到环保集团的广泛批评。[56]

几个世纪以来,水一直是国际冲突的主要原因之一。格莱克编撰了一本水冲突编年史,列出过去 500 年中因水源问题引起的 60 起重大冲突,包括 1503 年比萨与佛罗伦萨发生冲突期间,利昂纳多·达芬奇和马基雅弗利把阿尔诺河从比萨引开的计划,到 1999 年发生在波多黎各的罗斯福罗兹海军基地前,反对美国海军使用比安科河的多次抗议活动,描述了历年来世界各地区因缺水而引起的种种冲突。在目前以色列—巴勒斯坦在约旦河西岸定居点问题上的斗争中,水的问题就是一个关键因素。[57][见水冲突编年史(Water Conflict Chronology)http//www.worldwater.orgnflict.htm.]

水也受到世界银行等等捐助组织的日益关注,因为需求扩大、可供量减小、污染和保护的必要性等问题已越来越紧迫。1993 年以来,世行投资与水相关的项目累计达 160 亿美元,且有分布在 80 个国家的 180 多个新项目投资尚需 400 亿美元。该行水项目投资占其贷款的 14%。1985—1998 年间,该行与水相关的项目投资逾 330 亿美元。[58]

国际社会能步调一致吗?处理淡水问题的国际机构已有 20

多家,但却没有增强人们的信心。然而,进展还是有的。与过去几代相比,泰晤士河、五大湖、莱茵河和纽约港现在干净多了。比约恩·隆博格在《持怀疑态度的环境保护主义者》中说,石油泄漏已由1970年代年均31.8万吨降至1990年代年均11万吨。[59]现在正在拟定新的协定。人们终于对危机作出了反应,这就迫使领导者采取改进措施,否则他们在大选时就会成为失败者。

朱利安·西蒙指出,1990年代在南非一个典型贫穷地区,为满足家庭用水的需要,每户人家每天要花3个小时从水源处拉水回家。相比之下,中产阶级居住区的典型住户每天所支付的水费也许只相当于一两分钟工作的收入。南非贫穷地区运水者把水运到家的代价也许相当于南非现代中产阶级居住区水价的25倍或30倍。现在的富裕世界,大约一个世纪前也是这种情况。从长远趋势来看,水的问题也像其他自然资源一样,会变得更充裕,而不是更稀缺。[60]

世界贸易组织一直致力于解决环境和水问题。作为总干事,我知道在国际经济法中,水的地位正在成为一个有争议的问题。这个问题有两个主要组成部分:首先是水,尤其是"大量的水",能否被看成一种"产品",因而需受关税与贸易总协定规则制约的问题;其次是水的分配问题,以及贸易与服务总协定与这种活动的关系问题。

5.6.1 水以及关税与贸易总协定

大量的水能否进行贸易以及是否需受国际贸易规则制约?这是个新问题,它首次出现在北美自由贸易协定中。加拿大拥有大量淡水(它实际上是地球的主要淡水"水库"),美国有的地区却愈来愈严重缺水。北美自由贸易协定引发了一场争论:是否可以迫使加拿大大量输出水,使它失去对其水资源的控制。这个问题虽然尚未递交辩论,但却仍然极为敏感。

迄今为止,还没有任何与大量水出口有关的问题递交给关贸总协定讨论。即使在缔约各方讨论自然资源地位的乌拉圭回合期间,水似乎也没有成为这样的问题。事实上,除了瓶装矿泉水外,水尚未被看成可贸易产品,主要是由于技术方面的问题:水的体积大,到处都有,价格低廉。但由于输水技术的进步,"缺水"国家需求不断增加,不久的将来水就可能成为可贸易产品。

但从法律观点看,由关贸总协定讨论的这些问题与北美自由贸易协定讨论的那些问题是类似的。首先,必须确定是否可以把水看成一种"产品"。若此问题的答案是肯定的,那么水就需受关贸总协定规则制约,特别要受禁止出口限制的第六条条款的制约。此外还必须考虑一些可能的例外,容许各国限制或禁止水出口。

5.6.2 水以及贸易与服务总协定

然而现在,水似乎是贸易与服务总协定更关注的问题,从而也出现了与水相关的问题。意在修改和更新所谓"环境服务"分类的建议纷纷出笼;大家的共识是,现行分类已经过时。这些建议中,欧共体的最为雄心勃勃。它建议对环境服务进行新的详尽分类,把水分配给人类使用的问题(包括水的采集、净化和分配等服务)包括在环境服务当中。各成员国(包括加拿大)反对把水的配送包括在环境服务分类之中,理由是"这关系到可枯竭自然资源的保护,因而不应纳入贸易与服务总协定"[61]。事实上,只要提及"水"的地方,对很多国家来说都是政治上不可接受的。世贸组织是由成员国主导的组织,因此不可能率先达成一致。

不过,水也像卫生、教育和环境一样,成为"备受喜爱的主题"之一,甚至被非政府组织用以说明世贸组织/贸易与服务总协定对公共服务的"威胁"。这场争论涉及一系列与公共服务的作用有关,还与私有化趋势、自然资源保护、水的定价、饮水保障权和控制权等有关的问题。

为了对这些攻击作出反应,我指示世贸组织秘书处进行反击,我们出版了《贸易与服务总协定事实与虚构》,其中有一节题为"世贸组织不是要你们的水"。我们解释说贸易与服务总协定并不要求对任何服务实施私有化或撤销对其管制,在水的配送方面有一系列合法的政策选择,政府有权规定它们认为合适的质量、安全、价格和其他政策目标的水平。我们还指出,迄今尚无成员国就水的配送对贸易与服务总协定作出承诺。

非政府组织民主联盟对贸易与服务总协定关于水的配送服务问题的谈判含义深表关切。它声称贸易与服务总协定的渐进式自由化"意味着朝包括公共服务在内所有服务私有化的变化。这还意味着撤销州和国家对各种服务的管制,并使之受制于世贸组织全球规则,以利于跨国公司"。

尽可能简单地说,世贸组织并不是要你们的水。贸易与服务总协定并不要求对任何服务实行私有化或解除管制。任何个人承诺都不会影响政府规定它们认为合适的质量、安全、价格或任何政策目标的权利,同样的规则不仅适用于国家,也适用于外国供应商。当然，任何政府都不会同意交出调控供水的权利，否则就是不可思议的，而且世贸组织成员国并没有这么做。

本书的一个主题也是我深信的一条原则。该原则在水的问题上发挥了作用，就像在上面提到的许多环境和社会问题的结果中所起的作用一样。有了充分的信息，政治和经济市场就能运转。过去50年的历史告诉我们要关心一些问题，要采取政治行动，而且只要我们有集体意志，就几乎没有解决不了的问题。全球的企业都看到解决这一问题的巨大商机和利润。资源将被调动起来用于解决水的问题，因为自然界、政治和商业都不喜欢出现真空。在供水问题上，我们正面临着极大的威胁；只要我们采取行动，就能进一步消除未来的灾难。有证据表明，对水的获取说到底是一个政治意志问题，而不是资源逐渐减少的问题，而且像往常一样，国际社会将对这个问题作出没有什么用处的反应。但不管怎么说，反应正愈来愈强烈。

5.7 世贸组织与环境

总而言之，我支持隆博格等人的看法。他们认为对环境现状的批评多系危言耸听。最好的环境结果已经以民主、开放市场、活跃的文明社会和自由媒体的形式实现了，这样就可以使政治家和商人诚实、有责任心和同情心，而且会继续要求其领导人作出更好的成绩。

就世贸组织而言，某些极端环境论者已把它描写成怪物。他们的批评不准确，而且经常如此。请看迈克尔·M.温斯坦在《绿色与全球化》中的说法。他写道:"还记得1999年西雅图那些扮成海龟、举着海豚图片、怒责世贸组织的抗议者吗?他们的目标依然是一个全球怪物,被美国慈善协会称为'有史以来最具破坏性的国际组织'。但只要细看世贸组织新近几项裁决,即可明白示威者的愤怒举动或许是被误导了:事实上,该自由贸易团体也许正在变绿。"[62]

温斯坦指出的,也是其他了解情况的观察家们早就知道的:在新近几个重大问题上,世贸组织已申明各国有权采取贸易措施保护环境。他援引乔治敦大学法学院贸易专家约翰·杰克逊的话:换句话说,环保团体"打了几个败仗,但却赢得了战争胜利"。

事实上,世贸组织解决争议的上诉机构的裁决,否决了美国不准进口用捕捉濒危海龟的网捕捞虾的做法。裁决认定美国规定的环境目标和性质符合世贸组织的原则,但管制所用的方法是一种伪装的贸易限制,因为它对部分进口商没有一视同仁,而且美国进口当局没有给出口商任何机会,来说明他们具有灵活性的捕捞方式足以保护海龟。美国修订了管制措施,与有关主要各方进行了磋商,与有的达成了和解,并增大了灵活性,让出口商证明其捕捞方法系保护海龟的。上诉机构批准了得益于环保理由的新措施,允许各成员国优先考虑环境政策,同时要求最大限度地保护出口国的市场准入权。这个例子,还有其他许多例子,说明抗议者对国际贸易和环境的实际情况不甚了了。

温斯坦接着说:"如果[环境保护主义者]把小小的成功宣布为胜利,会有多大损失呢?也许部分答案是:如果他们认为这场战争对他们有利,他们想把人马召集到魁北克,继续施加压力就没那么容易了。"

通　缉
世界贸易组织头目

迈克·穆尔

一个决意要统治全世界的世界性辛迪加头目,其罪行是恣意破坏世界森林资源,杀害无数濒危动物,支持血汗工厂对未成年劳工的奴役。

图9.很多环境保护主义者把以我为代表的世贸组织视为敌人:有一阵子,他们成功地对全球化和世贸组织进行了妖魔化。

事实上,世贸组织在环境问题上取得了卓有成效的进展,尽管或许没有我想象的那么多。在多哈,各国政府都承诺就多边环境协定与世贸组织的关系进行谈判,以消除可能会使这一世界贸易体系陷入混乱的矛盾。谈判也将涉及到与环保有关的货物和服务的贸易壁垒,旨在加强贸易与环境之间的相互支持。

各国政府一致同意优先考虑环境措施对市场准入的影响,考虑消除或减少贸易限制和扭曲会有利于贸易、环境和发展的种种情况。各成员国还研究了环保问题标签的要求,因为很多人担心对标签使用这类问题的单方面决策可能成为伪装的,甚至是有目的的贸易保护主义。

显然,如果没有全球性的环保行动,势必会有地方性反应,这就可能对穷国造成损害。

很多发展中国家都对发达国家抱有极大的怀疑,担心后者的贸易保护主义动机。它们指出,经济合作与发展组织各国的农业补贴一天就花10亿美元,从而导致穷国失业率提高,也导致富国的环境污染,除了密集的受补贴的农业投入外,对煤炭(一大污染源)的巨额补贴则减缓了对洁净能源的投资。富国对渔业的补贴对环境也有类似的影响,系谈判中政府间存在深刻歧见的又一领域。

新西兰贸易谈判部长吉姆·萨顿指控:"全球渔业都依赖补贴。这样做扭曲了贸易,威胁到鱼类资源,阻碍穷国的发展。"[63]新西兰官员估计,国际渔业每年补贴达200亿美元,为全球渔业销售额的20%。新西兰海产品理事会总干事阿利斯泰尔·麦克法兰评论说:"大多数渔业补贴都流入欧洲、北美和北亚富裕发达国家渔业经营者的囊中。它们保护国内枯竭、破产的渔业,使之走向生物学概念上的垮台。它们还资助富国渔业经营者向发展中国家渔场转移,从而挤出在那里的合法的,但得不到补贴的渔业经营者——否则,他们是能开发那些资源的。"

但也有令人鼓舞的迹象。坚毅的欧洲渔业专员弗朗茨·菲施勒在2002年年中发出了实施一项新制度的信号,告诉欧洲26万渔民说,"我们从未有过如此高的捕鱼效率,但现在我们的海洋捕捞已经过度了。鳕鱼和狗鳕一类鱼种由于我们的过度捕捞,资源已近乎枯竭。"菲施勒建议欧洲把渔业船队减少40%,向现代化的渔船提供分阶段退出的补助,用这些钱来鼓励渔民改行。他还建议中止每年12月用政治手段确定捕获量限额的体制,用一次确定则多年不变的计划取而代之,科学家说这样可以更好地保护鱼类资源。不出所料,他的建议遭到了来自若干欧洲捕鱼国家的强烈反对。[64]多哈回合会有助于这些谈判;从全球来说,谈判已列入议事日程。

有些世贸组织成员国认为,虽然我们有一个贸易与环境委员会,但世贸组织大可不必考虑环境问题。但是,贸易与环境保护不应是冲突的,而应是互补的。有的人认为现在是建立一个新的全球环境机构的时候了,说这是国际结构中缺失的一环。我们正在取得进步:30年前,尚无一国政府有环境部长一职;现在,大多数政府都有指定的环境部长了。

所有认真的研究都说明,贫穷是对环境的最大威胁。人们既不会自愿选择生活在受污染的环境之中,也不会自愿选择去很远的地方剥树皮以备烧炭。这与生活水平提高和环境改善等结果有直接联系。教育和生活水平提高可使出生率降低。环境的改善也会如此。富裕城市比贫穷城市清洁。每当我们使人民摆脱贫穷的时候,环境就得到一次改善。

由贸易带来的经济增长是造成部分环境问题,还是解决了部分环境问题?极端主义者认为贸易于环境有害无益。但没有任何证据能说明国际贸易造成的环境破坏比国内贸易严重。很多国家环保落后的一大原因在于收入低。生活在贫困边缘的国家,不可能专门拨出治污资源,或许根本就想不到要牺牲它们的增长前景来帮助解决全球污染问题。它们说这个问题在很大程度上是富国消费方式造成的。

如果这个问题的核心是贫困,那么经济增长就是解决办法的一部分了,因为这会使各国从对眼前的忧虑变成对长远可持续发展问题的关注。实际上,至少有的经验证据表明,在发展初期污染在加剧,达到一定收入水平后就逐渐减少,这就是学界所谓环境库兹涅茨曲线。[65]

效率是保护的换一种说法;效率出自开放的市场和良好的政府行为所锁定的竞争。但愿选择自由的人取得最后胜利,而不是选择集中控制的人获得理想的结果。历史表明,污染最严重的地方和最贫穷的人是以下两个因素造成的,一是政府力图通过中央和政府所有制来规划结果,二是欺诈横行,没有民主,不负责任,没有积极、实干精神的文明社会。

第二篇 从西雅图到多哈

6 西雅图受挫追怀

还在世贸组织诞生前,他们就几度找我,考虑提名我为总干事了。在关贸总协定那段岁月里,我一直坚辞不受,推荐更优秀的人选。我觉得我的未来是在新西兰政界发展。人民没有这样想。虽然我只差几百张选票和几个议席就能赢得1993年的大选,可是在得票数最多者当选的政治中,胜出者只能有一个。于是我接任了工党领袖,沮丧地回到普通议员席,决心尽我增加的职责。

1999年,乌拉圭大使卡洛斯·德佩雷斯·德尔卡斯蒂略洛为首提出一项建议,让我考虑担任世贸组织负责人的候选人。我得到了拉丁美洲国家和发展中农业国的有力支持,因此我表示出了兴趣。由于我已成家喻户晓的人物,离开新西兰政界是不容易的。但我又担心自己正变得公共机构化了。

在议会党派政治中,你的反对者在其他政党里,而你的竞争对手则在自己的党内。新西兰保守国民党总理珍妮·希普利很支持我,贸易部长洛克伍德·史密斯和退休的贸易部长菲利普·伯登也很支持我。

我出国了两周,看看我的支持在哪儿,后变成了为期3个月的漫长旅行。体力上能支持吗?从海牙到伦敦、新加坡、悉尼、堪培拉、悉尼、洛杉矶、迈阿密、布宜诺斯艾利斯和乌拉圭的蒙特维的亚,在上述大多数地方夜以继日地会见各国的部长。

世贸组织的总理事会,主要由大使组成,确定选举以 3 条标准为基础:支持量(人数的代称);支持深度(贸易影响的代称);支持分布(支持的一般地理分布的代称)。选举过程由总理事会两位前主席监督,一位来自发展中国家,一位来自发达国家,他们分别是坦桑尼亚的阿里·赛义德·姆丘莫和瑞士的威廉·罗西耶。

图 10.新西兰漫画家吉姆·哈伯德把我看成是一只熊猫,正在伸手抓以世贸组织形式出现的摇曳的竹笋,而法国则要在领导竞选运动中扮演主角:通过不屈不挠的斗争后我获胜了,不过我发现真正的斗争才刚刚开始。

另外几个被提名的候选人都很优秀,可是由于缺乏支持而相继落选,竞选变得很无情。最终选择的是泰国的素帕猜·巴尼巴迪博士和我。素帕猜是一位老同事了,但有时是竞选中过于热情的支持者把选战推向了极端。泰国电视上有个人要观众把我的名字写在一张纸上,然后用一块石头把它捣碎,以提高他们喜欢的素帕猜当选的机会。我只能感到好笑。不过更糟糕的是从泰国媒体获悉——这使我大惑不解——我不仅患有脑瘤,而且还是个工会领导人。虽然这两件事都是无中生有,而由于劳资问题在世贸组织的敏感性,后者显然更危险。抗议者游行前往曼谷美国大使馆,情况变得令人不安。

美国、瑞典、法国、德国以及后来大多数欧洲人、非洲人、南美人、转型经济体和加勒比太平洋小岛国都表示支持我。有的亚洲人私下对我表示支持。英国、荷兰、日本和东盟为素帕猜的主要支持者。我被张冠李戴说成是美国候选人,这就使我的公正性受到了质疑。

我十分荣幸得到了比尔·克林顿民主党政府的支持。一开始,他们意见分歧,财政部支持素帕猜,美国贸易代表和当时的国务院支持我。前几届政府的几位共和党美国贸易代表也对那些重要人物暗中表示了直接的支持。来自南卡罗来纳州的美国驻世贸组织大使丽塔·海斯与参议院和白宫有很深的关系,是一位精明的政治家和外交家,对我非常支持,成了我的好朋友。我相信我不会得到美国的全力支持,但没有她的支持我也得不到这份工作。

然而,我还是被人误会了。我从未担任过工党的工会领导人。我曾是工会运动的普通一兵,希望成为它的领导人,但我的政治生涯走了一条不同的路。我还是被说成是工会的人,是被提名的美国人。尽管出现这种情况,但我从未被说成是莱索托、加蓬、蒙古、巴布亚新几内亚、法国、瑞典、德国或乌拉圭的候选人,如果那样,也没有什么区别。这就是政治。但这没有能使我的任期有一个良好开端。

在即将作出最后决定时,我发现那3条标准我都达到了。我从未确知得票的票数,但知道我有来自各大贸易国的有力支持,而且还获得比素帕猜有利的地缘支持。如果败北了,我就会乘经济舱连夜飞回国内。我的妻子伊冯娜和我,已把我们不多的存款花光了。然而,使我感到意外的是,首先,世贸组织的规则是一个由成员国主导的机构中的规则,少数人可以否决多数人。如果这次竞选不是变得这么个人化,我也不会决心要取胜的。我想这是我身上爱尔兰人血统的缘故。日内瓦的气氛让人讨厌。这个僵局原本可能产生一个折中的新候选人,有几位已经在拳击台两侧,随时准备进入角逐。

自从23岁首次当选国会议员以来,我一直是个政治家。几十年来,我始终致力于实现多边贸易体制的理想。在全球贸易环境演变的关键时刻,我没有彻底放弃效力的机会,而是欣然同意了一桩不太光彩的肮脏交易:与素帕猜分享任期。我们同意各任3年。

选举终于结束。我赢了,但我还是犹豫不决。当年,我的党将赢得大选,而我则将出任外交部长。而且,担任新西兰外交部长非常愉快:你对一切都有发言权但又不必承担责任。我们新西兰人不足世界人口1%,而发表的意见远远超过世界的1%。

我在议会中有个安全的席位。我喜欢我那些选区的居民。但是,现在是迎接新挑战的时候。我的职责很清楚:确保我的党有出类拔萃的候选人,因为推举一个新候选人,这个席位就不保险了——结果他们选了克莱顿·科斯格罗夫。我在议会和党的核心小组发表了告别演说。我的朋友们希望我一切顺利,而我的敌人则巴不得我离开。惟独这一次,我能使人人满意。终于,我得到了全党的支持。

我离开了议会,离开了新西兰,确保我的辞职时间正合适,我不至于领取双薪,同时确保大选前不会有补缺选举,因为补选我的空缺席位是不保险的。像以往一样,我把搬家以及卖掉住宅等一应问题全交由伊冯娜处理了。

唉,后来我很快获悉,与素帕猜达成的竞选妥协引起了各方的不满,它延误了世贸组织几个月的时间,使它未能为西雅图大会作好准备,各方大使都纷纷抱怨。世贸组织的承诺与实践大相径庭。世贸组织通常用错误的方法做正确的事,而且所用的时间也很长。

走马上任的日期未到,我就提前一个星期到了日内瓦,在当地一家饭店住下,着手考虑1999年11月的世贸组织西雅图部长级会议(现在已经声名狼藉的一次会议)——原定我上任几周后就召开。我的第一步是与我的那些对手接触。第一天,我就与泰国大使通电话,建议尽早会面,他非要在下周我正式出任总干事后才见我。当时,我告诉他说:"很好,一个月后,我会安排与你见面的。"他让步了,但又说他不会在总干事办公室会见我。我同意,但拒绝了他提出的要我上任第一天就与素帕猜合影的建议。我解释说,总干事不能同时有两位,我会做好本职工作,并确保3年后进行公正、清白和体面的交接;我认为我正确而称职地履行了自己的职责。

选择副总干事的事令人大长见识。几十位大使都想把他们的候选人推荐给我,这合情合理,但极耗时。你怎么可以对30位大使说"不"呢？很多大使都说他们得到本国总统和部长的指示，要求举荐他们喜欢的对象。

我决定保持平衡，保证非洲产生其第一位副总干事。我认为我挑选了一个有互补技能和经验的优秀团队。美国的安迪·施托勒是一位能吃苦耐劳的、懂行的公务员，委以的工作最棘手。他后来出任了财政部长。我告诉安迪，每个组织都需一个有献身精神的人，他就是这个人。他也有强烈的社会良心，但他很策略，从不外露。保罗－亨利·拉维耶是典型的法国式官吏（从最好的意义上来理解这个词），他写的备忘录件件堪称杰作。我要他给我写的东西要简短，就当我才14岁——他后来能写出10岁小孩都能理解的公函。他能想到许多我没有想到的细节。曾经担任过委内瑞拉的部长和外贸研究所所长的米格尔·罗德里格斯，也是一位精通技术性微小细节的行家。布基纳法索前外长阿布拉斯·韦德拉奥果与非洲各国有着良好的关系，与各发展机构都有联系。

这个团队对于建立联合和编制预算都有无可估量的价值，我开始改变世贸组织的方向、强调发展议程时，尤其如此。

遗憾的是，在西雅图大会前我没能有时间让几个副总干事各就各位。作为一个集体，我们在齐聚美国前从未开过会，我事先没有能够依靠他们的力量。与此同时，我们在世贸组织总部越谈越糟糕。在日内瓦，那些大使们不是与你争吵，就是向你下跪。有时，欧盟和美国也不进行部长级回访；歇斯底里情绪与日俱增；文件内容不断泄露——使我震惊的是，有时，文件还没到我办公桌，就到了外交官或报纸那里。

提供一点这些问题的趣闻，我到日内瓦前，有一次小型部长会议竟无一个欠发达国家的代表参加。部长们发表正式演说,浪费了很多时间,但立场毫无松动。我提交了一份可以接受的西雅图宣言,长达32页——3倍于多哈文本——凡79节,其中有54节在方括号内。有37项备选文本,在诸如实施和农业等领域,文本的每一部分都有多种备选稿。有的地方还作了记号,以供在今后的某个阶段对有些问题进行必要的添加。不在括号内或不能更改的只有25节;要使一百多位部长在压力之下用几天时间通过这份宣言,无异于一场噩梦。

我发誓要让未来的小型部长会议具有代表性,而且不发表正式演说。在那次会上,我曾在三个场合告诉各位部长,如果从授权上不把部长改为大使,这份无法执行的文件将连同所有矛盾与选择被原封不动地带到西雅图去了。部长们也不可能消除这些分歧。我甚至建议几位资深部长把会议推迟。这个建议遭到了拒绝。有的与会者后来说我应该取消此次会议,但按照世贸组织规则,若无部长会议支持,我是无权这样做的。事后想来,那样做或许依然于事无补。对于世贸组织来说,西雅图是一个"叫醒电话",从它的失败中我们吸取了教训。两年后的多哈大会筹备工作就完全不同,因而在很大程度上使会议取得了成功。

我飞往东京等首都城市后,就直奔会议而去,常常当天就返回。我不能更换部长和大使,他们当中不少人向我保证到那天不会有事的。我也承认我把有些认真参与者的意愿完全搞错了,有人跟我说,这些人在挑战与威胁这一进程,会在最后一天的最后一小时的最后一分钟改变主意,这也是以前几轮贸易谈判的经验。有很多过失应我们共同承担,但对于失败以及穷富各成员国因此所付出的代价,作为总干事的我应当负主要责任。

我认为,大家公认西雅图大会是组织得最糟糕的会议。房间不隔音。受海军陆战队保护的要人,路障各方受伤害的感情走向了极端,没有了信任,当非洲各国部长秘密会议使用的翻译设备发生故障时,有人愤怒地断言这是中情局和世贸组织的人搞的鬼。

西雅图现已成为反全球化运动胜利的标志。胡说。我们不需要他们帮助我们失败,失败不是会议或抗议所致,是我们自己造成的。是时机尚未成熟。大西洋两岸和南/北分歧太大难以弥合。

骚乱爆发,使用了催泪瓦斯,坦克开上了大街。部长们遭到声称要民主的人们的辱骂,有的还遭到他们的暴力攻击。这对当时的情绪与气氛都不利。持不同立场的抗议者联合起来了,有素食主义者,有肉畜农场主,也有码头装卸工。有时,看上去就像《星球大战》中的酒吧场景。我们的开幕式推迟了半天,因为联合国秘书长科菲·安南被示威者堵在城市那一头一家饭店里,美国国务卿马德琳·奥尔布赖特也遇到同样的经历。由于大会开始前就有一些机构发表抵制声明,攻击我们的会议,局势变得歇斯底里了。每个人都踢进了一个任意球。世贸组织会议何以如此难产?劳工、卫生和环境等部的部长经常开会,但却没有引起多大争议。答案在于我们的各种协定都具有合同式的约束力。每次部长级会议都有一些重大决定,或者一些鼓舞人心但却毫无意义的宣言。世贸组织就不同了,因为谈判是实实在在的,取得的结果是有约束力的,也是可执行的。

我永远不会忘记,在飞越美国的返程经济舱中,我看到戴着滑稽帽子的抗议者坐在我们一些工作人员后面的情景。此前我曾走过去跟我们的人交谈,给他们鼓劲,大概还把某些过失归咎于那些中产阶级的小伙子,说结果真是糟透了,穷国肯定要遭殃了。

图 11.西雅图防暴警察用装甲车驱赶抗议者:西雅图现在是全球化运动的胜利的标志。实际上,我们之所以失败,就由于各国政府未能达成一致。(罗伯特·索尔博摄影。版权归路透社,1999 年)

我转身返回自己座位时,有个抗议者对另一个说,"迈克乘坐经济舱,他自己的飞机肯定出了毛病。"我听了哭笑不得。他们的对话说明,我们还要作出很大的努力,才能解释清楚世贸组织究竟是干什么的。

现在,我们要拿出一套办法,准备在两年内举办一次成功的部长级会议。此前在蒙特利尔和布鲁塞尔召开的贸易部长会议都失败了,但从未像这一次这样丢人现眼。很多知识渊博的观察家都认为,这个多边体制将至少在未来 10 年一蹶不振。有的政府开始重新任命区域和双边工作高级人员。我接受古老的威斯敏斯特责任理论:"结果不是我的过错,而是我的责任。"

但并不是一切都完了。就在抗议和暴力最厉害的时候,一个很有风度的人走上前来,自我介绍说他是卡塔尔贸易大臣卡迈勒,而且说他的政府乐于成为我们下一届会议的东道国。但心下思忖他这是疯了,不过我知道下一次我们是需要一个发展中国家做东道主,再说在一个阿拉伯国家首次召开贸易部长级大会是有吸引力的。我客气地说举办国选择是由成员国决定的,他应该进行一些游说活动,争取支持。另外也有人表达了类似的兴趣。但卡塔尔人很快就获得了(1967年旨在促进经济合作和提高在发展中国家中的影响力而建立的)77国集团和若干主要贸易伙伴的支持,并使他们的潜在对手相信他们已得到的多数成员国的支持。

这件事被传得神乎其神,说我和世贸组织为平息抗议,躲着外面密谋策划的,是一种聪明的战略,而且现在已被公认为福音。这不是阴谋;我也没有那么精明。是卡塔尔人提出的,他们经过努力,终于赢得主办世贸组织部长级会议这种不确定的特权。

7 世贸组织何以举足轻重

"贸易战近在咫尺"是一个屡见不鲜的标题。然而从逻辑上来说它应解读为:"没有贸易战:恢复和平,开始对话,建立专门小组,世贸组织调解争端制度发挥作用。"在国际结构中世贸组织之所以独一无二,正是因为它的调解争端机制的约束力。我敢说联合国秘书长科菲·安南很希望自己能有有约束力的机制来调解其他领域的国际争端。

该机制"不符合民主原则",这是反对世贸组织的人的信条。2001年9月,像消费者国际这样的批评者声称,"导致灾难性结果[即多哈会议]的主要原因,是旨在操纵、带歧视性的过程,这样的过程已给世贸组织、其秘书处和主要发达国家带来了更多的耻辱。"

具有讽刺意味的是,他们所看不惯的世贸组织的许多东西,不是因为民主太少,而是因为民主太多才产生的。他们要求世贸组织制定劳动标准,保护动物权,保护环境,保护土著居民,把发展中世界从增长和资本主义中拯救出来,以及一连串的其他目标——即使这些目标遭到主权国家的抵制。按照他们的理解,争议解决机制及其贸易制裁威胁,使世贸组织有独特的权力,能把政策强加于那些不听话的政府——只要能让世贸组织行使这些权力即可。

正是它的成功,反倒可能使它不堪一击。批评者会问,为什么在贸易领域我们可以建立有约束力的争议解决机制,而在人权、女权、土著民权利、劳动权、迁移权等其他领域则不能?问得好。然而,很多人说世贸组织过于强大,于是认定它应当具有更大的权责,这样会使世贸组织或其他国际组织变得更强大,甚至变得很危险。

解决如此众多的问题,非一个只有560名员工的组织所能胜任的。各国政府也许可以请具有数千名员工的国际劳工组织、世界卫生组织或人权委员会专员,或另外资金更雄厚、所处地位更合适的组织机构中的一个,采用类似有约束力的争议解决机制,去应付这些问题,满足种种要求。这些都是司法问题,而不是原则问题。其他机构有权处理这些领域的问题。有必要建立一个有实权的世界环境机构。由于税法和由互联网促成的商业交易具有多重复杂性,很快就有必要来制定多边税务条约。也许我们还要以经济合作与发展组织秘书处所作的研究为基础,创建一个新的世界税务组织。但愿上帝不要让世贸组织承担这一职责。

不过,有一种论点很有道理,认为要加强各种机构之间的协调。我感到失望的是,我们没有能就共同关注的社会问题形成比较一致的看法,如国际劳工组织向世贸组织派驻观察员的问题,因为有很多歧见涉及的是各种组织机构的权限问题,不是原则问题,而部长们的怀疑又使我们无法前行。有很多国家要求把劳资争议交由国际劳工组织解决,而不是交由世贸组织解决,此后又从我们日内瓦总部上山前往国际劳工组织,对同一些问题表示反对,反之亦然。

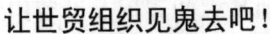

图 12. 在西雅图散发的反世贸组织招贴画之一

说世贸组织不民主,所根据的是一种基本的谬误。世贸组织不是强加于任何国家的,是各国自愿加入该组织的。谁也没有被迫在我们的协定上签字。世贸组织的每一条规则,都是经各成员国政府商定、一致同意且经各国议会批准的。各国所以愿参加一个开放的、以规则为基础的多边贸易体制,原因很简单,因为这样做绝对符合它们的利益。否则就会是一个相比较而言不开放、不繁荣、变幻莫测的世界经济——几乎没有什么国家愿意作这样的选择。很难构想一个比它更民主的体制。

这就是这个多边贸易体制显著扩大、有许多国家排队等候加入它的原因之所在。该体制发端于1947年签署的关贸总协定,其时仅有23个成员国。可现在,世贸组织成员国已达144个——包括最近加入的中国和中国台北——而且未来10年内,达到并超过170个也不是什么难事。这也解释了为什么各成员国一再同意扩大和深化该体制的规则。这个多边贸易体制最初主要涉及货物贸易,而且当时的基础并不是一种永久性的组织,而是一个临时条约,即关贸总协定。到1994年乌拉圭回合结束,该体制这才有了关于服务、知识产权、补贴、纺织品和农产品等一批新规则。1995年新的世贸组织在坚实的制度基础上建立起来,并强化了调解争议机制,不过,它的资源并没有相应增加,也没有进行急需的内部改革。

没有任何迹象说明该体制现已止步不前。在2001年11月提出的多哈议程中,各国政府都同意扩大诸如工业产品、农业和服务等关键领域内现有协定的适用范围,并努力建立一个投资、竞争政策、贸易便利化和政府采购等问题的规则框架。任何其他国际机构掌管的规则都没有如此广泛地适用于全世界或如此深刻地影响着经济结构。但与此同时,任何其他机构都没有像这样直接由成员国政府来管理,也没有像这样深深植根于共同决策和集体管理。这种多边贸易体制所以运转自如,是因为是基于劝说而不是强制——基于规则而不是压力。

支撑世贸组织成员国平等权利的是两个基本概念:非歧视和共同决策。非歧视原则确保世贸组织对所有成员国一视同仁,不论其贫富、大小或强弱。支撑非歧视原则的各项规则中,最重要的是"最惠国"义务(防止世贸组织成员国对不同成员国的产品采取不同的对待方式)和"国民待遇"规则(它要求各国政府同等对待国外与国内的同类产品)。非歧视是这个多边贸易体制所以成功的关键。按照定义,特惠贸易集团和联盟对非成员国是排斥与边缘化的。这不仅伤害到它们的成员国,而且可能伤害整个体制。人们公认,1920年代和1930年代贸易集团中的竞争和冲突是全球不稳定的一个主要原因——为不断加剧、针锋相对的贸易保护主义,即大萧条铺平了道路。

多边贸易体制的建立正是为了避免内向的、潜在敌对的贸易集团和自我毁灭的宗派主义的世界。从一个国家的观点看,非歧视原则允许各国进行经济自由化,按其自己的步伐融入世界贸易体制。最惠国和国民待遇不强求朝着共同规范或规则的"和谐一致"。

相反,这些规则的制定正是为了使各国得以保持自身的政策"空间",规定各自的标准和重点,只要各经济参与者——不分国内、国外的——得到平等对待。非歧视为过去半个世纪全球贸易的巨大发展提供了基本依据,也为该体制拓展新部门、承担更多责任的广泛政治一致提供了基本依据。

非歧视还把普遍性奉为该贸易体制的一项中心目标。关贸总协定/世贸组织体制——尤其是在冷战之后——之所以成为推进发展中国家和经济转型国家融入世界经济,非歧视是一个主要原因。

对于这个多边贸易体制来说,共同决策原则也是非常重要的。世贸组织不同于其他国际机构,它没有凭借授权代表成员国政府作出决策的行政机构。除少数几个例外,没有过半数表决或"加权"表决条款。世贸组织小小的秘书处只有有限的独立职权和首创权,但拿不出拨款或贷款,发不了许可证,也影响不了各国的政策(虽然能提供技术咨询,并在定期贸易政策回顾中提供一定的分析)。总之,不是世贸组织告诉各国政府做什么,而是各国政府告诉世贸组织做什么。

一切决策——从关贸总协定的创立,到2001年多哈发展议程的提出——都是经由各成员国政府在很多理事会和委员会内集体作出的,其中最为重要的是部长级会议。根据这些协议,世贸组织各成员国享有同等的权力和同等的投票权。只有所有成员国政府都同意,才能形成决议,因此,每个国家——从最大的到最小的——实际上都有否决权。即使规则的执行,也是由成员国自身按照它们协商一致的程序付诸实施的。有时,执行还包括制裁的威胁。但这些制裁是由成员国而不是由世贸组织采取的。

这不等于说世贸组织的日常运转就完美无缺。远非如此。该体制有一个问题,那就是它在创造新规则或澄清现有规则的时候,仍然依赖主要的新谈判回合——和"一揽子"交易。这就是说,对这个体制的改革不是经常的,而是偶发的。从东京回合结束到乌拉圭回合开始就相隔7年;从乌拉圭回合结束到去年11月多哈发展议程提出又是8年。

1999年的西雅图部长级会议未能启动任何谈判,自那以来,世贸组织对决策程序进行了一系列重要改革,这便是多哈议程成功推出的原因之一。在日内瓦以及在与世界各国部长磋商中,用于全体会议讨论以及与各国代表团团长会商的时间有上千个小时。多哈会议前,每一个问题,每一个国家的立场,都得到了充分的表达与探讨。大会期间不遗余力的努力使各位部长和各个代表团都充分参与到谈判之中。会议进程的透明度以及包容性——亦即"合法性"——有助于说明各成员国政府为什么准备并愿达成协议。

另一个挑战是,并非所有政府都像它们原先打算的那样,准备有效参与世贸组织的各项进程——有的国家,尤其是欠发达国家,就连在日内瓦开设办事处的钱都没有。世贸组织法律制度所涉及的范围、复杂性和价值与日俱增。新近有关实施乌拉圭回合承诺问题的许多争论,都源于发展中国家在采取适应新义务的立法以及建立完成新义务所需基础设施中所面临的人力与资源的制约。

这些制约因素不只是与相关国家有关,而是应当与每个成员国都有关。由于多哈议程的结果,世贸组织开始了新一轮谈判和规则制定,这一体制未来的成功将直接取决于所有成员国更充分地参与此进程的能力和感受结果的能力。这也是为什么技术援助和能力建设成为世贸组织一项日益重要的职能——即帮助经济转型国家、发展中国家和发展水平最低国家融入这个多边贸易体制中并充分参与各项谈判。

世贸组织的另一个目标,是帮助成员国政府更好地利用解决争端机制。世贸组织体制尚未完善;任何体制都不可能做到完善。世贸组织144个成员国政府承认这一点,于是在多哈达成共识,认为应该考虑就改善和澄清现有争议体制进行谈判。

成员国继续把争议提交该体制,这是好事;这正是设立该体制的目的。把争议提交争端解决谅解*机构,加之对发展中国家作出"规则对大小参与者一视同仁"的保证,使争议得以相对去政治化,从而增强了可信度,有助于我们准备发起新一轮的谈判。世界贸易总量中只有很小一部分受到争议的影响。不过,像2002年爆发的美国为保护其钢铁工业强征新关税的钢铁争端就非常严重,再加上其他争端,就有毒化该回合谈判气氛的可能性。但是,在此前几个谈判回合期间,就已着手处理这些争端,到写这本书的时候,处理现有争端的方式已经比较成熟了。这些争端甚至能产生完成这一回合、把工作干好的更强烈的紧迫感。

1995年前关贸总协定期间,讨论投诉的小组委员会只发表一份没有约束力的报告。现在有一个独立的小组委员会听取投诉,感到不满意的成员国可以向具有权威的上诉机构提出上诉。该机构能作出裁决。这是最终的裁决。小组委员会要对成员国政府提交的投诉作出重要决定,迄今尚未发现小组委员会成员有过舞弊

---

* 争端解决谅解(Dispute Settlement Understanding)机构一词源于世贸组织文件《关于争端解决规则与程序的谅解》的简称《争端解决谅解》。——译注

或徇民族私利的迹象,他们考虑的是数十亿美元的现实利害关系和政治声誉。这是他们对世贸组织规则的贡献,也是他们对多年的职业精神和公共服务所培育的文化的贡献。

由贸易伙伴自己来解决争端总是可取的。自1995年世贸组织诞生以来,已有近250起投诉提交争端解决谅解机构,其中有近40起在递交小组委员会之前撤诉,同时有略过半数的投诉或因磋商结果表明无严重问题,或因诉讼理由不很充分,或因对方已撤回对所受侵害的投诉,或因问题已经解决或因悬而未决而没有进行处理。

目前的世贸组织体制是一种具有明确界定的程序阶段性的结构程序。小组委员会成员都以个人身份参与其中,不能接受任何政府的指示。因此,争端解决谅解机构向各成员国政府提供了高效、透明、有约束力的程序。

发展中国家的参与日益积极;2001年,它们的投诉约占全部投诉的80%,其中20%是针对发达国家的,其余的是对发展中国家的。这些数据与世贸组织批评者广泛散布的虚假信息相反,说明世贸组织为所有国家都提供司法援助,而不只为富国和强国工作。2001年,共有23次磋商请求,其中19次是发展中国家提出的,6次是针对发达国家的。世贸组织帮助需要解决争端的发展中国家。与关贸总协定相比,世贸组织大大地扩充了国际贸易规则,创建了具有上诉可能性的新的"法院"体系。因此,这方面的法律咨询费用非常昂贵,给发展中国家获得公正对待造成相当大的问题。

发展中国家也可求助于我们2001年建立的世贸组织法律咨

询中心,该中心在国际裁定上跨出了近乎革命性的一步,现已被确认为国际法律体系内首家真正的法律援助中心。设立该咨询中心是世贸组织对国际上公认的情况作出的反应,一是大多数国家,当然也包括发达国家,法律制度与法院系统的复杂性,一是社会持续不平等与诉讼费用不断提高。诉讼费用的提高,限制了使人口中的大多数获得公正待遇的机会,而这些人恰恰是理应获得新规则支持的那些社会阶层的人。

各国联合起来,创造了这个得到巨额担保基金支持的新工具,从而使得向需要这种帮助的国家提供资助与高质量法律援助成为可能。就连这样的主意也遭到某些成员国的反对,因为有人说,纳税人的钱正被用于受理对为当地带来税收的公司的诉讼,所以这些成员国的政治家对这类说法很敏感。但这种主意终究是一大进步,它将得到发展,变得越来越重要,并获得更多的资金。

在世贸组织中,一项变革要得到认可,历来就必须先达成一致意见。正如有些成员国所说的,要想不发生倒退到关贸总协定体制的情况,有些想法要得到传播。这些思想包括:

- 把上诉机构变成常设机构,把小组委员会变成半专业机构,从而使程序具有完全的司法性。
- 向成员国提供可选择的争端解决机制,如调解、劝说和仲裁,这在《争端解决谅解》中已经提及,但迄今尚未被利用。
- 对这个想法我将非常审慎。我作过的调解有成功的,也有失败的。要使一项法律要求正式化,就意味着面对媒体,有的国家要求调解而且要知道另外的国家为什么不同意。在这些情况下,总干事应当表态,而不是露面。

- 对现有法律补救办法进行改革。人们已注意到,贸易报复往往产生相反的效果,而贸易补偿则可能产生积极效果,促进贸易。此刻,补偿可能遭到"胜利的"投诉方拒绝,硬要进行报复。有的观察家认为,补偿应当有较大的吸引力,允许胜诉者坚持让"败诉者"降低他们所选产品领域的关税。另一种选择是货币补偿,即支付现金,但这是现行《争端解决谅解》所不允许的。
- 加快进程,这个进程可能要几年时间。对公正的推延就是对公正的否定。

一个成员国声称另一成员国未能履行其义务,这就发生了争端,而进行挑战的成员国在获准投诉时又不必证明所涉及的特定经济或法律利益。要找到解决办法,就全靠小组委员会了。

在这种背景下,虽然经常提到贸易制裁,但实际上作用有限。确实,在执行决定时难得要诉诸报复。就投诉的案件而言,只有5例报复得到认可,真正实施的只有3例。

小约瑟夫·S.奈在其近作《美国强权的悖论》中对世贸组织体制的特点作了如下评述:"当世贸组织争端解决程序与国内政策发生矛盾时……一个国家可以依据国内民主程序作出回应,如果它愿意给受其行动损害的贸易伙伴以经过深思熟虑的有限赔偿,就可以拒绝某项裁定。如果一个国家没有违反贸易协定,此程序就限制了像1930年代那样使世界经济一蹶不振的针锋相对的报复……此程序就像一幢房子的电气系统的保险丝——烧断保险丝总比烧毁整个房子好。"[1]

这是个非常珍贵的体制,是多边主义王冠上的宝石。然而,它极易受到伤害,要让它光彩夺目,各成员国政府就必须继续支持它并自觉遵守它们同意的各项规则。我猜想,未来几年就能看出这个体制是日臻完善,还是每况愈下。如果它偶然崩溃,对世界来说代价就很大。我们永远不可忘记,建立关贸总协定/世贸组织的原因之一,就是防止敌对贸易集团的兴起。所幸的是,1930年代的教训没有被忘却。

迄今为止的事实是,多边贸易体制——尽管有不完善之处——使那些最小、最穷的国家从中得到的利益和安全都大大多于它们可能从该体制外得到的。多边谈判使弱国能将其集体影响和利益会聚起来——而在双边甚或区域谈判中,它们实际上是根本没有谈判影响力可言。

同样,在国际贸易关系中,以"法律"规定取代"大国"作用的体制始终对最小、最弱的国家有利。在世贸组织中,小"大卫"的确敢于向世界贸易中的"歌利亚"*挑战且战而胜之。例如,哥斯达黎加、美国、厄瓜多尔、欧洲委员会在香蕉问题上的相互报复,最终得利的还是穷国。秘鲁迎战欧盟并赢得沙丁鱼贸易战,而欧盟—印度床单枕套争端,涉及由大国多年坚持的反倾销行为,终以印度胜诉而告终。哥斯达黎加在内衣案上击败美国;新西兰和澳大利亚在羔羊肉争端中胜诉。

另一种选择就是没有法规、没有公正的争端裁决——那是一个商业关系以经济实力和政治实力为基础的世界,是小国任凭大

---

* 以色列的大卫杀死非利士族巨人歌利亚的典故出自圣经。——译注

国摆布、弱肉强食的世界。文明世界的定义之一就是法治,而不是诉诸武力。这是启蒙时代就提出的,是被美国宪法奉若神明的东西,是从《人权法案》、《大宪章》和过去几个世纪逐步积累的理想和普通法规中汲取的。

在所有国际机构中,无愧于这个希望的,首推世贸组织。

8　达成一致意见

只要看一看世贸组织从1999年11月西雅图挫折到2001年11月多哈发展回合的成功发起,就可以看出,有些观察家并没有充分了解,该组织在消除贸易壁垒方面坚持不懈的努力,并非受少数强国行政命令的控制。

世贸组织的成效是由该组织的不同成员达成工作上一致意见的能力和意愿决定的,尽管这些成员国从最贫穷的欠发达国家到经济超级大国都有。这种情况无法用联合国安理会比照;而是就像设法管理一个没有党派、没有政党组织秘书、没有议会议长、没有言论限制、没有多数表决制的议会。

我们有144个手刹,但只有一个加速器,而且要在取得一致意见后才能使用。可是总干事可以时不时地推动加速器,而且希望没有人注意到。你必须鼓励成员国允许你踩加速器的踏板,或佯作不知。有时这种做法就像劳雷尔与哈迪*的老电影中的场面,汽车失控,驾驶盘从手中脱落。我不断读到一些文章,说我做的是世界上最有权力的工作。事实并非真的如此。要说是的话,那就

---

*　劳雷尔与哈迪系指美国喜剧影星劳雷尔(1890—1965)和哈迪(1892—1957)。——译注

是说有很多的乐趣。

通过努力工作,积极进取,再加上我的些许傲慢,我们确实让世人对世贸组织另眼相看了,我们处于竞争之中,而且被视为与世界银行和国际货币基金组织平起平坐的伙伴。这种一致性,在宣布各国政府要求的结果方面是必不可少的。

有人指责世贸组织中的强国对欠发达世界横行霸道,这些人对该组织内部的国际外交现实的理解很有限,特别是由于近年来新成员激增,就更加如此了;自乌拉圭回合以来,已有逾80个新成员加入,其中大多数来自发达世界或经济转型国家。那些政府、部长和大使是不会听凭威逼利诱的。事实上,我与代表欠发达国家——非洲集团和非洲加勒比太平洋集团——大使打交道的时间超过了与四联体(美国、加拿大、日本和欧盟)大使打交道的时间。

西雅图大会有很多问题。如前所述,筹备过程就不理想,没有足够时间,总干事延期任命也于事无补。在日内瓦进行的谈判缺乏足够的透明度,没能争取所有世贸组织成员国代表与会,也没有适时有效地使各国首都和部长参与其事。西雅图大会要求各国部长用3天时间就驻日内瓦大使多年未能达成一致的问题达成一致。

西雅图大会的失败不是因为会议的议程或会外的抗议;当然这些因素肯定没有起好作用。它的失败是因为各成员国在实质性问题上歧见太多。它们在对农业、劳工和环境、竞争和投资政策,对规则,对反倾销、关税率峰值与升级,以及对如何解决发展中国家在兑现乌拉圭回合的承诺方面的困难等问题上各执一词。

乌拉圭回合是人为终止的,留下了很多后遗问题,即所谓落实问题。该回合之所以落幕,是因为美国促进那次谈判的立法行将失效,各国部长已筋疲力尽,有关各方设法独辟蹊径,同时也因为当时的总干事彼得·萨瑟兰的杰出政治才干促成了有关各方达成和解。世贸组织的外交辞令"建设性的模棱两可"有时是必不可少的——后来多哈议程也将证明这一点——它使各国部长能向其本国听众作出自己的解释,并为自己留有重开谈判的余地。

建立必要的战略联盟也存在时机尚未成熟的问题:我们忘了建立这种联盟的目的是发起新一轮谈判,而不是结束谈判。当时,跨大西洋鸿沟与北/南鸿沟一样大。有的部长认为他们有足够的聪明才智在最后时刻"挽回败局";他们错了。

西雅图峰会的一败涂地被大肆渲染为反全球化运动的成功。事实上,它直接反映的是各成员国在此重要会议召开前未能达成广泛的一致意见。然而,尽管在西雅图锐气暂时受挫,但由于全球贸易环境的迅速变化,各成员国都感到必须达成一致意见、发起新一轮贸易谈判的紧迫性。

西雅图会议惨遭败绩,使许多事难以逆料。它也使人明白了一些苦涩的教训。再有一次失败就会使世贸组织受到致命的削弱:尽管世贸组织成员国数量激增且各国国情悬殊,是否能通过我们的协商一致机制推动该组织发展的问题是回避不了的。

在筹备2001年11月卡塔尔多哈部长级会议时,我们决心不再重犯西雅图的错误。经过一个时期的评估和磋商,我们拟订了一项为期2年的战略。我们终于成功了:该会议发起了新一轮的实质性的贸易谈判——1986年乌拉圭回合以来的第一个回合。

8.1 规划路线图

在这个问题上有几个关键要素:承认批评者并非都错;分析我们究竟该做什么;规划出逐周的、逐个问题的、深思熟虑的直达多哈的战略路线图。我们必须:

·重树对世贸组织体制的信心。
·确保农业和服务业决定性授权谈判的成功举行。
·解决发展中国家兑现其乌拉圭回合承诺的困难。
·确保范围广泛并透明的筹备过程。
·吸引各国首都和部长参与并确保他们建立互信并建立关系。
·使各成员国,尤其是非常驻首都更有效地参与。
·把新一轮谈判的潜在利益告诉主要利害关系方,并谋求其支持。
·与其他机构协调。
·在有智囊团的各国首都以及在媒体中建立一个能推进我们共同事业的人才系统。
·与各国国会议员及其伞形团体*以及诸如社会主义国际、民主联盟和自由国际等政治性国际组织建立直接联系。
·改组秘书处以更好地致力于解决利害攸关的问题。
·吸引更广泛的社会和非政府组织的参与。

---

* 伞形团体(umbrella group)指"代表与支持若干具有共同利益的小群体的组织",其英文定义是 an organization that represents and supports separate smaller bodies with common interests。——译注

西雅图会议后,我已经能看出这件事该怎么办了:我知道,随后的24个月将是为第五次部长级会议最后100个小时作准备的时期。我知道,我们必须制定一个满足发展中国家需要的发展议程,为更好的贸易往来拓宽谈判议程。我一直在为穷人和不富裕的人工作,因此这正合我的心愿,也是我想做这个工作的原因之一。我强调了把世贸组织的发展规模置于未来工作计划核心地位的重要性,努力确保国际组织间在技术上和增进一致性方面得到充分的资金支持,更好地满足发展中国家的需要。在这几个发展方面,各成员国花费了大量的时间,作出了巨大的努力,而这也是它们理应做的。

在整个准备过程中,我们高度重视为引人瞩目的多哈会议找到一个基础文件。一些大使和秘书处的官员——每当少数发达国家真的出来定调子的时候,它们总是与过去的关贸总协定更合拍——对发展重点不以为然并提出质疑。他们没有汲取西雅图大会的教训:在那一天,那些大国自己是不可能解决问题的。发展中国家坚定的团结鼓励了我。它们有自己的议事日程和自己需要的结果。

在多哈大会的筹备阶段,我六访非洲,而且是首次访问非洲统一组织、非洲—加勒比—太平洋集团以及几个发展中国家的世贸组织总干事。此举必然被南北争议双方中的某些人视为显示信心的一种手腕,但我认为这是发起这一回合谈判的一个(也许是最重要的)决定性因素。一些比较极端的非政府组织指责我发动"魅力攻势"——我真怀疑自己是不是有这么大的神通。

事实是,我不但深信解决这些发展问题在道义上的必要性,而且意识到必须在广泛的基础上就一些涉及自身利益的关键领域取得共识,达成协议,以最终达到平衡。大国也有自身的需要。但成员国内部要有一些人持一种政治上正确的态度,认为那是富国压迫穷国的花招,因为只要主要大国有某种需要,它们自然而然就是错误的。

如果发达国家市场的经济收缩、进口削减,最先抱怨的就在这些持批评意见的人当中。联合国贸易与发展会议——还有部分最贫穷国家的大使——竟然有胆量请求发达世界大国为发展中世界的利益分担通货膨胀。

我们早就开始把重点放在恢复信心的问题上。在日内瓦没有设常使团的有将近 30 个成员国,其原因是国家太小或太穷。我邀请它们派驻布鲁塞尔和伦敦的代表会面,共进晚餐或午餐,与它们的部长建立直接电话联系。我还主办"日内瓦周",把这些小国的高级官员请到日内瓦,使他们能更好地参与并扩大日益发展的利益联盟。后来,在多哈大会后,我们把这一举措纳入了我们的年度预算,一年举办两次。

勿以事小而不为。我们创办了一份每天两页的新闻评论,介绍世界各大报有关贸易问题的报道,分发给非常驻使团人员阅读。他们大多数人没有时间通读各大报章,很多使团订阅不起。这份评论很好,很有用,设在日内瓦的很多小使团都恳请给它们这种方便。但凡开了重要会议,随即草拟报告分发给这些使团,便于它们向各自首都作出报告。小小一创意,用处顶呱呱。

我们力促发展中国家和最不发达国家设立世贸组织查询中心(1999 年有 68 个,到 2001 年底已达 106 个)。在我们与世界银行和国际货币基金组织等其他国际机构建立更紧密合作关系时，我们还强调一致性，以确保发展政策的连贯和协调。这在总体上是成功的。联合国秘书长科菲·安南一如既往地坚决支持发起新一轮的发展谈判，支持各国际机构之间的团结。那些原先与我们非常疏远的国家，现在都把我们看成在其他国际机构中支持其需的主要力量。

此外，我们最终成功地发起了就农业和服务业的授权谈判——它们在任何新一轮贸易谈判中都非常重要。这两块加起来占世界经济产出和就业的2/3以上。把高度敏感的农业谈判推进到这样的程度，使各成员国都愿意承认并照顾相互的需要，愿意为达成一致作出让步，这对我们实现多哈大会的成功具有决定性的意义。

农业历来不是交易的创造者就是交易的破坏者。大西洋两岸存在严重分歧。北亚采取的是守势；它们的部长们若是背叛了自己国内强大的农业利益，在这个问题上就有可能栽跟头。我们把农业看成发展问题，使非洲、亚洲大部和拉丁美洲大部为了共同的议事日程走到一起来了。对于即将取得什么利益的研究资料是通过演讲和媒体等途径公诸于众的，而说我偏心的抱怨则来自一些富国。它们说得没错——我现在还是这样。

有些匿名人士经常在媒体上攻击我，说我把80%的时间花在那些在世界贸易中所占份额不足10%的国家上。这没说错——我是这样的。现在，有些批评者指控我奉行富国的命令，背叛了发展中世界。那些富国肯定不这样看。大多数发展中国家也不这样看。很多发展中国家并不担心被世界贸易压垮，而是担心被排斥于世界贸易之外。

世贸组织管理机构总理事会确立了全力落实乌拉圭回合遗留问题(即落实审核机制)的过程。2001年强化了就落实问题达成一致的努力,继续敦促各成员国表现出灵活性和现实主义,以确保这一复杂的、政治上敏感的问题能成为积极促成多哈大会结果的因素,而不是成为一大绊脚石。

为了造势,我们密切关注外部环境。两次大会之间的两年中,我亲自推波助澜,遍访182个城市,与300多位部长会晤,行程超过625 000公里。我每周都给部长们打电话,还主持和参加很多非正式部长级会议。尤其是在墨西哥和新加坡举行的微型部长级会议,产生了巨大的推动作用和势头。在这些短暂的会晤中,我指出现在迫切需要政治上的积极参与,在授权谈判中要必要的灵活性,而且迫切需要部长们采取严密、连贯的后续措施,确保这种政治势头一直保持到日内瓦谈判,并最终在多哈发挥作用。

热那亚7国集团(加俄罗斯)峰会不仅对这一过程而且对我来说都是一个转折点。主持这次峰会的是我的老朋友、世贸组织前总干事、时任意大利外交部长的雷纳托·鲁杰罗。他确保了这一贸易谈判回合成为峰会协商的核心。7国集团明智地邀请了多位资深有影响的非洲领导人,他们都支持我们的目标。与世界各国现任领导人的私人交往使我比较容易地得到他们的支持,在我们处于窘困、包括在多哈处于窘境时,不时争取到他们的亲自干预。我还得到鲁杰罗和另两位世贸组织前总干事、博学的阿蒂尔·丹克尔和彼得·萨瑟兰的很多私下支持。我每隔几周就给萨瑟兰打电话,聆听他的真知灼见。

为确保多哈大会的筹备过程周到、透明、以"自下而上"的方式引导,我们做了大量细致的工作。筹备过程一开始,2001年总理事会主席、中国香港常驻代表夏秉纯就散发了可能纳入多哈议程的问题一览表。在会议前期准备以及多哈大会期间,夏秉纯始终表现出横溢的才华;才干卓著、坚韧不拔、认真细致、包容大度、非常专业。他终被我的继任素帕猜明智地提名为新顾问团团长。

西雅图大会的一个重要教训是,总干事、东道国部长和总理事会主席必须像一个人那样工作。在西雅图,我们还不懂得使担任这些关键角色的人之间协同和信赖、拿出时间来做这样的工作对成功有怎样的根本意义。回想往事,我认为我们当时没有全力支持阿里·赛义德·姆丘莫主席。我保证把下一任主席的办公室设在我办公室附近。有的工作人员反对,说总干事与主席之间的关系历来比较紧张,因为这两个角色旗鼓相当,加之各有各的个性,有时互不相容。我没有听劝,但有幸得到一位通力合作、精明、支持我们宏大目标的主席夏秉纯,而且为人与他的前任、挪威的克雷·布林一样。

在这一阶段,主席工作中迫在眉睫的中心任务,是阐明并构建能够得到成员国一致同意的多哈议程的各项要素。这一思路反映了各成员国在讨论中表达的希望,即内部透明、灵活高效的大会进程。这种"自下而上"方法的一个重要特点是,这一过程是由"提议者推动的",它责成具体问题的提议者向总理事会筹备过程汇报情况。

西雅图大会的筹备过程正好与此相反。它允许个人就议程提出建议,而后我们如果要**删除**一个议题,就必须达成一致意见才行。在多哈大会期间，提议者要想在议程中**添加**一个议题，首先必须说服同行。正如评述所说，多哈大会提交的文本只有西雅图大会的 1/3，后者文字量很大，计达 32 页。

我敦促必须在 2001 年 7 月完成"事实核对"，目的是看看各成员国的情绪并确保多哈大会筹备工作走上正规。很多成员国以为我们做不到。后来，有的甚至强烈要求我把大会推迟，并把它归咎于纽约 9·11 恐怖后的安全问题。这是一个高风险战略——基本上属于孤注一掷。我需要这一回合的谈判，终致人人诚惶诚恐。

8.2 调整内部结构

批评者并不都错。有很多问题是我们内部的。1995 年在马拉喀什大吹大擂地组建了新的世贸组织。但这个组织刚刚成立，所负责任比以前更大，尚需实质性改革。其人员配备、资源和结构，都照搬了关贸总协定，没有反映其新的使命以及其成员国已扩大的现状。

我一上任就发现，改革多边机构谈何容易。我举几个例子。初抵日内瓦时，我原本希望 4 位副总干事能与我同在一个楼层，彼此近些。我希望能到他们的办公室请教。我习惯于内阁制，喜欢集思广益并从中受益匪浅。我的副总干事有本领、有经验、有知识，而且对我当时全然不知的错综复杂的情况了如指掌。我原以为这种事很简单。后来才知道这对世贸组织和国际组织运转方式有很大的指导意义。

有人郑重其事地告诉我，问题是美国籍的副总干事安迪·施托勒的办公室有四扇窗户。若是还有人要和我们同在一个楼层,他们就只能使用小一些的、只有三扇窗户的办公室。我在新西兰的时候,没有这类规定,我也没把这个意见当回事。那好办,我回答说,我们把安迪的一扇窗户涂上油漆就是了。

有个雇员不客气地对我说,这是一个很重要的问题;而我则对这个"问题"不以为然。他指出,在日内瓦另一重要组织也出现过类似问题,有一位副总干事有一个卫生间和淋浴间,该组织其他副总干事则无缘享受这一特权。"他们总不至于用砖头把卫生间和淋浴间给砌上,来让人人平等吧!"我回答说。"正是这样",他应声回答。

接下来,在副总干事负责的部门,雇员也提出他们要离他们的副总干事近一些。我想把副总干事改称副主管,把部门主管改称处长,结果徒劳一场。又一文化冲突。我输了。这是对官僚主义者和官僚制度的第一个回合。

我认为世贸组织内部必须改革,可是我过去没有时间来关注这个问题,这是西雅图大会失败中最令人失望的问题之一,也是多哈会议必须集中解决的问题。这不是要贬低很多优秀的、非常专业的世贸组织工作人员,只有大约560名员工的世贸组织是比较小的多边机构之一,而且他们还告诉我,这是效率最高、最卓有成效的多边机构之一。我相信这是千真万确的,再看看其他机构,员工达数千,预算达十几亿美元,负有重要的使命和职责,真的令人惊讶。

我认为,任期问题是多边机构和政府间机构的基本问题之一。我们有绝对的任期和保护,这对我们的组织来说当然是一个矛盾,因为我们认为实行保护主义不是个好主意。全世界的资深雇员都备受保护，而资浅的受到的保护就少得多。关于任期问题的想法原本是很有道理的：防止各组织机构的继任班子把他们的七大姑八大姨和他们自己国家的公民安插进来。但它使得高级主管部门处于这样的境地：对拙劣表现的唯一真正惩罚，就是让人少做工作。

机构变了，使命变了，职责变了，然而机构本身却不能发生反映这些变化的变化。例如，假如我们没有发起多哈回合的谈判，我们就得解雇或辞退30%的雇员，否则就是人浮于事了。但我们真的发起多哈回合之后，我们就得努力寻找资源落实这一新的议程。

人们因其在工作上投入的时间，而不是因其绩效而获得报酬。很多才能出众的年轻人长时间得不到提升，就是因为晋升高级职位的通道受堵。某个领域的专家所具有的专长与管理一个部门所需的专长不可以等量齐观。我曾委托一位管理顾问就世贸组织的结构提出报告；他得出的结论证实了我自己的直觉：我们的部门太多。

我追求的是逐步建立几个超级部门，将其交由按5年合同聘用的出类拔萃的人管理，论功行赏，殊勋丰酬。那些想在实绩方面少负一些责任的，可以接受比较安稳，但报酬较少的工作——尽管按照私营部门的标准，待遇依然非常丰厚。

世贸组织总干事可用以使用的手段很少。有的组织实行某些改革靠的是出钱使人放弃地位。它们筹措的资金靠的是一些支持这种改革的政府慷慨解囊，或是靠减少客户服务。有一个组织为了免去一位副主管就花了数百万美元，目的是由一个能为该机构主管的政治野心效劳的人来取代他。我不能、也不会效法。我们的部门比实际需要多出一倍，因此大大缩小了我对人员调配选择的自由。事实上，我上任不久就发现，对资深人员能采取的唯一真正制裁手段，就是让他们少干工作，但薪酬不减。这曾一度使我被控"有失尊严"。这一来恰恰使对现行结构习以为常的人有理由认为我应放慢改革步伐。

最后，由于我忙于启动新一回合的谈判，我几乎没有时间、也没有资源来克服官僚主义的阻力。不过，我至少还是改善了呈报程序，建立了专业年度复查机制，遂使我们现在有了文件依据，但凡不合格的工作人员都可予以解聘，至少不给他们自动加薪了。过去我们连反骚扰政策都没有。

使我不胜惊讶的是，我们20来个部门主管——我们改组秘书处后这一数据有变——从来不在一起开例会。我认为交叉问题需作集体讨论；这有助于产生更好的结果并有利于团队建设。我把副总干事们看成"决策核心小组"的人。我需要他们的见解、信息和建议。部门主管例会和副总干事例会都开起来了。我要求主管们向员工传达；有些人传达了。

我提议利用上班时间召开全员大会讨论内部管理问题。为了节俭和节约资源，我放弃了乘飞机头等舱的"特权"，乘经济舱以便与员工在一起，而且不住豪华宾馆。我天真地以为，如果我以身作则，在办公室节俭自律，可以使其他部门也节约开支，这样我就可改变资源利用方向，为各成员国服务，形成一种声誉，使我们要求各成员国政府追加给本机构实际工作所需资源时有可信性可谈。我们最终得到了那些追加的资源，不过，那是多哈大会后的事了。

在前导期,我不得不四处打电话,向这里求1万美元,向那里求1.5万美元,用以资助那些建立信心的项目。部长们和大使们都大声疾呼,要求增加透明度、参与更为广泛的社会事务,提出具体的项目,而后又拒绝向我们提供做这种事的资源。但是在机构内部,就连小小的变革也难以实施。

我的法律顾问很优秀,他来自马来西亚,几年前就获悉必须离开,因为世贸组织不雇佣实习生。世贸组织官方网页上说我们没有实习生。然而,我很快就发现,我们这里有数十位之多。啊,我获悉,缺乏透明的申请方法是为了检验实习生通过这种制度约束的能力。

当然,这纯粹是无稽之谈。实际上,这是一张校友关系网,我来的时候,80%以上的实习生来自发达国家。雇佣跟他们一样的同一大学的校友,也是人之常情。现在,80%的雇员来自发展中国家和转型经济体。我告诉各部门主管,这是他们能冒险的领域。当然,马里的实习生没有钱就不能来面试。我请求他们冒一次险,这些年轻人值得一试,如果我们弄错了,这些工作也只有几个月时间,很快就会恢复的。到我的任期将满时,这项制度运行已比较正常了,然而,每隔数月,还是要通知一些人离开。我要自豪地指出,秘书处雇员的国籍数已由1990年的48个(22个发达国家、26个发展中国家)增至2002年中的65国(26个发达国家、39个发展中国家)。

有一位善意的雇员甚至有好几箱信件没有给我看,因为有许多信是无礼的漫骂。如果你不接触批评,怎么能回答批评者,怎么能提高绩效?批评者也是客户,这些接触提供了回答、解释、把反对者争取过来的机会。

挪威的克雷·布林和夏秉纯这样的总理事会主席的合作和领导,强化了通向多哈之路,世贸组织总理事会成就事业之路两年来发生了改变。没有他们的奉献和努力,我们不会有任何成就。与过去 10 年相比,我们总理事会的全会和非正式会晤多了,各项程序变得更透明、更开放、更具参与性,最终甚至变得非常心平气和。

尽管此过程运转比以前顺畅,但它还是花费大量时间、精力、资源和关注。世贸组织仍需从根本上处理好它自身的程序和文化。每当我们有一个新问题,或是接纳一个新成员时,我们不能每天都延长两个小时工作时间。西雅图大失败之后,欧盟专员帕斯卡尔·拉米把世贸组织的运转情况说成是"中世纪式的"。我告诉他说,这是恭维话,用管理学术语说,我们是**侏罗纪**式的。

8.3 扩大和深化与文明社会的接触

我们努力增进世贸组织与更广泛的"文明社会"的接触。在西雅图大挫折与多哈发展议程成功发起之间的短短两年间,它不仅增加了与工会、议会、商界团体的接触和对话,也增加了与非政府组织的接触和积极对话。我们建立了自己的网页,服务对象是批评者和真正想获得信息的议员之类的团体(见第 13 章)。这个小组工作很出色,虽然文化没有变化,但也变得比较灵活,接受我们与更广泛的外部世界相联系的事实。

重要的是,在此期间,我们还主动采取了一系列行动,加强与议员们的沟通和接触。他们到日内瓦来,我都会见他们,此外,我还到过欧洲议会、英国下院、美国筹款委员会等二三十个议会委员会。到美国国会小组委员会活动有时让人很伤脑筋,我们的官员一再劝我不要去。每次去都没有白去。我懂得他们的问题之所在。在莱索托的时候,我本来以为会受到一个小型委员会的盘问,没想到却在由一位戴假发的女议长主持的特别会议上向整个议会发表讲话,这让我又感到非常意外。

这种活动是前所未有的。应该更多些,但世贸组织的总预算大体上只相当于世界银行的差旅费预算。即使对这种程度的对话也还存在着争议,且遭到某些成员国尤其是议会活动不大"活跃"的成员国的激烈反对。有意思的是,要求世贸组织有更多"民主"的大使与在他们自己国内缺乏民主的现象之间几乎都有直接关系。令人遗憾的是,有些人所说的民主,就是希望让**他们**有控制权(见第15章)。反对这类会见的人有一个站得住脚的论点,那就是,如果这种会见只是重复国内的争论,就不会有多少价值。如果是为反对党的政治家提供攻击他们的部长和政府的舞台,那么,除了对受冲突驱动、新闻饥渴的媒体之外,几乎毫无意义可言。不过,议员是文明社会合法的、负有责任的代表;最终必须由他们来批准在日内瓦达成的协定,而且政府也需要国会和议会支持谈判,在大多数情况下,要得到他们的支持以继续执政。

我极力主张召开首次国际贸易全球议会大会。而且我鼓励各国议会联盟举办严肃的研讨会和研讨班。但是这个意思很难得到人们的理解。在一个反映144种文化和制度、靠一致意见来达成结论的组织中,有的成员国甚至对作为东道主接待来日内瓦参加各国议会联盟研讨班的议员也有意见。我对他们这种态度置之不理,采用了新的方法与各政党、政治家和政党国际沟通。

有的大使对我和他们的议长直接沟通有意见。他们知道我有3年任期,不可能被胁迫,我会坚定不移、刀枪不入,所以他们只得偃旗息鼓。我在确保当选方面的经验使得各项建议能得以流通,以改进这种程序。在早年,我曾反对给政治家规定任期。议员毕竟要服从既定的民主程序。但我认为任期对于组织机构的负责人来说非常重要。否则,姑息利益集团或用纳税人的钱收买支持者以获得连选的诱惑,会造成道德上和政治上的危害。

西雅图埋葬了旧的关贸总协定;在我们缓慢推进为多哈议程铺路的机构改革、在经历漫长而危险的妊娠之后,世贸组织在多哈诞生了。我们进行的适得其所的种种改革,是在缓慢得令人痛苦和沮丧的情况下完成的。我认为我们已经取得很大的进步,但还有许多未竟之业。世贸组织深化改革的建议将由预算、财务与行政委员会负责落实,我的继任者有望把这项必要的工作继续推向前进。

9 多哈大会的结局

尽管我们大大加强了筹备工作，2001年11月多哈部长级会议的结果还是难有定论。虽然支持发起新一轮谈判的论点似乎越来越为人们所接受，而且在9·11恐怖袭击后，全球经济发展减速时尤为如此，但在大会召开前并没有达成任何具体协议。

鉴于当时的国际气氛，不少国际会议都取消了，而这一次大会却照常进行，这本身就很了不起。其他人惟恐避之不及；我们没有。可是直至最后一刻，大会依然很有可能被取消。日内瓦谣言四起；紧张气氛日浓。我与卡塔尔贸易大臣优素福·卡迈勒进行了长谈，告诉他有的部长说由于恐怖主义威胁他们不打算去多哈。然而，使我感到惊奇与欣慰的是，媒体上有报道说，埃米尔在会见他的老朋友和商业伙伴、美国副总统迪克·切尼时，切尼告诉他美国肯定派团赴多哈。几天后布什总统在亚太经合组织会议上重申了这一点。我认为，这是埃米尔的英明策略。现在大家都会效法美国。虽然恐慌导致随大流出席部长级会议的总人数减少，但并没有对我们有多大的影响。

当我飞抵不起眼的卡塔尔酋长国首都多哈（人口：20万卡塔尔人）时，60万来自巴基斯坦、阿富汗和印度等国的打工者成了令人担忧的安全问题，有些世贸组织高官、大使甚至部长都公开预言会议会失败,有些工作人员很高兴,希望出坏的结果,以强化个人的、官僚机构的以及国家的议程。当你把握不了问题的实质、你的首都或内阁尚持观望立场时,"不"是最容易、最安全的选择。对那些不知道自己想要得到什么的人,是很难提供帮助的。

尽管科菲·安南呼吁协调一致,联合国的有些机构却持平民主义立场并攻击我们。其中,人权高级专员署就拿出了一份"专家"撰写的公开报告,说世贸组织是一个噩梦,可是这些专家从未接触过任何世贸组织官员,也从未踏进过世贸组织大楼。到处都有人在发射廉价的子弹。多哈会议召开前几个星期,有人告诉我说,联合国贸易与发展会议一位高级官员正在劝中国不要加入世贸组织。多哈回合期间,说发展中国家在乌拉圭回合中一败涂地的神话一直在流传,令人愤慨,尤其是当一位大使告诉我们,说我们提出的多哈文本使发展中国家倒退了 100 年——而且提出这一指控的国家自乌拉圭回合以来纺织品出口额由不足 1 亿美元激增为 50 亿美元时,更令人怒不可遏。策略性的说法未必就是最终立场,但上了诸媒体并激起非政府组织的反对,可能就显得很糟糕。

开幕式于 11 月 9 日晚举行,实质性工作于次日展开。原计划 13 日闭幕,但由于会议进展不顺,有些代表采取拖延战术,看来我们似乎无法如期达成一致。于是,大会主席卡迈勒决定把会期延长一天,以使我们能结束谈判。(他开玩笑地私下提出以恐怖主义威胁为由关闭机场、阻止人们离开;我告诉他没有这个必要。)

与西雅图明显不同,这一次谈判气氛紧张,但却富有建设性。在多哈,各国部长认识到,面对危险的经济和政治不确定性,迫切需要加强团结。假如我的 65 万公里的行程、与几十位部长的会谈、我的新谈判战略和我提出的更好的参与和更大的透明度不只是被别人看成是启动谈判的"诡计",假如我们能证明世贸组织已经有了根本性变化,我认为我们是有机会的,而那冒一冒风险是值得的。

美国贸易代表鲍勃·佐立克和欧盟的帕斯卡尔·拉米不遗余力地遏制他们之间的分歧,避免出现激烈情绪,这与西雅图的情况是截然相反的,当时他们的既定立场是公开向报界声明的。从他们担任高官助手的职业生涯初期,他们就相互认识,两人都在私人企业供过职,后来又进入公职,两人都热衷于马拉松赛跑,多年来私人关系一直很好,相互尊重。

他们彼此之间的以及他们与我的推心置腹的关系都是崇高的。没有他们的领导,我们就一事无成。推进这一进程的另一个关键,是对一批起推动作用的人员的任命,他们是从各国的部长中遴选的,在此进程中发挥了实质性的作用。从确保透明度和广泛性方面所作的努力来看,多哈部长级会议是一个分水岭。这一进程包括协调人之间的磋商,以及他们对各自的支持者和全体成员的报告。这一创新始于西雅图,但大有改善则是在多哈。另一改进是每天安排两个小时(上午和下午)让协调人能进行汇报,使地区性集团或其他集团能开会协商。

我们精心挑选了协调人;正直、经验、奉献和稳健缺一不可。谁也没有抱怨他们有偏向,这本身就很了不起,是对他们个人的褒奖,也是对我们精心挑选他们的称赞。在西雅图,他们获选太晚——在就一个问题进行谈判时,我遭到8位部长的拒绝,最后一位部长终于同意担任该小组的协调人。多哈的协调人都是很优秀

图 13. 多哈的协调人：我们根据为人正直、富有经验、乐于奉献和办事稳健的标准，精心挑选了我们的协调人。他们大大增进了谈判的透明度。

的部长，他们的任命和他们的正直人格从未受到过质疑，而在西雅图，杰出人物的名声常常受到诋毁。

西雅图大会以来，我一直认为假如修补了跨大西洋关系，假如恰当处理了发展的方方面面，就能达成协议。假如对发展中国家作出能力建设的承诺，只要农业问题得到妥善处理，非洲就可能与中美洲和南美洲平起平坐。在多哈会议举行前的最后几周，如果能通过谈判使欧盟作出弃权声明，使非洲—加勒比—太平洋发展中国家感到满意，就会造成一股建设性的势头。欧盟提出了一项很好的倡议，说"除了武器，什么都可以谈"，批评者把这项折中倡议说成是"除了农业，什么都可以谈"，但美国对非洲和加勒比国家

9 多哈大会的结局

增长与机会法案很快就表示支持,从而帮助化解了紧张关系,恢复了信心,引起了最弱小国家的兴趣。最终,20来个国家采取单边行动开放市场,援助最贫穷、最不发达的国家。

不过,在一个由一致意见推动、每一项决定都必须得到全体同意的组织里,要这样做依然很难。尽管有了这些准备,分歧依然严重。在多哈大会前不久,开始流传一篇题为《部长级声明——B计划》的文章,文中写道:"我们这些签字国承认我们犯有经济罪,它危害人类,危害地球,实际也危害了宇宙。我们低头认罪并愿作道德赎罪。我们注意到我们对民主、自由和经济开放等共同价值观念的承诺,但认为这还不够,我们还要为我们在提高生活水平、创造社会容忍方面的成功,进而取得更好的社会结果道歉,并宣布我们羞愧地退出世贸组织,且热诚建议暂留的国家把它变成联合国贸易与发展会议的分部,建议联合国贸易与发展会议与人权委员会下设一个工作小组,以确定警察暴行、贫困、债务、腐败、宗教的不容异说、贸易与童工、艾滋病毒/艾滋病之间的关系。此外,决定建立由签字国组成的新贸易团体。很抱歉,我们这是代表仅占世界贸易95%的国家讲话。"

这是黑色幽默自不待言,但它却包含了一个基本事实。如果只有少数几个国家置身在外,而且有的国家提出有时与贸易谈判回合毫无关系的"支出",为什么整个体系要再被拖10年呢?

美国和欧洲保守政治家和舆论领袖开始连篇累牍发表文章,建议达成一项北约加日本的贸易协定,因为世贸组织现在还无法工作。地方主义正受到日本和中国香港等成员的青睐,可是它们从未以认真谈判的方式达成过区域或双边协议。中国即将加入,正在与韩国、日本和东盟谈判以求达成自由贸易协定。处在危急关头的是这一多边体制,而不只是一个回合。

在某些领域,尤其是农业、环境、投资和竞争等领域,成员国间分歧还是很大,在取得一致意见的若干关键问题上还难以达成协议。到大会结束时,最后文本才达成一致。应予以赞扬的,是我们的东道主卡塔尔政府、埃米尔殿下尤其是财政和贸易大臣卡迈勒,他的能力得到了淋漓尽致的发挥。

在埃米尔领导下,卡塔尔的角色演得很漂亮。它的邻国是金融和体育中心;它给自己的定位好像是中等高技术会议和文化中心。埃米尔正在建造据说是首屈一指的伊斯兰文化博物馆,拟建在由贝聿铭设计的绝妙的阿拉伯学术中心内。

大会设施无与伦比,一切活动都能在一座大楼中进行,实属一大优势,因为它使我们少浪费时间,且能同时举行多个会议。卡塔尔或许是一个发展中国家,然而它在组织、安全和友好款待方面的标准是一流的,难有匹敌的。不过,非政府组织或我们的部分办事人员并没有因此就不再抱怨。尽管这里的设施比我们西雅图的好得多,可是在西雅图对东道国就没有什么抱怨。每天的新闻发布,使我们有机会评价当日的情况,处理人员安排问题,提高我们的绩效,修正我们的战略。

这类会议上总会出现一些难题,一些高级助手未能应付这些问题的挑战,故时不时地会发生一些歇斯底里的情况。形势还是紧张的;有几个国际会议已以安全为由而取消,这是9·11恐怖袭击后的首项盛事。大会开幕前一天,一名持枪歹徒朝机场开枪,谣言也在各代表团间传开了。其实这不是一起恐怖威胁,而是卡塔

9　多哈大会的结局　167

图14. 一家卡塔尔报纸上的连环漫画，把我画成地方治安长官，在多哈沙龙与我率领的一帮人在一起。

尔警方击毙了一个精神错乱的人。

为了节约开支，我们把翻译工作——所有材料都得译为英语、法语和西班牙语——都承包出去了。在多哈大会期间,我们给各代表团和非政府组织分发了300多万份文件。9·11之后我们面临着一个问题,我们发现自己缺乏道德或契约手段说服神经紧张的译者到一个在阿拉伯国家举行的国际会议上工作。会前一个月,我们就千方百计在世界各地寻找翻译,最终总算找了一批。整个会议期间,保安工作抓得很紧。疏散方案早就拟定,而且在远处的军舰上还有军人在随时待命,以防最令人害怕的事成为事实。我给了工作人员选择自由,如果他们感到不安全,那就待在家里。有几个就在家里没有来。我们不得不检查我们的保险和退休金政策,以确保万一遭恐怖袭击时,我们的损失能得到弥补。在谈判的核心、在问题的实质等重要方面,我们的工作人员把握得非常出色,他们知道如果我们失败了,世贸组织的命运就会与国联不相上下。

优化程序

按照程序,贸易部长级会议传统上以全会的形式开始,每位部长都作5分钟发言。这种正式的仪式主要是做给家乡选民看的,在日内瓦和各国首都,各国使节常常要花好几天时间为此进行讨价还价,在部长级会议期间又要浪费很多宝贵的时间。实际上,会议的初期阶段,在摄像机前露脸的都是各大国,接着总干事和主席离开全会,开始正式会议,这就对那些干等着的小国与会人员的感情造成了不必要的伤害。

东道国贸易大臣卡迈勒卓尔不群:沉着、幽默、机智。他的角

9 多哈大会的结局

色至关重要,我对他感激不尽。我告诉他说,我身为总干事,不能中止这个进程,但他是会议主持人,如果他希望这样,我可以去与部长们商量,达成一致,以便使全会与部长级会议同时有效地举行。他说他同意,于是我们就据此而行,让各位部长出去,在电视摄像机前录下他准备好的话,接着回来开会,这样至少节省了5个小时的谈判时间。部长们对此新程序深表满意,忘却了大使们在日内瓦面对黄金档节目所作的大量惹人生气的游说。

在正式会议期间,有五六个主题——而且都是难题。然而,不论是讨论农业、医药准入、关税峰值、还是反倾销规则,会议都以这种方式主持和组织,我们从日内瓦带来的报告几乎就是可接受的,所以一次也没有打断任何一位部长的讲话。我曾预想在20来位部长发言之后,主持人会觉得有必要暂时休会,请协调人会见关键代表和那些提出问题的代表,尽量准备一份涵盖不同观点的文件。卡迈勒很好地主持了全体会议,总的气氛很好,由夏秉纯和我们小组准备的基本文本与会议的观点非常接近,准备这样的文件绝对没有必要了。当然也有表达相反观点的,但我们能继续,因为我们有这样的谅解:协调人会与各成员国代表非正式接触,争取达成一致。

这反映在所谓"绿室"谈判上。这种说法源自世贸组织的日内瓦总部,那里真有一个被称为"绿室"的会议室,主要成员经常去那里作捐客交易。我失败的创新之一就是把它改名为"总经理会议室",成了个被忽略的名称。在每次部长级会议上,大家都发表了见解后,协调人和关键性的部长开始分小组认真进行实质性谈判时,都回到"绿室"对每个问题进行展开式讨论。这在过去常常受到批评（当时是正确的），说这是不透明，是大国成员欺凌小国成员的机会，是秘密谈判的舞台。在多哈的实际情况是，在"绿室"内发展中国家总是多数，而且可以迅即向其小组通报情况。

11月13日晚至14日晨的通宵最后谈判中，与会者有22位部长，其中6位（27%）来自发达国家，16位（73%）来自发展中国家。按地理分布，7位来自非洲（32%），5位来自亚洲（23%），4位来自拉丁美洲（18%），来自"西方"的为少数。这是我努力争取，最后赢得的代表比例。我结交了大多数发展中国家的朋友，我懂得他们的利益之所在。我的问题始终是"我知道你们想要什么；你们需要什么呢？"

多哈部长级大会是世贸组织迄今举办过的范围最广、最透明的大会。在实质性谈判（即除大会各正式会议外）方面，我们举行了11次代表团团长级非正式会议（22小时）、7次大会主席磋商会（18小时）、44次会议主席之友，即协调人协商会（95小时），还有几十次与很多部长进行的非正式双边会议。我有3个晚上彻夜未眠——间或打个盹、洗个冷水浴。这等于62次会议凡136个小时（另一创新是平行举行协调人会议）。

我坚持认为，在西雅图大会的绿室里，发展中国家也总是大多数，虽然当时参加部长级会议的少数发展中国家故意忽略这一点，因为说会议不透明在它们的首都比较容易被接受。我记得看见一位发展中国家的部长——就在绿室内——通过手机接受记者长时间的采访，抱怨说会议程序不透明。对此程序指责最多的南亚各国部长，从未有过一次不能参与绿室谈判。天哪，两年来，我几乎每次上厕所都能碰上他们！有时候，某些国家的大使忘了把开会的事告诉他们的部长,因为想去的是他们,而不是他们的部长——这在我的政治文化中是大的犯规。

在西雅图大会期间,副总干事只开过一次会,在多哈大会期间,都给他们安排了任务。小事也关系重大。保罗-亨利·拉维耶指出,分配给首次绿室协商会的绿室太大,这就意味着要用扩音器相互沟通。他找了一个比较小、比较舒适、怡人、功能齐全的、带桌子的房间;里面的温度调得比较低,让人在即将进行的马拉松式活动时能保持清醒。"吃苹果能让人醒着,"有人提出了很有用的建议。

常有人问我,在多哈达成协议时最重要的问题是什么。回答是,这不是那么简单的事。没有什么压倒一切的问题。就像在政治领域一样,有很多问题可归结为人格和人际关系、交易与时间表。

在农业问题上,我们已经谈了多年;最终,正如我们就措辞所进行的争议那样,它可归结为一种简单的选择。我曾对比较喜欢持贸易保护主义态度的国家说:"你们是希望你们的农业补贴逐步停止呢,还是立即废除?必须是非此即彼,否则,我们就不可能完成一个回合。"它们明智地决定逐步停止。它们以政治上的勇气将其付诸行动,尤其是日本和韩国,尽管它们国内巨大的农业利益,谈判有可能危及它们的部长们的政治未来。没有这种承诺,就不会有新一轮谈判;更不用说达成什么协议了。

有的观察家认为9·11恐怖袭击是一个关键因素。我不以为然。我认为,它倒是有助于把注意力集中于如果国际合作以及多边体制概念失败,会付出多大代价的问题。但是如果没有其他因素，我们也不可能成功。两年来我们在支持者身上投入的时间是必要的。我们的协调人基础良好，备受尊重。我们很好地处理了医药和艾滋病问题的相关议案，并没有借助于南美一个大国的部长，虽然他在争取国内的总统竞选提名，并把这个问题作为竞选筹码。这个问题涉及方方面面：知名人士、跨国公司、反美主义、资本主义以及"人比利润重要"（不管它是什么意思）之类的简单化的口号。这是一片雷区，迄今为止的穿越还是成功的，但通往多哈的道路上依然险象环生。

拉米与佐立克之间的关系起了重要作用。要不是他们作好了行动的准备，并使其他人相信他们的诚意，我们是不会发起这一回合的。

如果我们没有把发展看成核心问题，如果我们没有对能力建设问题作出承诺，使穷国能以在多哈大会之前以**实际行动**帮助处理多年存在的实施问题和未来谈判的需要，我相信这一回合就永远开始不了。

有的人提出先对他们在实施问题上的所以要求作出让步，然后才同意举行新一轮谈判；我一直认为，这些问题应当作为谈判程序的一部分加以处理。在多哈，有 50% 的实施问题都达成了一致，另外的 50% 留待未来谈判决定。有的人说，是错误的 50%，但在西雅图，我们在实施日程问题以及在乌拉圭回合上就很突出的问题上，一个协议也没能达成。

不确定性一直持续到会议结束。有一次，一个大国的高官出于关心告诉我完蛋了，我们将会失败，还说我似乎一点也不担心。我回答说如果担心能解决问题，那我就担心。当然，我担心还是担心的。在我们讨论最终草稿,而且还有重大分歧的紧张时刻,一位部长递给我一张字条,上面写着"DOHA"(多哈),从字母"H"上拖出一条线,旁边写着:"到时已死。"*

绿室并不作决定,但它可以汇集最终能被接受的意见。假如绿室有充分的代表性,协调人都受到尊重,就可以起草一个140多个成员国都会接受的文件。我们起草了。协调人预先促成了谅解;然后,把这些谅解融合到比较广泛的协定,这样大家都能看出进行过什么样的交易。

至此,工作一直在正常进行。我知道由我出来警告可能会出现失败和灾难的时间快到了。在一个重要关头,我这样做了。然后,协调人赶快到自己分管的地区去做工作。聪明干练的巴西部长塞尔索·拉费、南非的欧文、埃及的布特罗斯-加利和尼日利亚的贝洛等召开了非洲的秘密会议。肯尼亚部长比沃特向非洲—加勒比—太平洋发展中国家核心小组解释说,这个自动放弃决定是好消息,无需广泛同意即可撤销。我到前两年结交的朋友和联盟中去走动,指出他们的利益之所在。

鉴于哪怕一个小组,或者从技术上来说任何一个成员国,都可能停止不前,否定大家的一致意见,后期的这些谈判总是给某些人以谋取特别让步的机会,使他们在彻底失败的威胁下获得在日内瓦或双边谈判中无法获得的某种东西。对于某些成员国来说,这是它们施加影响和展示力量的最佳时刻。如果仅仅一个国家就能

---

* 这是那位部长在玩弄文字游戏,把 DOHA(多哈)中的 H 划掉就成了 DOA,DOA 是 Death On Arrival 的缩写,意思是"到达时已经死亡"。——译注

在一些问题上施加压力,在两年一次的部长级会议上达到某种目的,这就很不正常了,因为这些问题在该体制下从未得到过解决。令人遗憾的是,对一些小国而言,有时候这是它们能使大国关注其不满的唯一时刻。可以预言,在这最后关键时刻,一个国家是很想得到某个成员国对其金枪鱼罐头业的特别关注的;另一个国家又希望对其出口区再有几个月的延长。考虑到140位部长,再加上数百名四处奔忙的顾问的情感、必然的繁忙、谣言、疲惫和混乱,由错误和最后一分钟误解导致失败的可能性无时不在。回顾历史,未能实现其公开目标而终告失败的部长级会议就有三次。西雅图的放射性尘埃仍在毒化多哈大会的气氛。

图15.同卡塔尔贸易大臣优素福·卡迈勒和尼日利亚贸易部长穆斯塔法·贝洛在一起:卡迈勒是一位顶呱呱的大会主席,而贝洛和发展中国家的朋友们则负责推动新的发展议程。

9 多哈大会的结局

我们现在有一个文件:多哈发展议程。它会成一纸空文吗?会开起来了,我们屏息以待。首批发言者来自非洲,他们敦促通过该文件。代表非洲—加勒比—太平洋集团发言的比沃特部长在发展中世界影响很大,他发言早,表示赞同;情形看好。十多个人发言后,只有印度和某加勒比国家持强烈保留态度。其他一些国家也有困难,可能会附和他们。我请卡迈勒大臣拖延进程,让一些部长把发言拖长一些,而我自己则悄悄地与接受该文件还有困难的部长协商。他们与各自的首都协商,我特别感谢移动电话。

印度接受多哈文本困难最多。它受英帝国主义支配400年,受伦敦经济学院影响50年;有时,我真想知道其中哪一方面给它造成的损害最严重。正如丹尼尔·耶金和约瑟夫·斯坦尼斯瓦夫等作者指出的,印度从英国人统治过渡到许可统治。印度人要等15年才能得到一辆外交家*——老式莫里斯牛津车的改型。然而,印度的汽车工业是与日本同时起步的。在个人电脑革命初期,一位企业家报告说,为获准进口一台电脑,两年间他往首都跑了50次。现在,他的公司是世界最大的高技术公司之一。纳拉亚南·穆尔蒂用250美元创办的 Infosys 公司现已成为世界最大软件园之一。印度现在向全世界提供30%的软件工程师(仅在硅谷就有20万人),而且在班加罗尔有它自己欣欣向荣的软件首都。[1] 它在最近5年进行的明智稳健的改革比过去50年还多。我认为,印度实质上是要独自按照自己的速度推进改革;它肯定不想让世贸组织或外部世界的谈判迫使它加快速度。印度有一个需要与组成联合

---

* 外交家(Diplomat)轿车是美国克莱斯勒公司生产的一种车型。——译注

政府的 20 多个政党磨合的问题,而且政局总也不稳。世贸组织面临的挑战,是通融印度和另外几个有类似想法的国家的需要,以确保一些小僵局不至于使大多数成员国失去新一轮谈判带来的利益。

我曾跟印度贸易部长马朗开玩笑说,印度与新西兰谈判者之间的基本区别是,我们得到 30% 时,会告诉我们的公众说我们得到了 51%。他们得到 51% 时,却告诉他们的公众说他们得到了 30%。事实上,印度的议程是阻止把劳工、环境和其他社会问题纳入世贸组织,把更多的时间集中于"新问题",在这方面他们是很成功的。我们可以从发展中国家的观点出发,把发达国家在西雅图想得到的与他们在多哈所得到的作一番比较。我不是说谁对谁错,只是想说印度及其一伙干得很出色。

即使是老练的经济学家和政治家,有时也难以理解有些国家在自由贸易思想方面深刻的历史和文化问题。有的仍然把自由贸易等同于他们在殖民时代所受的压迫。从甘地领导跨印度全境游行抗议英国盐税至今,50 多年过去了。印度对独立的要求既是政治的又是经济的。他们的 *Swadishi*(国货运动)一词体现了经济独立和自力更生。民族主义、拒绝与抵制英货、要求购买印度产品,就是这个伟大事业的一部分。仅仅一个世纪以前,印度人还不得不购买英国制造的棉织品。自己生产纺织品的印度人一旦被抓住,就会被砍去拇指。现在,印度在世界纺织品市场所占份额比 200 年前小一些了。甘地称**国货运动**为自力更生,是家庭与村庄式的生产。尼赫鲁视自力更生为重工业、机械化、电力,对苏联迅速由封建时代进入超级大国地位印象深刻。曼莫汉·辛格是一位

锐意改革的财政部长,后来也把贸易看作是促进自力更生,把接受援助视若依附。(我任命他为我的顾问之一)

印度依然谨慎多疑,这我能理解,而且它是代表很多首都讲话的,因为那些国家没有实力或技术能力提出自己的问题。

在多哈,在凌晨的数小时里,打给各国首都和总理的电话终于就发起新回合的问题达成了绝对的一致。最后,卡迈勒大臣的总结获得通过——还有致印度的一封附信,说明在下一次部长级会议上达成一致并不意味着在那以前在其关心的若干问题上我们已达成一致。语义学起了作用:一位部长已告诉他的议会,说他永远不会接受一个贸易回合。这种交易太好了,不能拒绝。我建议我们不要用回合,可以称之为议程。当各成员国聚在一起,有一个足够宽泛的议程给部长们以自由,让他们能回国告诉本国选民说,尽管他们放弃了一些东西,他们也带回了一些东西,最终,大家就不能再公开讨价还价,只能进行现场交易了。

尽管如此,多哈会议后,一些对部长们实际说过的话置若罔闻的极端分子仍然感到不快。他们总是这样。对于无情者来说,一切解释都是敌意的。世界发展运动断言:"……对发展中国家施加政治压力的新证据已经浮出水面。还有威胁说要削减对发展中国家的援助、中止贸易优惠、把它们驻世贸组织的大使定为贿赂和攻击目标。"[2] 何塞·博韦抱怨说:"这是我们预想中最糟糕的协定。这是一个新殖民主义协定。多哈没有考虑西雅图。这个协定充满矛盾。"非政府组织激进分子阿努拉德·米塔尔声称:"由于来自贸易大国的强大压力、讹诈和威胁,多哈大会对于民主和发展中国家来说是一个失败。"[3] 这是由自私自利的观察家和自命不凡的评论家编织的残忍的、图谋私利的谎言,因为他们需要维持他们的支持者的疯狂,以筹资继续从业并占有头版。

发展中国家的部长们对问题持不同看法。在最后几个小时带头冲锋的是尼日利亚贸易部长。穆斯塔法·贝洛在敦促大家接受一揽子计划时说:"与西雅图不同的是,在多哈的协商谈判过程的各个阶段,非洲都感到满意。"而且,我永远不会忘记巴西的部长的面容,他泪流满面地对我说,"经过30年,我们终于有了逐步停止补贴和保护的命令。"他的国家有1 400万公顷土地,不用砍伐一棵树就能养活全世界的人。

世界贸易体制运作方式中的主要问题之一,就是它被看作以重商主义方法为前提,也就是,如果我给你作出一点让步,我也想获取一点回报——换句话说,就是讨价还价。

前墨西哥谈判者路易斯·F.德拉·卡列说:"日内瓦的谈判本质上往往是——也许我应该说始终是——重商主义的。"这是他在2002年4月举办的世贸组织研讨会上说的。[4]"当然,这就是说,在作出每一项决策时,我的所得就是你的所失。这适用于一切:从总理事会的程序细节,到一个回合谈判的讨价还价。这就是为什么日内瓦的谈判老手,都能使让步与回报得到精确的平衡。"

德拉·卡列补充说,一旦参与者认真对待推销实际东西、不提出口代理权时,世贸组织的运转和公众对国际贸易的看法只会变得更好。"贸易并非零和博弈,因为如果是这样,从中就几乎无利可图,而绝大多数的证据却是,从长远看,参与贸易的国家比不参与贸易的国家发展得要好得多;再说贸易开放,还能改善人民的生活。"

像其他很多人一样,德拉·卡列认为,世贸组织的贸易谈判方法从根本上说是重商主义的:在谈判者看来,似乎出口就好,进口则不好。我们有必要提醒自己,单边贸易自由化本身就是好的,即使别人不相应减少贸易壁垒,我们也有"单干"的理由。贾格迪什·巴格瓦蒂就这样认为,还举了近年来世界很多国家这样做的实例,即使其他国家不像你一样实行贸易自由化,你单边减少贸易壁垒随后也能激起其他国家的自由化,而且往往的确如此——他称之为"连续互惠主义"[5]。

相互减少贸易壁垒的做法一直存在,在关贸总协定和世贸组织谈判中都有,这与互惠交易必然是重商主义,因而是反贸易的认识相反。通常情况下,各国都不可能在政治上采取单边行动;在这种情况下互惠主义则能使它们实现贸易自由化。互惠性使政治家能动员支持贸易并显然能从外贸市场获利的团体,去抗衡反贸易,尤其反对贸易自由化的贸易保护主义群体。例如,很难想象能把农业纳入超出具有内在互惠过程的乌拉圭回合之外的贸易日程。

在多哈议程中,减少对农业的支持得到经济合作与发展组织各大国的支持,这就可以使像牙买加这样的国家根据该回合的框架,从贸易自由化中获得的利益合法化。这样,多边自由化——把互惠用作重要谈判工具——就能够而且确实导致了积极的收益。这恰恰是重商主义的对立面。

很遗憾,迄今为止,我们始终未能就这样一个重要思想达成一致:凡是对你有利的事,你就要勇往直前把它做好,不论你的贸易伙伴做什么。有充分证据表明,自由贸易对各国都有利。2001年11月的多哈大会上,绝大多数世贸组织成员国都认识到了这一点;我们成功地发起了自1986年乌拉圭回合以来的首个贸易谈判回合。

10 创建一个"世界"贸易组织

对我来说,中国加入世贸组织比发起新一轮贸易自由化谈判还重要。如果多哈大会像西雅图那样失败,其结果会是灾难性的,但不会是致命的,尽管其代价是使多边主义的实现推迟 10 年之久。

不过,在 2003 年中国产生新一代领导之前、在经历了漫长的 15 年谈判之后,如果还不让中国参加,那将严重地影响它的改革进程。自 1979 年邓小平提出开放进程以来,中国已在推进凋敝的国有企业改革、鼓励企业家活动、把该国建成一个成本效益高的制造业强国等方面取得了惊人的成就,在过去 20 年中,使一亿五千多万人摆脱了极端贫困状态。[1]

虽然这一进程成功地提高了生活水平并使社会向新的影响开放了,但是它对于很多中国人来说又是一个痛苦的过程。有关骚动的报道频频见诸媒体,不但在城市新移民和下岗工人中有,而且在农村也有。例如,埃里克·埃克霍尔姆在《纽约时报》上发表了一篇关于湖南省兰山县宗族械斗时动用土炮打死 12 人、毁了 60 户人家的文章。他指出,这类问题在人口稠密的华中和华南的偏远地区非常普遍,在那里是"强者为王"。他援引经济学家何青莲(音译)谈无法无天状况的文章中的话说:"在当代中国农村,传统的道德约束已不再管用,宗族组织和地方犯罪势力填补了权力与权威的空白。"[2]

如果不能说服中国加入世贸组织并使之成为国际贸易共同体一名完全负责任的成员,这在中国国内和国际上都会产生严重后果。很多观察家都认为,中国加入世贸组织不仅标志着它作为一个新兴全球经济大国的地位得到正式承认,而且标志着中国朝市场自由化发展和融入全球经济的不可逆转的趋势。

图16.与中国贸易部长石广生和东道国卡塔尔贸易大臣优素福·卡迈勒在一起:多哈会议的失败固然会是灾难性的,在经历了漫长的15年谈判之后,如果还不让中国参加,那将严重地影响它的改革进程,因为它已经历了历史性的领导层变更和结构性改变。(照片系法新社提供)

美国贸易代表查伦·巴尔舍夫斯基和中国对外贸易部长石广生已就关键的美—中双边协定中微妙的细节问题进行了多年的艰

苦谈判,该协定是中国入世必要前提之一。总共有37个国家与中国进行了双边谈判,以确保它获准加入这个多边体制。毫无疑问,在所有这些谈判中,中国极其重视获准加入世贸在政治和经济上的意义。在多次会议上,中国领导人都反复强调加入世贸组织是"他们50年来采取的最重要的经济步骤"。前欧盟贸易专员利昂·布里坦爵士新近指出:"在我与[总理]朱镕基的一次会见中,他解释说我们要求中国人做的每一件事,至少也是他要求他们做的。即使中国人与欧洲和美国达不成协定,他们仍然会做那些事,不过是按照他们自己的时间表和他们自己的方式去做而已。"[3]

世贸组织各成员国政府也表现出敏感性和灵活性,承认中国在兑现其承诺上会面临许多困难——鉴于它动荡的历史、辽阔的幅员与复杂性,还有国家所有制与国家控制的历史。与其他各新成员国相比,中国也认可了严格得多的考察和监督过程。

中国希望有严格的国际规则和调解争端机制,这样,它的出口和就业就不会因为贸易伙伴的首都一时心血来潮作出的政治决策而受影响。他们正在用世贸组织体制作为模型,建立一个基于财产所有权的市场经济体制。中国就这些问题作出的承诺谁也不必怀疑;中国已出版了6 000种中文图书,介绍复杂的世贸组织规则。而且,毫无疑问,中国领导人希望以兑现这些承诺的必要性作为杠杆来制约那些抵制改革的人。

由此可见,政治是复杂的。实际上,就在多哈会议前几天,由于随后的中国台北成员问题,中国似乎可能不来参加部长级会议了。这一难题即时悄悄化解了。

谈中国入世复杂性的论著已数不胜数。世贸组织成员国给中国的压力相当大。由于大米、玉米等多种敏感农产品价格管制的逐步放开以及农作物价值由全球市场决定,大约3.5亿农民将失去受保护的市场。[4]

中国20年经济改革造成的内部紧张是无可否认的。1986年,据说当时的总理赵紫阳向一批经济学家、官员和知识分子精英讲话,详细说明了中国面临的巨大挑战,并指出,"政府能够控制一个贫穷的中国。但在使中国成为强国的过程中,我们必须决定政府怎样才能保持稳定。"[5]

千百年来,稳定压倒一切的思想一直是萦绕在中国领导人脑际的情结。中国当前的战略是可行的。过去15年有1.5亿人口脱贫。它跻身于世界外国直接投资增长率最高的国家之列。[6]中国国家发展计划委员会说,2002年进入中国的外国直接投资可望达到470亿美元的历史最高记录。[7]当然,大量资金源于或经由中国香港和中国台北或暂时存放在那里,等待合适的大陆投资目标。相比之下,流入印度的外资约为上述数额的1/10(2001年为40亿美元)。

毛时代的中国没有工人在外资企业工作,但到1998年,在外资企业工作的中国工人超过了1 700万,比法国和意大利的工人总数还多。这些企业的纳税约占中国国家税收总额的12%。[8]

据估计,2002年,中国经济增长率可望达到7.4%。[9]尽管经济学家对精确的增长速度莫衷一是,但总的趋势显然是向上的。自1970年代后期邓小平推行改革以来,中国国内生产总值一直按年均9%左右递增。[10]在一代人的时间里,中国在世界贸易总额中所占份额翻了一番,达到了10%。人均国内生产总值提高了25%,

达到世界平均值的一半。如果中国国内生产总值增速减至比较适当的5.5%,到2015年,中国国内生产总值就能与美国平起平坐。那时,中国就占世界国内生产总值17%了。现在,中国拥有自己住宅的人约占人口的10%;香港报纸刊登售楼广告——尤其是广东、上海的楼盘——已有多年了。虽然开始的几年间香港和大陆的很多投资者在投机的开发商刺激下曾经上过当,但现在,私有制趋势在中国各大城市的中心已根深蒂固。

中国在继续努力进行银行业的改革;对实际已破产的国有企业发放的不良贷款估计占银行放款总额的40%—50%左右。[11]但大陆中国人的储蓄几乎占他们个人收入的40%;因此有一个巨大的,而且迄今为止尚未开发的潜在消费市场。[12]相比之下,美国的个人储蓄仅占其收入的5%左右。[13]

在对中国在世界经济中最终作用的任何分析中,还有一个主要因素,那就是广泛散布在世界各地的华人的经济实力和千丝万缕的关系网;在中国大陆之外生活的华人几乎达到了6 000万。华人只占印度尼西亚人口的4%,可是却控制着该国经济的70%。[14]在东南亚的华人估计有2 500万。华人占马来西亚人口的32%、泰国人口的5%、菲律宾人口的1%。根据丹尼尔·耶金和约瑟夫·斯坦尼斯拉夫引证的数字,他们的国民生产总值估计在4 500亿美元,如果他们是一个单独的国家,其经济实力堪称世界第五经济大国。[15]

的确,中国是亚洲文明伟大的发祥地之一。中国社会的传统基础是紧密、互惠的家族纽带;虽然文化革命和共产党的其他过火行为对它造成了损坏,但是还没有摧毁这些关系网。孔子崇尚学习的传统代代相传,现已融入以这种思想为根基的新经济之中。有人认为汉语本身一直就是进步的障碍,要看书就要学4 000多个汉字,但还未必就能为吸收新知识奠定基础。不过,微芯片或许有助于解决这个问题。有的观察家预言,在未来20年内,汉语将成为因特网上使用最多的语言。中国已有3 755万因特网用户(还有大约1.67亿移动电话用户,因此它已成为世界最大的移动电话市场)。[16]《如何送你孩子入哈佛》在中国连续四个月都是最畅销的图书,这也许并不奇怪。中国现在是在回归经济巨人的途中;在两个世纪前的几千年间,她一直是个经济巨人。

对中国入世持批评立场的人宣称,中国的人权记录及其与中国台北的关系是阻止中国加入世贸组织的理由。谢天谢地,这已不是我们各成员国政府的观点了。尽管远方的没有恶意的观察家们说不,中国香港的民主派领袖李柱铭*和中国台北的政治家们都公开赞同中国入世。就连在这些方面批评中国的那几个国家的政府,也清楚地表明中国的世贸组织成员国地位理应根据贸易方面的考虑来决定。那些根据政治理由反对中国入世的人不明白,使中国更紧密地融入国际社会,已经使他们关注的那些领域出现了积极的发展,而且在过去20年里,这些发展比过去的一个世纪还要大。

世贸组织的基础是一套约束性的规则,是协商一致确定的,可借助争端解决机制来强制实施,为了加入这样一个组织,中国领导人正在把他们过去20多年的单边经济改革纳入这一多边体制之

---

* 李柱铭(Martin Lee)系香港民主党前主席。——译注

内。这样做,中国也就承认了开放——不只对货物和服务开放,而且也对人员和思想开放——是确保它的公民有一个繁荣未来的最优途径。

对全世界的企业来说,中国加入世贸组织意味着巨大的商机。去年,中国是世界第五大进口国,从外国供应商那里购买了价值约2 251亿美元的商品和价值348亿美元的服务。[17]

此外,对于中国及其贸易伙伴同样重要的是,加入世贸组织也使中国有了进入欧美大市场的更多机会。很多观察家——尤其是中国的亚洲贸易竞争对手中的观察家——都认为,与中国让世界担心的东西相比,世界让中国担心的东西要少得多。大多数商人都意识到,在大型家用电器和纺织品等领域,在生产上超过当地中国制造商是非常困难的。

根据美国公布的数据,2000年中国是美国的第五大供应商,而中国、中国香港和中国台北属于美国十大出口市场之列。根据中国的数据,再根据经香港的转口的数据进行校正,中国出口美国的商品达714亿美元,出口欧盟的为152亿美元,出口日本的为163亿美元。对这三大市场的出口占中国出口总额的60%左右(57.4%)。[18]

北京当然清楚其邻国的担心,最近区域贸易外交的频繁就是证明。这正说明——而且很有道理——中国的经济增长将使该地区受惠。《远东经济评论》说,来自韩国、新加坡和中国台湾的4月份贸易统计数据给人印象很深,它帮助中国说明了一个问题,表明对中国的出口促成了它们各经济体长期期待的出口开始回升,从而凸现了中国既是出口商,又是进口商的越来越大的作用。[19]

亚洲金融危机期间，中国表现出了和衷共济的精神，保持人民币不贬值；正像当时美国所做的，继续接受来自亚洲的包括钢铁在内的很多出口产品，尽管他们可以采用世贸组织反出口激增条款拒绝接受。当时的财政部长鲍勃·鲁宾担心当时正席卷亚洲、拉美和俄罗斯的经济传染病可能标志着一次新的全球衰退，以治理经济的雄才大略，采取了着眼长远的办法。

比方说，在美国或欧洲出现不大的激增，就会强化对中国社会——并对中国千百万消费者——改革进程的有利影响。

按照入世承诺，中国对商品的平均约束关税水平将降至8.9%，从对IT（信息技术）产品、玩具、木制和纸制品等多种产品的零关税，到包括几种肥料在内的三种关税项目的50%的关税。在高端，对摄影胶卷的约束关税率将从55.7%降为47%，而对客车的关税率则从50%—60%（61.7%或51.9%）降至25%。

与此同时，对农产品的平均约束关税将降至15%。在正式加入后的3年内，所有企业都将有权进口、出口所有商品，并在全中国进行所有商品的贸易，只有少数商品例外。

中国将取消价格双轨制。在银行业方面，外国金融机构已获准，中国一旦入世，就向中国提供服务，开办没有客户限制的外币业务。在本币业务方面，外国金融机构在两年内就能向中国企业提供服务，在5年内向中国所有客户提供服务。

到2002年第一季度末，中国已复查了2 000项法律法规，而且修改或废除了与对世贸组织承担的义务不一致的法律法规。仅对外贸易与经济合作部就复查了1 400多项并将其中一半废除了。为了提高透明度，中国在外经贸部里建立了世贸组织通报查询局。

迄今为止,该局已回答了各国大使馆、中资、外资公司和个人的300多项询问。

2002年1月,中国降低了5 300余种进口商品的关税,平均降幅为15%到12%。它还取消了238类产品的非关税壁垒。

有的国家担心,中国可能希望——有些国家也希望——组建区域集团,实施平行贸易战略。2001年4月,北京正式加入曼谷协定,这使一些亚洲小国得以先进入中国。2001年11月,中国宣布它正在就10年内与东盟组成自由贸易区的事宜进行谈判。它还与韩国和日本一起参加了东盟+3协定的讨论。不过,亚洲的这一外交攻势,有很大一部分似是旨在稳住被大大忽视了的双边关系,消除对中国入世将威胁区域经济利益的担忧。

当然,中国也有自己的忧虑:入世对国内制造商和农民的影响程度;对反倾销、反补贴和保证条款等贸易规则的使用以及其他问题。

雨果·雷斯托尔新近竟然在《华尔街日报》撰文提出,美国冒了丧失其世界头号自由贸易提倡者地位的风险。"凭借它庞大的市场,中国极有可能领导发展中国家把滥用倾销和保证条款列入世贸组织的重要议程……若布什政府不采取协调一致的行动,它就可能面临外交上的耻辱,成为北京领导的一场自由贸易运动的目标。"[20]

2002年5月,两家中国钢铁公司,即马鞍山钢铁公司和潍坊钢管公司,不像以前那样未上法庭就撤诉,而是首次进入美国的全部法律程序,赢得了里程碑性的反倾销案的胜诉,这也许说明了将来会发生什么。在世界范围内针对中国公司的主要倾销调查大约有 450 起，包括在美国的 175 起左右。据《金融时报》报道，过去中国企业都采取被动的态度，这在一定程度上是因为它们怀疑在外国它们能否获得公正的申辩机会，因而不愿花巨资聘请外国律师。[21]这次在美国得到的结果可望鼓励其他中国公司采取比较主动的办法。

很多人问我，中国在日内瓦表现如何。当然，政治敏感性相当高；例如要使用中国香港、中国澳门、中国台北和中国这样的提法。使用严格的名称非常重要——中国台北的代表**不称**大使。我曾在日记上无意地记录了与中国台北大使的一次会见，结果引起了某种关注，不过很快就被纠正了。

中国在尽其义务吗？我可以回答说，跟其他成员国一样，中国也要追求它自身利益的。中国迄今所做的都恰如其分；其工作人员均十分专业，与他们共事非常愉快。但凡我们遇到难题，比如为下一次贸易部长级会议选定新会址、任命协商委员会主席、安排时间表等——实际上在一些成员国要操纵的程序问题上——只要把问题讲清楚，中国总会谈自己的看法，而且是公开、真诚并富有建设性。

我们不要忘记，强加于中国的条件是相当多的。成员国每 2 年、4 年或 6 年要经历一次定期的贸易政策审核——取决于它们的贸易规模。这种审核不是"强制执行"机制。中国同意接受为期 10 年的一年一次的特殊过渡审核机制，这是它入世条件的一部分。

该机制包括两个部分：一个是由 16 个附属机构进行的审核，继而由我们总理事会进行的独立审核，于每年 12 月 10 日进行。

10 创建一个"世界"贸易组织

这里有些令人关注的问题。中国的困难与应该如何进行初始审核无关,但与在哪里进行这种审核有关。不过也有代表团担心我们的日程安排不容我们年终加班加点,竭力要求提前多公布一些材料。

世贸组织整个就是跟程序和一致打交道。这包括通过我们的各种委员会对成员国加以监督。当然,这也意味着各成员国——如果它们感到必须捍卫其自身利益——可以把它们对中国的投诉引入我们的争端解决机制。重要的是,中国现在是在该机制之内,而不是在它之外。还有一点值得指出,世贸组织与联合国不同,在很多方面都没有那么多对抗,也没有那么正规,因此,中国必然要经过一段时间才能适应世贸组织的办事方式。

在追求被作者乔·斯塔德韦尔称为"中国梦——寻找地球上最后一个难以捉摸的未开发大市场"的过程中,人们花费了不计其数的美元。商人们首先谋求的是中国务必透明——做生意的体制应有明确的规则,无隐蔽的陷阱。我不敢保证这会在一夜之间尽数实现。我认为,指望入世第一年就有巨大进步是不切实际的。但我可以说,就游戏规则而言,与过去相比,国际贸易将会越来越有章可循。更何况,中国也并非唯一的未开发市场。市场绝不会有穷尽时。假定南亚和非洲的增长与中国一样快(年人均9.0%上下)且在1900—2000年间有过同样的百分点下降(下降15个百分点),全世界摆脱极端贫困的人口就会新增2亿多。同时,那些地区的贫困率会降至中国1990年的水平,即30%左右。[22]

中国入世无论对世贸组织,还是对国际经济、政治与安全都是一个决定性的时刻,对我们这个世界的影响不会只局限于本世纪。

去年纽约和华盛顿遭遇恐怖事件后,跨国公司的重要性超过了以往任何时候。

北京的领导面临巨大的难题,因为这是一个管理起来极其复杂的国家。中国已经取得了惊人成就。它正在竭尽全力兑现对世贸组织的承诺,我对此毫不怀疑。我认为,我们必须继续给北京领导人尽可能多的鼓励和支持,促进他们这样做。

世贸组织是促进中国与其贸易伙伴(包括中国台北)达成更多共识的机制,因而它也是促进和平的工具。

世贸组织也提供了一个论坛,用以提出争端,进行辩论并公平合理地予以解决。过去,在世界各地,争端往往都有引发武装冲突的严重趋势。一旦双方知道他们能在法庭上获得公正申辩的机会,情况就不会这样了。这样一个国际论坛将有助于培育中国与中国台北之间的稳定关系。台湾海峡是一个热点、一个瓶颈,也是军方高度关注的焦点。错误有可能发生。在过去 10 年中,庞大的舰队虎视眈眈相互对峙,几度使世界屏息。现在,海峡两岸的商人在探讨如何促进贸易、投资和旅游。这势必有利于该地区的和平演变。

中国和中国台北的入世,使世贸组织朝名副其实的**世界**组织迈出了一大步。现在它们都是成员了,绝大部分全球贸易所遵循的规则也得到了延伸。此外,有这两个地方的官员参与制定 21 世纪的新规则,对我们大家都有利。

1990 年代,有一位愤怒的左翼工党议员急匆匆地闯入我的办公室,用谴责的口吻说,"看吧,跨国公司要关闭它们在韩国和印度尼西亚的工厂,迁往中国去了,因为那里工资低。""好极了",我回答说。"但愿我能活得长一些,亲眼目睹中国的工资提高,使那些就业机会转移到埃塞俄比亚去。"我的同事听了不以为然。但这个进程在继续;2002年,联合利华宣布它在上海的部分生产迁向工资低一些的中国内地,以削减有竞争力的家用产品的成本,对付当地和跨国公司的激烈竞争。中国沿海地区的成功,正在向内地转移,一盘棋搞活了。

排队等候的新成员国

尽管世贸组织遭到了很多诽谤,但也奇怪,还是有那么多人想加入它。迄止2002年年中,有28个国家在排队等候。为什么?我总是开玩笑说,真正重视世贸组织的,只有那些尚未加入的人。有一次,阿尔巴尼亚总统要我告诉抗议者们,说他们应该访问阿尔巴尼亚,这样才能亲眼看看封闭社会里发生了什么。

我给世贸组织的入世部增派了高级人员。在我的任期内,我们不仅接纳了中国和中国台北,还接纳了立陶宛、阿曼、约旦、摩尔多瓦、阿尔巴尼亚、爱沙尼亚、格鲁吉亚和克罗地亚。瓦努阿图已被正式接纳,但他国内的政治被2002年的大选挡了路。这是绝无仅有的情况——这个国家获得击槌通过,但会费目前成了唯一正式障碍。

在我们的世界地图上,还有很多空白。尽管我已竭尽全力,沙特阿拉伯的入世问题依然悬而未决,成了入世问题上令我最失望的事,尽管新近有几项新倡议和安排或许能起作用。法赫德国王同父异母的兄弟、自由派改革者塔拉·本·阿布杜勒·阿齐兹亲王告诉我,加入世贸组织和实现社会开放,对沙特阿拉伯的未来及其和平与进步都非常重要。在会谈期间,他问我,加入世贸组织是否会使其社会不再受其他民主的影响。我字斟句酌地告诉他,其他具有独特文化和历史的国家都加入了,其中有很多都具有伊斯兰传统。我还补充说,无论有没有世贸组织,信息时代和教育都使人们思考和探寻更多的选择。"好",他回答说。

我们已在某些有麻烦的地区取得了进展,这些地区真正需要被接纳为这一世贸体系成员的激励。对于我来说,世贸组织的优点之一就在于,它能帮助各国通过贸易增强安全、减少双边紧张。巴尔干地区和中亚萦绕在我心头。我从这些国家访问归来,不由得怒气再起:这些国家原本可以不穷。它们目前这种困境的直接原因,是部族主义和具有历史渊源的复仇思想驱动的恐怖事件,这恰恰被我所崇拜的美国前参议员丹尼尔·P.莫伊尼汉在其著述《地狱:国际关系中的种族渊源》中的告诫所不幸言中了。[23]

我强烈认为,中亚的前苏联各殖民地以及巴尔干国家都值得给以更多关注。2002年我的最后行动之一,是与各开发银行一起在格鲁吉亚组织了一次重要的部长级会议,格鲁吉亚的邻国和其他成功完成转型进程的经济体都参加了,目的是激励、解释和推动这些国家的入世进程。途中我拜访了亚美尼亚总统,后来在第比利斯,我们就谈判和小心翼翼引领亚美尼亚入世上取得了进展,这对邻国阿塞拜疆产生了巨大的政治影响,后者也在谋求成员国地位而且与亚美尼亚有着敏感而严重的分歧。我们请来了土耳其的代表,请他们与双方会谈,帮助推动它们入世。亚美尼亚于2003年入世是没有问题的。我超越了世贸组织对我在该地区的授权,扩大了参与国的名单。前南斯拉夫共和国的马其顿几乎也在那里。

在克罗地亚开了一次类似的会议,讨论巴尔干国家的问题。在会议期间,一位前南斯拉夫的塞尔维亚部长15年来首次访问了萨格勒布——从贝尔格莱德去有两小时车程——不仅会见了他的同行,还拜会了总统和其他内阁部长。我们的会见室里都是在残酷的内战中的死对头。我向他们解释说,世贸组织有很多奇迹,比方说,即使巴基斯坦与印度之间剑拔弩张愈演愈烈,两国派驻世贸组织的代表还是像兄弟一样,同心协力促进两国纺织品问题上的共同利益。正是因为我们不是联合国,没有那么多的关注点和立场问题,我们才经常能够取得进展。我回想起在日内瓦的一件事:一位笑容可掬的巴尔干部长十分自豪地告诉我,说他正首次起诉一个邻国。他说这是一件值得庆贺的事。这个巴尔干内陆国家正在对其邻国起诉,因为该邻国阻止跨越其领土的石油运输。尽管它们新近有过派别大屠杀的历史,可它们现在有一个非暴力的地方,可以通过世贸组织的法律程序解决它们的分歧。

柬埔寨也快要入世了。它非常执著、全力以赴、组织有方,已获得经济调查分析和技术援助之利,是作为综合框架的受惠国获得的。这一综合框架是促进机构间合作的绝好的想法,在尘封多年之后我又使它发挥了作用。2002年初,我访问柬埔寨,以加快其入世。这是我感到最受鼓舞的经验之一。波尔布特政权从一开始就穷凶极恶。他建立了极端封闭的部族社会,到他的乌托邦恐怖统治垮台之际,有数百万人遭到屠杀。根据某些报道,在柬埔寨,幸存的大学毕业生不到70人。

可是到了2002年，大多数在美国、欧洲、加拿大和澳大利亚接受教育的爱国年轻官员，明知十分危险，还是毅然返回重建他们国家，他们都有失去家人的切肤之痛。他们有一位部长告诉我，他失去了75位家族成员，都是被红色高棉政权杀害的。他打开议会电视转播画面，指出内阁同僚中的前高棉政权的人。"这个人是杀人犯，还有这个，还有这个家伙"，他说道。我摇摇头对他说，他这个人比我好。我想我不可能和同杀害过我亲人的人共事。他富于哲理地对我说："我们一定要当爱国主义者，我们不能搞孤家寡人那一套。我们会造桥，他们会毁了它。如果我们国家要繁荣、要生存，我们就得这么做，情况会改变的。"

他们的宽厚之心与和解政策令人惊叹。我怀疑自己能否如此宽宏大量。双方一致认为，对战争罪和反人类罪的审判以及西方的正义行为和报复概念可能激起进一步的流血内战。越南和南斯拉夫共和国入世时间要靠后得多，不过再等几年就能如愿了。

但是实际情况是，加入世贸组织的国家必须是自愿的。它们必须准备改变法律，以创造和保护繁荣，并保持能维护协议的法院。这是一个备受外部人谴责的组织，可人人都想从它那里得到好处。它的成员国几乎遍布全球，只有无赖国家和条件尚不成熟的国家除外。这些国家最终也不会把经济自由交给人民，因为它们害怕这种经济自由所释放的政治自由和社会自由，因此它们不会签字同意那些必要的规则。中国对于很多国家都是一种鼓舞。它懂得法治和摈弃中央计划模式的好处，作出了艰难的决策，使千百万人摆脱了极端的贫困。

图17.普京总统对世贸组织的成本、效益和义务了如指掌,令人惊叹。此刻,世界上没有一个人具有改变世界的更好的机会。(照片承蒙俄罗斯联邦总统新闻处提供)

乌克兰曾经是欧洲盛产小麦的国家,越南曾经是东南亚盛产大米的国家。如果它们的农民获得自由,能发挥他们的最大优势去做他们想做的,如果他们的国家建立起民主的、有法可依的、商品化的基础结构,它们定会辉煌再现。

俄罗斯是下一个值得争取的目标。我已几度会见弗拉季米尔·普京总统。他很了解情况,而且完全理解其中的细节及其中的含义。他很直率:加入世贸组织就要按照约束性规则、产权、法治等办事——他还把对外签署的协定看成推动国内改革的手段。

入世有助于清除由特权、缺乏竞争产生的腐败,因此,世贸组织成了俄罗斯某些有权有势的特权阶层人物的攻击目标。目睹老式共产主义者与新生虚伪的资本家联手阻止竞争、抵制变革,虽令人遗憾,但也不出所料。

尽管存在这些问题,但在华盛顿、布鲁塞尔和莫斯科就是有人在用马力、火力和毅力使这种情况发生。当前的能源价格对俄罗斯有利,因此,我殷切希望这能使俄罗斯取得达到它振兴目标所需要的经济增长。日内瓦各工作队在扎扎实实工作。入世谈判总归要回到农业、受保护的既定利益、能源成本计算、银行和保险业等核心问题。我冒犯了占世界农产品出口 1/3 的凯恩斯集团——由 18 个农产品出口国组成的联盟——说它不应对俄罗斯入世问题态度太强硬,还是要从长计议。一位驻莫斯科的凯恩斯集团某国大使同我取得联系后说,他的国家正在把大量农产品投向市场,因此最好不要让俄罗斯加入该体制,等它建成有效的农业体制后再说。我怒不可遏。"照你的意思,日本还是一片废墟,安特卫普还是为水所淹,你们的农民才会好过了。"

有人问为什么对俄罗斯就该比中国宽。我专程去北京,就加速俄罗斯入世进程谋求中国谅解。中国部长们开玩笑说,他们担心俄国人不懂资本主义。"是的",我回答说,"前共产主义者太多了——你们中国没有这个问题。"中国代表团认为,这是他们听说过的最逗乐的趣闻之一。

但愿参加谈判的人历史地看问题。如果俄罗斯在 2003 年墨西哥部长级会议上成为世贸组织成员,那就是胜利;若到 2005 年 1 月第六次部长级会议时它还不是世贸组织成员,那就是一大失败。

11 "新问题"怎样才能强化议程

有多种政治游戏都离不开下列"新"问题：

  竞争政策

  贸易简便化

  贸易与投资

  政府采购的透明度

它们并非新问题。研究解决这几个问题已有多年，而且提交给1996年新加坡部长级会议正式立项。然而，解决这些问题不是一蹴而就的事情，有争议在所难免；这些问题有可能使该回合脱轨——或激化。

该回合的贸易谈判是一锤子买卖：如果不能在所有问题上都达成一致，就将一事无成，这是促使大家把事情办成的动力。世贸组织只是提供贸易机会而已；各成员国怎样利用这样的机会则取决于它们自己。筹备多哈大会时，我曾设法在这些新问题的"取舍"选择上作过尝试，但失败了。那基本上就会意味着，同意的国家就不反对一项包括这些新问题在内的协议，但也意味着，允许个别表示反对的国家选择晚些时候、等它们作好准备、各项制度都到位时再加入。此外，有的发展中国家担心由于达不到要求而被排斥在外，因为国际投资者认为这几个领域是善于管理的标志。但实际情况是,这些国家已处于投资者不予置理的风险之下;投资者要去的是规则可以预料而且透明、腐败较少的地方。

这些新问题是协调一致的多哈发展议程战略所不可或缺的。试想:假如我们处理关税峰值和关税升级问题,就可在发展中国家开辟投资机会。例如,铜是以原料形式从赞比亚进入日本的,因为日本关税升级保护了它的国内加工业。如果排除关税升级,赞比亚的增值机会就会增加。要吸引外国直接投资,赞比亚就得缔结多边投资协定,以赢得外国投资者的信任。要防止出现垄断、保护自身利益,它就得考虑竞争政策。为防止漏损问题、保证良好管理,它就要看看贸易简便化措施和政府采购透明。说到底,这些可都不是孤立的问题。

我们知道,投资自然要寻找最安全、最高回报的地方。那些不相信这一点的政府、那些还在设法进行严格控制和限制,而不是建立自由推行法治体制的政府,受到了惩处。在那些国家,国内生产总值实际有可能下降。这是坚持老式集权经济学派的人无法理解的。但由于存在令人窒息的规则,黑色经济越来越大,政府收入每况愈下。限制愈多、透明度愈低,对道德的危害愈烈、年收入也愈低——这是拉弗的收益递减曲线,有些发展问题专家才刚开始发现。参加经合组织的政府经济上都取得了很大的成功,因为它们是开放、透明的;试比较一下经合组织各国与非经合组织各国的黑色经济所占比重。

在非洲发展新伙伴关系组织中,非洲各国领导人现在之所以把管理问题放在议程的中心,原因就在这里。

不过在多哈大会上,各国部长都明智地认为解决这些问题的工作应继续下去。但他们也一致认为,培养发展中国家理解、基于国家利益制定政策以及商定和落实谈判结果等方面的能力,是成功达成多哈发展回合的一个必要成分。我希望各国政府能同意于2003年9月在坎昆进一步展开正式谈判。达成一致,能为发达国家和发展中国家都带来重大利益。

发展中国家目前还无法从技术上满足在这些问题上的一些要求,但我认为只要它们不以这些问题为借口干扰这一回合的谈判,就没有理由不让它们充分参与谈判、提出异议、为其立场辩护,并等它们准备好之后再来满足这些要求。有人可能认为,选择参加、退出,是违背最惠国精神的,虽然我们在国际电信政策上的做法基本是这样的。我认为事情也许还没有严重到如此地步,无需对占世界贸易和投资微不足道份额的一两个国家实施特殊的差别待遇。这个问题在下一次坎昆部长级会议上也许就解决了。

在多哈大会上,我们还就另外几个关键问题的谈判达成了一致意见,其中包括《与贸易有关的知识产权协议》(简称《知识产权协议》)涉及的医药准入问题。这个问题本章也要提及。环境问题也要提交讨论,同时力求改善我们的《争端解决谅解》的协定(见第7章)。此外,在这一章,我还提出了为什么根据《关于服务贸易的总协定》(简称《服贸总协定》),航空与海运也很重要的问题。

11.1 竞争政策

与反政府组织有时候所描绘的情况相反,有一套竞争政策并**不**意味着放任资本主义。情况恰恰相反;竞争政策承认,市场并不是不会出错,适宜的调控政策是必要的,以确保市场运作有利于公众,而不只是有利于生产者。

有关竞争的法律和政策为处理企业反竞争行为提供了有利于消费者的必要工具。对缺乏处理这些问题的有效工具的国家来说,卡特尔(定价协定)、反竞争合并和滥用主导地位使它们的经济增加了巨额成本。没有这种政策,也会使商业和政治上受保护的既得利益集团得以保护其享有特权的、大赚其钱的位置。

正如布林克·林赛指出的,美国钢铁公司首任总裁贾奇·埃尔伯特·加里有一件事是尽人皆知的,那就是他每周都与其他钢铁公司总裁聚餐并商定价格。"加里为这种'合作计划'辩解说,'法律并不强求竞争。'"林赛写道,有些态度没有改变。[1] 西奥多·罗斯福总统是亲商业的共和党人,但他就攻击过这些大托拉斯。有时候,为确保市场运转,政府就必须干预。私人企业与自由企业是有区别的。

竞争政策是亲穷国发展的一个重要方面。发展中国家需有有效竞争政策,这在世贸组织贸易与竞争政策相互作用工作组过去4年的工作中、在世贸组织秘书处与其他政府间组织就贸易自由化和相关政策改革"主流化"的合作中,都得到了确认。事实上,约有90到100个国家,其中至少包括50个发展中国家,都制定了竞争政策。

竞争政策为穷国所需要,因为它:(1)提供与市场限制周旋的工具,因为这些限制妨碍了对自由化(包括新企业进入的可能性)作出有效反应;(2)解决穷国继续受国际卡特尔和其他反竞争做法之害的情况。

新近为世界银行所作的一项研究表明,国际卡特尔使发展中国家每年的进口成本提高了数十亿美元,而且多次阻止这些国家的竞争企业家进入新市场。[2] 这频频导致财富从穷国向富国的直接转移——成了典型的"罗宾汉劫贫济富"。

有人认为,对世贸组织竞争政策规则的需要已被新建的"国际竞争网络"所取代。这是 2002 年初由发达世界老牌的反托拉斯机构与一些发展中国家发起成立的联盟。该联盟的授权使命是通过机构间讨论,促进竞争法实施的程序性和实质性趋同。但它不能管理竞争政策与多边贸易体制之间的相互联系——因为这不在它的授权使命范围内。

世贸组织关于竞争政策的规则**不要求**建立国际竞争机构,也不要求各国的做法一致。实际上,世贸组织向各国强制推行"统一尺度"的竞争法规自然会受到抵制。世贸组织在制定规则时,除禁止私人卡特尔外,只集中于与非歧视、透明和程序公正有关的一般原则。它还要加强有利于穷国的制度建设,并加强在涉及发达国家和发展中国家之间的反竞争做法的斗争方面的合作。

不过,批评者们正确地指出,如果没有保障公平竞争、防止社会低效垄断组织和私人卡特尔对穷人的剥削的规则和制度,全球化就不可能发挥有利于公民尤其是发展中世界公民的作用。例如,那些相信公众健康配置体系的人考虑问题应当提前 10 年,在制药企业合并时就要考虑这对卫生部的预算意味着什么,部长们必须从墨尔本分部而不是从同一公司的卡拉奇分公司进货。竞争很难在公司之间建立,更不用说在公司内部。而且,这还不只是发展中国家的问题:大多数西方经济中的医疗费多半都花在一个人生命的最后一年，而不是除此而外的那些年。1989—1998年间，经合组织各国医疗费支出总额在其国内生产总值中的比重提高了近15%。就数量说，1989—1998年间，经合组织各国医疗费总额所占比重估计提高了2 000%。

竞争是一个具有重要含义的关键问题；透明度的净化功能是不可否认的。但绝大多数世贸组织成员国都无国内竞争政策，就连实施也难以开始，所以，制度建设和能力建设对这一领域的成功将起决定性的作用。

11.2 贸易与投资

在多哈，部长们一致同意准备在多边体制框架内，就包括长期跨国界投资尤其是外国直接投资在内的问题进行世贸组织谈判。这是一个需要就进入下一阶段达成一致意见的问题，该决策将成为2003年部长级会议的关键问题之一。

吸引更多外国直接投资已成为很多世贸组织成员国尤其是发展中国家帮助自身进一步更快融入世界经济的一个关键政策目标。它使诱人的外资流入国内，这是一种比较稳定、不带固定利息支付、能直接促成生产投资的外资。它还带来企业家精神、技术、管理技术和市场营销诀窍——这是很多国家比较缺乏又难以获得的资产，但对帮助它们提高生产率、加速增长和发展具有关键意义。

扩大这一多边体制、把外国直接投资包括在内，将有助于实现世贸组织的核心目标——改善全球资源配置及利用并深化国际分工。外国投资和对外贸易是相辅相成的。实施开放贸易政策的东道国可望吸引具有高度竞争力、帮助它们发展出口能力的外国直接投资。实施自由投资的、透明的、非歧视的、依靠市场力量的体制,可以增进自由贸易体制的利益。它将吸引具有最新技术和诀窍的高质量外国直接投资,从而使很多世贸组织成员国的增长前景大为改观。哪个国家会因高效直接投资太多而受害呢?

外国直接投资增长速度比贸易的增长快得多,2000年达到了创纪录的13 000亿美元。不过,其中绝大部分还是集中在发达国家以及少数几个较大、较先进的发展中国家。尽管其他发展中国家在很多情况下已采用了更自由的投资制度,但却未能吸引足够数量的外国直接投资来补充它们的国内储蓄、满足投资需要。部分原因是,企业仍认为涉及的商业风险太高,就连那些已经与其主要伙伴积极缔结了双边投资条约的国家也是这样。

世贸组织可以帮助纠正这个问题。受世贸组织规则、监督和争端解决安排支持的多边体制使投资决策更具透明度、稳定性和可预见性,将帮助缩小外国投资者眼中感觉到的和实际的政策风险之间的差距,就像世贸组织在国际贸易领域所做的那样。政策风险低意味着商业风险低,后者意味着新的有利可图的投资机会和更多的投资额。投资政策的进一步自由化将加强这种效应。世贸组织影响不了贸易流动,也影响不了外国直接投资如何分配。但外国直接投资愈多,各国吸引到其中一部分的机会也就愈多。

外国投资不应只沿着单边渠道流动;应鼓励它流向国际,更多地流向最需要它的发展中国家和欠发达国家。明确的规则和透明度将减少或限制腐败,而有些政治家仍不愿抛弃腐败。

有两种群体似乎反对投资协议:富国的非政府组织,它们把投资说成向下竞争*,穷国的非政府组织则坚持认为投资等于殖民主义、等于剥削。还有一些理论家认为,"这都是美国的阴谋"。遗憾的是,持这种观点最坚决的是一些身居富国、自封为穷国代言人的人。事实正好相反。1998年美国制造业企业80%左右的外国直接投资投向了英国、加拿大、荷兰、德国和新加坡等高工资国家。而且最近10年,美国一直是世界最大的外国直接投资吸收国。[3]

海外私人投资公司首席执行官彼得·沃森指出,较好的投资环境也可以提高国内投资、减少资本流失。他援引ABB公司前总裁珀西·巴列维的评论说,尽管发展中国家有大量潜在赢利项目,但留在那里的资本微不足道,而且分布极不平衡。"实际上,12个主要发展中国家占75%,140个发展中国家(包括最穷者)仅占5%。"巴列维问:"为什么各种阿拉伯资金投资于伦敦和纽约的房地产而不是投资于埃及、叙利亚和加沙地带的房地产? 投资环境使然。"[4]

实际上,美国谈判者对达成投资协定是从不热心的。最有力的促进者是欧盟、日本和瑞士。美国的经济磁铁无需投资规则;美国吸引了全球外国直接投资的1/3。[5] 同时,1998年从美国流出的外国直接投资为1 330亿美元,10年间增长500%。外向的外国直接投资增长率高于贸易增长率,也高于世界生产增长率。[6] 具有讽刺意味的是,出于国家政治目的反对投资规则的,正是需要这种规则的投资饥饿国。我注意到,发展中国家的部长就连对讨论这个

---

* 向下竞争(race to the bottom)有几种不同译法,如译为"竞次"、"恶性竞争"、"竞相逐低",这里的意思是政府之间为吸引流动资本相互竞争,采用对资本不征税,甚至进行补贴的办法。——译注

11 "新问题"怎样才能强化议程 207

问题也持反对立场,接着他们又率团前往纽约和伦敦引资。我们还得期望多哈发展议程在处理这些问题上取得一致意见。

发展中国家反对外国直接投资的心态源于这样一种事实,即大量外国直接投资都涉及矿产和资源开采,因而让人痛苦地回想起帝国主义时代。联系这一历史背景,它们的愤怒和忧虑也就不难理解了。它们还注意到富国在实施双重标准——想投资于它们的森林,但又规定关税调整条款,以便置当地增值与就业于不利地位。同样使人困惑的是来自外国投资者的压力。他们一旦处于受保护的市场,就寻求竞争的保护,同时坐享这种保护所提供的"租金"。国际商用机器公司、惠普公司和苹果公司在墨西哥争夺保护利润之战,正在很多国家上演。在这些国家,那些"捷足先登得到最好服务的"公司组织了形形色色的企业联盟、工会和当地政治家联盟,它们以主权的名义联合起来,阻止进一步的自由化或竞争。就连新西兰这样的小发达国家,在 1980 年代也是如此。

通过谈判达成世贸组织的投资协定,不等于把经济主权交给全球资本主义。事实正相反;它能保证廉正和透明,使比赛场地平坦,为跨国公司制定可接受的行为规则。多哈的部长级会议授权的工作,提供了把各种条款纳入最终协定的充分余地。这个协定将尊重各东道国政府调节公众利益、追求国家发展政策和目标的权利。要充分考虑发展中国家和最不发达国家在发展、贸易和金融方面的特殊需要,所有的义务和承诺都要与这些国家的需要和情况相称。不过,这是最有争议的问题之一。那些在主权、商业和政治利益方面有切身体验的观点使之成为一个雷区。但是,对既得利益的政治姑息就是投降和经济上的分期死亡。

11.3 政府采购的透明

各国政府、政府间组织和世界各地的区域性集团,都认识到促进该领域透明和竞争原则的重要性。最近20年,很多国家都建立或改善了各自的国内法律框架,而且往往根据的是联合国国际贸易法委员会模型法律。世界银行和各地区域开发银行一直在促进运用与它们所资助的各项目有关的采购指导原则,而且还积极参与很多发展中国家的立法改革和制度建设。亚太经济合作组织和美洲自由贸易区一直在完善反映透明度核心原则的行为准则。近年来,在区域性或单边协定中所作的与政府采购有关的承诺激增,这本身就表明对政府采购在贸易关系中的经济重要性的认识。

由于政府采购在国内生产总值中所占的比重相当大,各国政府现已清楚认识到遵守该领域的原则和纪律的重要性。据新近经合组织的一项报告,政府采购(不包括国防采购)估计占经合组织各国1998年国内生产总值(17 950亿美元)的7.6%,占非经合组织国家国内生产总值的5.1%——相当于1998年世界商品和商业服务出口额的30%。欧盟委员会就欧盟所作的其他估计(包括公用设施采购)要高得多,为14%。不论哪一个数据正确,显而易见,更开放、更具竞争力的政府采购程序往往至少能节约20%,因此,进一步采用这类采购程序尤其对政府资源稀缺的发展中国家来说,效益会是非常可观的。

政府采购对于世贸组织并不新鲜。1981年生效的多边协定《政府采购协定》中既包含透明规则,又包含市场准入规则。目前有27个世贸组织成员国加入了这个协定,还有15个国家在加入过程中。此外,《服贸总协定》中也有批准服务业多边谈判的条款。

多哈宣言表明,世贸组织各成员国都承认有理由就政府采购透明度达成一项多边协定,因为政府采购业务与贸易有紧密联系,加强该领域国际合作是有益的。谈判中要考虑的一项重要内容是采购规模发展,就像要考虑谈判参加国(尤其是其中最不发达国家)的优先发展问题,而且将仅限于透明度方面,因而不会限制各国优先考虑国内供应和供应商的范围。

一项规定该领域原则和纪律的世贸组织协定,将巩固已完成的民主改革,且帮助确保很多发展中国家和转型经济体近年来制定的国家法规的有效实施。很多国家还没有为认真谈判作好准备。有些政党在筹集资金时靠的是那些谋求政府合同的"朋友",所以该领域是腐败分子淘金的金矿,是必须面对的又一个关于良好管理和发展的问题。

11.4 贸易简便化

在贸易简便化这个领域,多哈部长级会议把世贸组织的工作推向了一个新阶段。虽然最初给秘书处的授权仅限于进行"探索性和分析性工作",但是多哈宣言则要求筹备有关这个问题的谈判。这一新授权证实,各成员国都认识到有必要强化在贸易简便化方面的努力。

不断提高的贸易自由化水平已成为世界性的现实。关贸总协定连续几个回合大大减少了传统的贸易壁垒,但国际贸易尚存严重实际障碍。发达世界和发展中世界的贸易商都一再指出,货物跨国界流动中依然存在的严重的烦琐手续。单证规定常缺乏透明度,它们常是大量重复,因国而异。

不同的产品规格、限制性的、不透明的行政规章以及过境时造成运输时间高达 20% 的延误,既阻碍融入全球经济,又可能使近年自由化努力带来的利益毁于一旦。经验表明,遵循行政程序的成本常常超过支付关税的成本。近期的研究说明,种种低效率引起的载重量福利损失相当于 700 亿美元。

一项美洲开发银行的研究表明,一辆穿行 3 个拉美国家的卡车途中用了 200 小时,其中有 100 小时是繁文缛节的延误造成的。一个集装箱从某些非洲国家运抵纽约的时间,三倍于自香港运抵纽约的时间。亚太经济合作组织的研究表明,简便化之利能使国民生产总值增加 0.25%。小商人或新商人没有"对路的"熟人帮他们一把。由此而引起的道德风险在政治上是危险的。因此,要确保完全实现通过谈判获得贸易利益,就必须扫除这些障碍。在有的国家,镇上最富的文职人员是海关关务员。一位大使曾告诉我,说他们国家有个人在海关获得一份工作,当被告知条件和薪金时,他问道,"什么?我还有工资?"

简化烦琐手续有助于招商引资,促进贸易增长,对发展中国家和发达国家都有利。贸易简便化,意味着生产者的产品成本降低、消费者的购买价格便宜、国家的税收更符合成本效益。经验表明,贸易简便化不仅与税收征收和强制执行不矛盾,甚至还促进这些目标的实现。简化程序不仅降低贸易的交易成本,还能改善投资环境,促进竞争,减少腐败,一举多得。简化程序还能帮助政府改善行政管理,减少运转费用,查明违法交易。规则质量提高还有助于利用私营部门的支持。这也使发展中国家的中小企业和贸易商行能得到特别高的收益,在这些国家,不透明的人浮于事的行政管理负担所造成的困难常使这些企业根本无法从事贸易。

很多国家都认识到贸易简便化有很多好处,并积极采取步骤促进进出口交易。它们把贸易简便化看成一种竞争优势,而且意识到,从失去投资机会和陷于经济孤立来说,不参与的代价正在变得越来越难以承担。

作为一个关键的国际贸易组织,世贸组织在此领域制定规则方面能发挥天然的作用。以规则为基础的方法将确保贸易商得到透明度和可预测性,确保政治承诺,确保改革的方向不变。一个世贸组织框架还应确保区域性努力朝着同一方向发展。

因此,世贸组织的规则对于确保贸易简便化的很多关键利益是必不可少的。唯世贸组织才能保证彻底持久改革所需要的这种自上而下的方法。在出现经济动荡时,这一点非常重要,因为经济动荡可能引起保护主义情绪。假如行政和程序上的障碍有可能破坏我们过去15年在世贸组织为之奋斗的贸易自由化,那么,世贸组织就应是如何解决方法的一部分。解决这个问题将有利于纳税人、消费者和诚实的商人,不利于腐败官员和政客。这是一个关键的发展问题。

11.5 医药保障和与贸易有关的知识产权协议

在多哈达成的一项关于医药专利和公共卫生的部长宣言表

明,与贸易有关的知识产权协议"没有、也不应阻止各成员国采取保护公共卫生的措施",且补充说,应以"支持世贸组织各成员国保护公共卫生,尤其是促进医药保障"的方式予以解释和实施。

这个宣言令人振奋,它大大鼓励了全球对处理影响很多发展中国家和最不发达国家公共卫生问题,尤其是源于艾滋病病毒/艾滋病、肺结核、疟疾和其他流行病的公共卫生问题的努力。

在包括艾滋病病毒/艾滋病和疟疾在内的疾病的防治方面,我们应支持加大对发展中国家的国际援助力度,尤其是通过全球基金的适当资助,支持这种援助。现在,可以把注意力集中于提供资金和保健供应制度等关键问题上。

多哈发展议程的这个方面非常适合非洲的需要,而且——也许它可以作为非洲发展新伙伴关系倡议的一部分——如果非洲国家在创建和形成知识产权协议和公共卫生中发挥关键作用,它就会是非常合适的。

发表多哈宣言,旨在对知识产权协议对医药准入的可能含义的种种关注作出反应。该宣言强调知识产权协议没有、也不应阻止成员国采取保护公共卫生的措施。而且,它还重申成员国有权充分利用知识产权协议为达成此目的提供灵活性的条款。

其次,该宣言清楚表明,在解释和实施知识产权协议时,应采取支持世贸组织各成员国保护公共卫生的方式,不仅为各成员国,而且在出现争端时还为世贸组织争端解决机构提供指导。

第三,该宣言在主张成员国对知识产权协议承诺的同时,还澄清了包括对几种灵活性形式,尤其是强制许可和平行进口等问题。此外宣言还规定,对最不发达国家,要把有关药品的专利和保密信息的过渡期延长至2016年。

这个问题上的基本矛盾是,我们都想对防治我们这个时代的下一次瘟疫、对艾滋病、癌症、结核病进行投资,因为没有投资就不会有治疗药物。但是一旦发现了治疗药物,我们就要立即得到它,而且要尽可能廉价地得到。然而,如果不对其专利成果加以保护,不收回投资,谁又会来投资呢?"先考虑人再考虑利润"是个好口号。但若不保护这些产权,那么资本和投资就会流向回报丰厚、限制较少的其他领域。

我认为这个问题可以得到公正解决,国际社会应该利用在整个问题背后业已形成的发展势头,把注意力集中于其他方面,尤其是资金、管理和医疗供应体系等方面。至于健康与贸易/经济发展之间的关系,医疗方面的支出本身就能产生利益,而且还是经济发展最好的投资之一。不过,还有一点也很重要,那就是,要认识到经济发展对健康也很重要,因为它提供了必要的资源。对经济发展来说,开放的、可预测的贸易体制是绝对必要的。

11.6 民航服务

虽然民航和海运并非"新问题"之一,但仍然是需要根据《服贸总协定》加以研究的领域。颇有讽刺意味的是,全球经济中那几个从国际贸易体系中获益最多的部门,现在依然极力想置身于该体系及其规则管辖之外。

以民航为例。很难找到一个服务部门比民航更得益于顺利运转的贸易体系。过去10年间,商品贸易额激增——从1990年的

3.44万亿美元增长到2001年的6.2万亿美元——意味着航空货运业务的急剧扩大,并间接导致更多人乘坐民航去海外市场做买卖。世界经济中服务的增长也反映在国际贸易中,出口由1990年的7 827亿美元激增而至去年的1.44万亿美元。在服务出口业务中,近1/4在运输领域。事实是,这个重要行业基本上还独立于世贸组织规则外。现在是改变的时候了。

把服务纳入国际贸易规则之内,是上世纪贸易谈判者取得的最重要成就之一。作为国际经济增长最快的一个部门,服务的重要性自不待言。工业化世界中,服务部门的公司雇员多于制造业或农业领域的雇员。在很多发展中国家,与服务有关的就业岗位所占比重也在迅速上升。

几十年来,任何多边贸易协定中都没有把服务贸易包括在内。1994年乌拉圭回合中,各国政府同意建立服务贸易总协定后,这一情况发生了变化,结果是国外竞争加剧,垄断力量相应减弱,消费者选择增多,服务价格降低。这个管理全球服务贸易规则的法律框架,为投资者、消费者和经营者建立了可预测的环境,有利于扩大服务部门的投资,增加就业机会,提高服务质量。

不过,虽然《服贸总协定》提供了一个宽泛的框架,虽然各国政府业已承诺对外国供应商开放市场,可是却没有把民航包括在内。结果造成了许多单边或多边的集中计划安排,这就必然使竞争遭到扼杀,使消费者服务质量下降,使最贫穷国家再度受到冷遇。

民航业曾经是世界上最富有魅力的行业。可今天,对于许多乘客来说,乘坐飞机是一种痛苦——假如他们买得起票,或能使航空公司在他们那个地方提供服务。在太平洋和加勒比很多小岛国的航空服务已缩减,但票价却涨得惊人。如果一个小国想吸引游客或出口其产品,而那里只有一家航空公司提供服务,他们就只好任凭大公司——往往是国有公司,而且享受补贴——的摆布。

甚至在美国,飞机数量锐减也导致一些大城市实际只能得到一家航空公司提供的服务。

现在国家间决定航空公司进入外国市场的双边协议大约有3 000项。国际民航组织对这些协议的监督不过是一场噩梦。

对外国航空公司的限制很多,包括对所有权、航线能力以及向它们开放的国内航行权的限制,即外国航空公司在国内两点之间的航行权和首站搭载乘客/货物的权利。民航业是具有经济实力的公司才能生存的行业。对这种经济的追求导致小公司被大公司吞并或破产。此外,新公司进入市场的障碍很大,因为开通一条航线的成本很高。英国 EasyJet 航空公司或美国西南航空公司的每一次成功,必然有多家航空公司失败。

结果,航空公司数量减少,服务质量下降,定价共谋的指控频繁。我们现在的体制是国际低效的、对环境有害的。由于不能在澳大利亚、美国和欧洲等地接送乘客,所以运营成本高得惊人。在拉美和非洲,去邻国的乘客必须绕道迈阿密、巴黎或伦敦,真让人讨厌。

向有资质的外国航空公司开放国内市场,将确保有好一些的服务、多一些的竞争。同样的原则也可以用来打破两国间国际航线仅由这两国公司提供服务的两集团垄断局面。外国航空公司能带来安全、可靠性和治安等方面的经验。然而,限制依然存在。航空业也许是最全球化的行业,但却受到如此的国内甚至国际保护,的确令人不可思议。但愿有某个非政府组织发起一场运动,警示公众和政治家务必注意现行体制的环境和发展成本。

既然有规模不大的市场,如若让这个市场运转起来,它是会欣欣向荣的。为什么还有控制和贸易保护主义?大国、大公司处于支配地位,运输部常常成为航空公司的俘虏。在我那个时候,新西兰运输部实际上是新西兰航空公司部。我任旅游部长时,看了当时的大背景,我发现控制和保护主义将成新西兰最赚钱的行业发展的最大障碍。

在大多数消费领域,消费者的品味都发生了变化。人们厌恶地看待奴隶劳动、不道德地待人和破坏环境。这在旅游业中体现得尤为明显。无论在发展中国家还是发达国家,旅游业都是一个有大发展和未来发展潜力的领域。游人已不再用枪狩猎,而是改用相机了。现在,各国政府都认识到,保护我们的环境、森林、文化和历史既有道德价值,又有商业价值。生态旅游是未来的新兴市场,自然公园正在成为利润中心,而不仅仅是值得重视的思想。可持续发展是政治家信手拈来、鹦鹉学舌般重复使用的陈词滥调,但在旅游业中,它的正确性是严酷的、不言自明的。另一个 WTO 组织,即世界旅游组织,已采取了几个重要步骤,包括:

- 1999 年由联合国大会通过了建立在公平的旅游贸易基础上的"全球道德准则";筹建一个自由化工作组。
- 给秘书长任命一位赞成发展、赞成可持续性的旅游服务贸易特别顾问。
- 制定相关的支持人类尊严的自由化战略,描述符合多哈议程的"发展中国家的需要和可持续发展";发表"白皮书",关注发展中国家的旅游业、可持续性、公平市场进入、旅游贸易支持、关联与漏损分析、适当低价的空运服务等。
- 与联合国贸易与发展会议签署一项新协定,统筹和加强该领域的工作。在世界可持续发展峰会上联合发起"顶呱呱的"可持续旅游—消除贫困创议,促成该领域新的资金筹集、研究和务实的、以社区为基础的行动;鼓励公营与私营部门积极的伙伴关系。

只要到发展中国家访问,都能看到以旅游消除贫困所取得的成功。手工艺品、音乐、文化和对它国历史的感受,对各国而言,都是一种充满活力的双赢局面。有鉴于各国首都的授权和领导,世贸组织和世界旅游组织可以加速落实这个建议的进程。

各国政府已向外国投资和外商提供的服务开放了这么多市场,为什么要限制民航市场的开放呢?有很多原因。首先是担心国家安全,9·11恐怖事件后,这种担心变得更厉害了也是可以理解的。其次是希望向边远地区提供服务,严格受市场力量驱动的外国民航公司或许不会提供这种服务。第三是担心最惠国或非歧视待遇的执行会非常困难,因为世贸组织各成员国在发展上差别太大。最后一个重要原因是贸易保护主义——竞争加剧意味着国内企业利润减少。

国家安全问题固然重要,但世贸组织规则给各国政府留有极大的余地,以便它们采取任何可能的安全措施。就安全和治安而言,不要忘了,外国航空公司已到访了世界各地的机场和港口。通过增加可由外国人提供服务的航线来扩大航空市场的开放,不会对治安问题产生实际影响。

就向边远地区提供服务而言,政府可向飞这些航线的公司提供补贴。目前,《服贸总协定》尚未制定补贴规则,但各国政府可以协商,把这种支持作为多哈发展议程谈判中的问题进行讨论。

处理最惠国问题也很复杂,但各国政府在谈判承诺时可以选择多种方式,包括不涉及所有成员国政府的多边谈判方式。这可能造成包括争端解决机制的其他方面的复杂性,但这种机制此前就实施过,今后无疑会再度实施。

最后,世贸组织的规则有相当的弹性,足以使国内制造企业暂时缓解竞争压力,何况为服务公司这类的安全提供保障的谈判正在进行。暂时的保护能使企业在商定的时间范围内自立自强,但是,企业得到的不是一种无限的市场份额,不能以消费者的巨大损失为代价来保护效率低下的企业。

长期以来,民航并不是全球贸易体系的全面参与者——它是扩大全球贸易的受惠者,但却拒不接受向客户和供应商提供更多确定性的全球规则。多哈发展议程为解决这个问题提供了极好机会。然而奇怪的是,各国并不愿追求金银奖杯。各国民航公司仍被视为政治活力的象征。我对多哈发展议程就此问题取得重大进展不抱奢望;也许还得等到上海回合才会有结果吧。

12 为什么完成新回合至关重要

按时完成新回合的最好理由是显而易见的:现在尚无更好的办法纠正世界贸易中的不平衡和扭曲,加速它的发展,使产品流动起来,帮助创造实现增长和增加新就业的条件。毫无疑问,多边贸易体制可大为改善。同样毫无疑问的是,没有它,发展中国家会更穷。很多批评者——而且甚至还有支持者——都直言不讳地提到该体制的不公平性。他们说得对。不公平性的确存在。富国农业补贴使千百万穷国农民无以为生;保护性关税提高了富国的贫穷消费者的生活成本,而受保护的富国的农场主又釜底抽薪,减少了穷国生产者的收入。

这就是我们所以要完成新一轮贸易谈判的理由。没有其他办法可以改变世贸组织的规则;没有其他办法可使发展中国家得以把它们的利益和要求转变成贸易体制的实质性改变,也没有更好的机会能使发展中国家利用贸易改革和能力建设作为经济增长和减少贫困的工具。

让我们别忘了当务之急是什么:

- 用经济学术语说,把农业、制造业和服务业的贸易壁垒降低1/3,即可使世界经济增加6 130亿美元。这就相当于给世界经济增加一个相当于加拿大的经济实体。[1]

- 世界银行认为,消除所有贸易壁垒,即可使全球收入增加28 000亿美元,到2015年可使3.2亿人脱贫。[2]
- 从发展的角度说,消除所有关税和非关税壁垒,可使发展中国家的服务业、制造业和农业分别增加1 820亿美元、1 620亿美元和320亿美元的收入。[3]
- 世界银行非洲区副总裁卡利斯托·马达沃指出,经合组织每年的农业补贴近3 000亿美元,相当于非洲全部国内生产总值。[4] 共同农业政策每年都要花费460亿左右美元,这相当于欧盟预算的一半。* 科菲·安南想用于与艾滋病斗争的费用每年要100亿美元,这才相当于欧盟12天的农业补贴。
- 卫生与教育对任何发展计划都是重要的。实现普及初等教育这个联合国千年发展核心目标的成本,可能是每年100亿美元。[5] 然而,进一步的贸易自由化将使发展中国家的年均收入超过这一数额的15倍。
- 联合国千年发展的所有目标——卫生、教育、脱贫等等——还需要每年平均增加400亿到600亿美元的援助[6]——也就是发展中国家可从贸易自由化中得到的估计收益数的1/3。

表3 联合国千年发展计划目标,1990—2015

1.消除极度贫困和饥饿:
- 日均不足1美元的人口比例减半

---

* 共同农业政策是欧洲共同体于1962年形成的,现为欧盟最重要的共同政策之一。其主要内容是制定共同经营法规、共同价格和一致竞争法则,建立统一农产品市场,实行进口征税、出口补贴的双重体制以保护内部市场。——译注

续表
·受饥挨饿人口的比例减半
2.普及初等教育：
·确保男女儿童完成小学教育
3.促进男女平等和妇女享有同等权利：
·消除各层次教育上的性别歧视
4.降低婴儿死亡率：
·使5岁以下儿童死亡率降低2/3
5.增进产妇健康：
·降低产妇死亡率
6.与艾滋病病毒/艾滋病、疟疾和其他疾病斗争：
·彻底扭转艾滋病病毒/艾滋病蔓延趋势
7.确保环境可持续性：
·把可持续发展纳入国家政策并扭转环境资源损失局面
·把无近便供水源的人口比例减少一半
·显著提高至少1亿贫民窟居民的生活水平
8.力促建立全球发展伙伴关系
·增加官方发展援助
·拓展进入市场机会
·鼓励偿债容缓

2001—2002年是世贸组织一个不平凡的时期,是我们短暂历史上的一个重要时期。世贸组织已不同于《关贸总协定》,不只是作出反映全球新现实的几个象征性姿态而已。它现在能更好地反映我们更众多成员国不断变化的需要。不过,我们在多哈取得的成功尽管很重要,但如果我们不把我们的核心信息传递给世界各国政府和人民,这样的成功就没有多少意义;这核心思想就是,这种多边贸易体制,无论对于发展中世界还是对于发达世界,都是一个巨大的有利因素。

世贸组织谋求支持新回合的公开运动和政治战略面临着困难。观念就是政治现实,由于非政府组织的煽动,很多发展中国家认为它们在乌拉圭回合中输了。我们努力揭露这样的荒唐的说法,即发展中国家在世界贸易体制中节节败退、举行新的贸易回合将使它们面临进一步贫困和边缘化的危险。这种说法跟很多其他荒唐说法一样,愈背离现实,愈有权威性,愈令人信服。

现在,仍然有人告诉发展中国家,说它们在世界贸易中所占份额还在下降,说它们的出口面对的是世界上最高的关税和最受保护的市场,说它们无力影响或改变一种原本就有偏向并有利于富国和强国的体制。这些强有力的信息被不断发动攻击的非政府组织利用媒体反复炒作,尤其是在多哈大会前,反对贸易谈判的非政府组织的炒作更是乐此不疲。

这些论点有些是实话,但也有很多说法很荒唐。我们感谢发展中国家——也感谢世贸组织——根据某些事实作出的重新解释。其中一个事实是,发展中国家并没有失去世界贸易,尽管批评世贸组织的人这样说。情况恰恰相反。过去 10 年,发展中国家的出口增长一直优于工业化国家,年均增长率约为 10%,而发达国家为 5%。发展中国家之间的贸易增长速度高于发展中国家与工业化国家的贸易。[7]

仅 2001 年,发展中国家的出口就增长了 15%——是它们国内生产总值增长率的 3 倍,也是它们 50 年来的最高增长率。[8] 即使当前全球经济疲软,可这一年发展中国家与工业化国家相比,贸易增长依然可望强劲得多。

诚然,这些数据表明的是发展中国家的平均绩效;是有的国家好一些,有的国家差一些。即使如此,有关穷国"边缘化"的笼统的说法也是对世界贸易的真实情况的歪曲。例如,2000年,49个最不发达国家出口的美元价值增长了28%——约合340亿美元——这是连续第二年高于世界平均数。[9] 孟加拉、柬埔寨、马达加斯加和尼泊尔等国1990年代的出口更是剧增——接近甚至超过表现惊人的中国。

第二种断言——富国的市场更封闭、更受保护,而发展中国家正在被迫开放市场——也是不实之词。当然,很多发展中国家的出口的确遇到过,而且还在继续面临富国市场的高壁垒。发展中国家富有高度竞争力的产品往往都是面临最高保护壁垒的产品,包括出口的农产品——常常面临无法克服的壁垒,还有很多诸如纺织品和服装等工业品。这些壁垒是世界最富国针对最穷国设置的,是根本站不住脚的。

工业化国家比发展中国家更封闭、更受保护的说法是不确切的。美国的平均约束关税仅为3%,欧洲为3.6%,工业化国家的总约束关税不足4%。相比之下,发展中国家的平均约束关税超过12%。尽管乌拉圭回合期间发展中国家削减的关税高达20%,但发达国家削减幅度更大,达到了40%左右。

不过,这并不意味着就没有总体上的不平衡。例如,总的看来,美国的关税的确很低。去年,186亿美元的关税收入来自1.32万亿美元的进口收入,实际平均关税为1.6%(而不是约束性应支付税率或最大应支付税率)。但这有点误导。征收关税的商品总共也就两类;一类是先进的高技术工业品,如半导体、计算机和民用飞机,另一类是石油、矿物和非美国产的食品,如咖啡和茶叶。

但如进步政策研究所的爱德华·格雷塞尔指出的,很多消费品,尤其是与美国产品,特别是服装和鞋类竞争的产品,情况就不同了。这些产品尽管只占商品进口总额的6.7%,可对关税收入总额的贡献却高达50%。对工业品以及向富裕中产阶级家庭销售的奢侈品的关税最低,对穷人家庭购买的廉价产品的关税最高。欧盟和日本也差不多,而且——上面已经提到过——很多发展中国家征收的关税还要高。

"美国的关税制度……可能是蓄意设计来增加穷人负担的,"格雷塞尔说。"其结果给两类最不应当承受的人的负担最重:美国的单亲母亲以及柬埔寨、孟加拉和其他很贫穷的亚洲国家的劳工……任何课税,包括关税,如果集中在生活必需品上,对穷人家庭的打击就比对富人家庭的打击严重。"[10]

柬埔寨是一个典型例子。去年,美国人购买了柬埔寨新兴工业工人生产的价值9.42亿美元的商品,如T恤衫和棒球帽;买主支付了1.5亿美元的关税。由此可见,人均收入260美元的柬埔寨人面临世界上最高的实际税率15.8%。他们的工业化邻国新加坡销售了价值约150亿美元的半导体、手术器械和类似高端产品,所支付的关税为9 600万美元,实际税率0.6%,约相当于柬埔寨人关税水平的1/13。[11]

格雷塞尔援引了另一突出例子:去年,蒙古人和挪威人都支付给美国大约2 300万美元的关税。但蒙古的出口值为1.43亿美元,而挪威的是52亿美元,为前者的40倍。实际上,蒙古人向美国每销售价值1美元的毛衣和羊毛套衫要支付16美分,而挪威人对出口美国1美元价值的美味的烟熏马哈鱼、喷气式飞机零部件和北海原油只支付 0.5 美分。孟加拉人支付的关税也比法国人多,而它的出口仅为法国的 1/15;巴基斯坦人支付的关税为沙特阿拉伯人的 5 倍,但出口值仅为后者的 1/6。[12]

不过,发展中国家每年都说它们在工业化世界的进口中所占的比重一年比一年大——从 1990 年的 15%,提高为 2000 年的 25% 左右。现在,日本的制成品进口中有一半以上来自发展中国家。在美国,这个比重为 45%,而且在上升。[13]这些趋势并不反映工业化国家的利他主义与利己主义一样多——而是反映了这样一种认识:来自发展中世界的进口,是降低通货膨胀、提高生产率和生活水平的关键。

但同一利己主义也表明,富国应该做得更多些。民主领导理事会的首席执行官阿勒·弗罗姆指出:"在 2000 年,关税使美国消费者的账单上新增了 200 亿美元——还不包括国内公司为转嫁成本的涨价。但服装和鞋类的关税最令人不能容忍,使进口平均增加了几乎 18%……据估计,2000 年,美国消费者为服装和鞋类的每个生产岗位支付了 2.1 万美元之巨的关税。但由于他们收入中用于支付基本生活费用(如服装和鞋)的比例增加,实际上穷人为保护那些岗位付出的最多。"[14]

这种短期、自毁政策的原则从其他地方也可以看出——而且不只是在发展中国家存在。例如,1990 年代初,美国对进口日本笔记本电脑显示器征收的关税为 62.7%,结果苹果电脑公司放弃了在科罗拉多州的方廷生产笔记本电脑的计划,而选择在爱尔兰的科克制造。[15]就平板显示器说,进口被判为将对一种尚未存在的工业造成伤害。

第三个断言是,发展中国家在世贸组织没有发言权,没有优势。如果是那样,那又如何解释世贸组织议程上把这么多"发展"问题置于优先考虑呢? 一代人以前,关于如何使发展重点更好地融入贸易体制的争论还是个边缘问题,现已成为中心问题,并成为在多哈发起一个发展回合的主要原因。像印度、巴西和南非等发展中国家,现已处于定义世贸组织未来工作计划参数的前沿——它们的部长、大使和官员,属于当今世界最引人瞩目、最富影响力的贸易政策实践者。

实际上,新谈判回合必须是"发展回合"的重要概念已被普遍接受——从科菲·安南(联合国秘书长)、吉姆·沃尔芬森(世界银行总裁)和霍斯特·克勒(国际货币基金组织总裁),到一直在力促欧洲成员国慎思的克莱尔·肖特(英国发展大臣)和利夫·佩德罗夫斯基(瑞典贸易大臣)等都认同了。科菲·安南和吉姆·沃尔芬森尤其强力支持在西雅图和多哈的前导期发起一个新回合。这一切都证明,发展中国家在此体制中正发挥新的、更自信的作用,更多的发达国家对穷国需要表现出敏感;正如南非贸易部长亚历克·欧文重申的:"这就是未来客户的情况。"

为什么? 因为世贸组织已成为最重要的国际发展机构之一。当然,我们知道发展中国家对世贸组织的要求,即与贸易相关的技术援助,远远超出世贸组织能够和应该提供的。因此,我们必须绝对弄清楚,对多哈发展议程,世贸组织究竟能够和不能够作出些什么样的承诺。不是由我们来告诉一个国家或一个公司去生产T恤还是生产鞋类、是建机场还是建港口。的确,我们有10%以上的预算归国际贸易中心,而这个中心的存在就为了帮助企业驾驭协定和规则,使产品进入市场,而且它的工作十分出色。其他组织可以运用基础设施给以帮助。我们可以而且确实与其他机构进行了合作。但我们必须坚持我们的核心工作——贸易自由化和规则制定。落实多哈发展议程将导致贸易壁垒降低与规则的强化,以提供更多安全,使世界各国人民都得到好处。

发展中国家在世界贸易中的比重,已从1970年代的1/5上升到现在的1/3。[16]按照目前的趋势,在今后25年内,它们的份额将远远超过50%——从而改写世界经济地图。它们需要的是较强的,而不是较弱的多边规则,是更多的,而不是更少的贸易自由化。现在,递交世贸组织争端解决机构的1/3讼案,是发展中国家提出的。它们已经从乌拉圭回合的贸易自由化中得到了很多好处,根据一项研究,假如尚存的贸易壁垒在下一轮能减半,它们就能实现2 000亿美元之利。此数为发展中世界所得海外援助的3倍,为穷国迄今所得债务免除金额的8倍。[17]

当然,发展中国家无需待到多哈发展回合结束才能有结果。1990年代的南/南贸易增长就比世界贸易快,现已占发展中国家出口1/3以上,相当于6 500亿美元。世界银行有报告指出,发展中国家制成品出口的负担,有70%是由其他发展中国家的贸易壁垒引起的。这些壁垒拆除愈快,发展中国家获益愈快。

但这全要靠发展中国家自身在困难条件下的努力。它们为开放其经济和促进竞争所采取的步骤,业已造成了寻找低成本投入、寻求海外新市场的动力。它们接受了技术,从而降低了通信与运输成本,有利于它们进入世界市场。它们参与单边、区域和多边自由化的行动,大大促进了世界贸易和一体化的发展。

观念的变化是最大的变化。越来越多的发展中国家开始意识到,贸易保护主义是自作自受的伤害。它不只是惩罚了消费者,使他们所支付的食品、服装之类的生活必需品的价格猛涨,而且还制约了出口商和企业家,使他们无望参与国际市场按世界市场定价、高效服务和现代技术为基础的竞争。贸易自由化对发展中国家至关重要,因为它不仅开放了市场,而且更重要的是,使它们的经济更强劲,更有效。这些是未来的客户。

美国信息技术联合会2002年报告说,2001年美国信息技术市场增长率为1%,而巴西、印度和中国却高达10%。任何地方生活水平的提高对每个人来说都是好事。在日本,1960年代消费者开始拥有冰箱、洗衣机和电视;1970年代,汽车、空调、彩电进入家庭,接着,大众旅游形成潮流。到1980年代,世界最大的10家银行中,就有两家是日本的,东京证券交易所已经可以跟纽约证券交易所平起平坐。日本王储在1980年代的一次会见中向我指出了这一点。他说,如果他们把皇宫卖了,就能把加利福尼亚买过来。"那又何必呢",我回答说。"你们现在就拥有了它的大部分。"他认为这样的说法很有趣。

但那已成了吹爆的气泡;现在日本新领导正力图挽回"失去的10年",这类似于整个拉美在10年内失去的机会。小泉首相的改革尚未完全达到既定目标。对日本邮政储蓄系统实施私有化的计划遇到了巨大阻力,该系统为世界最大金融机构,有价值2万亿美元的资产。各地的邮政局长往往都是执政的自民党的耳目。他们知道投票者分布在哪里。

新一代年轻的日本冒险者和企业家是没有耐心的、爱国的。

他们寻求变革、自由和选择。对我会见过的新一代人来说,由官僚、大企业和老政客组成的老式铁三角已经没有吸引力了。他们把新一轮的贸易谈判看作是迫使日本变革的力量,就像从阿尔巴尼亚到中国、到俄罗斯的领导人视加入世贸组织为锁定并进一步推进民主改革的途径一样。

很多发展中国家都有一个问题,那就是关税仍为国家岁入的一大来源。尽管贸易部长对更开放的贸易所带来的机会心明眼亮,然而他必须听命于他的财政部长。我曾把经合组织、世界银行和国际货币基金组织以及最不发达国家和日内瓦非洲集团的代表召集到一起,讨论我们怎样才能帮助建立起新的、漏洞少一些、效率高一些的税收制度问题。

我还在多哈之后的议程中重申必须加速"重建资源",以避免殖民时代留下的特许贸易优惠最终消失时出现的危机。一个香蕉占出口总量90%的加勒比小国,看到竞争进入其原先受保护的市场、使价格下降1/4时的痛苦,是不难想象的。为什么非要等到这种情况出现不可呢?我们理当做得更多,以帮助这些国家的产品基础多样化,改善它们现在的官僚基础结构。这是我在多哈对一些发展中国家部长作出的承诺。

制定和修正贸易规则——使之适应迅速变化的世界经济——的工作总是没完没了的。各国政府不会停下来说,它们已大功告成,它们满意了。问题在于确保均衡的进步,反映共同的利益;每一项交易都是昨天最好的妥协而已。我们必须确保政府感到要尽义务,而不是受到胁迫。各国政府应当看到世贸组织议程的公正和它们在追求这一公正时能得到的利益。

但还必须提醒它们所取得的成就。最近50年来在解决贫困问题上所做的,要比过去500年还要多。1960年以来,发展中国家婴儿死亡率已下降了一半;营养不良率降低了1/3;安全洁净用水保障率显著提高,尽管还是有不尽人意的需要和关切的领域。[18]虽然目前联合国千年宣言的目标表明,我们还有漫长的路要走,而且我们要记住,贸易只不过是已经实现的进步的一个贡献因素,但我们不应忽视多边贸易体制发挥的重要作用。

不过,我们在多哈实际上取得的是一个重大突破。

农业　在农业方面,发展中国家在谈判授权下争取到了巨大的商业利益。目前,根据国际乐施会*的报告,富国每天要向它们的农民支付大约10亿美元的农业补贴。[19]谈判为的是开放市场,在考虑非贸易和发展所系的利害关系,包括采取对发展中国家有利的、适当的特殊对待和区别待遇步骤的同时,"逐步减少一切形式的出口补贴"和贸易扭曲性的国内农业支持。(见第3章)

服务业　在服务业方面,据世界银行估计,如果各国把保护性关税降低1/3,自由化就可以使国内生产总值增长幅度在1.6%(印度)至4.2%(泰国)之间。[20]电信、金融、运输和商业服务等服务业和经济的其余部分有着多种联系,会提高很多部门的生产率。按照多哈发展议程,要赋予最不发达国家特殊优先权、赋予发展中

---

*　国际乐施会(Oxfam International),亦有译"牛津国际饥荒救济委员会"的。——译者

国家充分灵活性。谈判将使外国服务进入各国政府选择开放的国内部门,并使按临时合同雇用外国工人变得比较容易。

实施 在筹备多哈大会时对于很多发展中国家来说,与实施有关的问题都是高度优先的问题。在所提出的 90 个与实施有关的问题中,大约有一半是由多哈采纳的一项独立的宣言处理的。特别值得注意的是,对某些发展中小国免税期延长的决策。它使得某几类补贴分阶段停止的期限得以延长。其他问题将在优先的基础上,根据新工作计划相关的谈判授命或由常设世贸组织机构来处理。在西雅图大会前和大会期间,我们未能就一个单一"实施"问题达成一致。

工业品 工业品市场准入,是发展中国家另一直接关注点。谈判授命集中在减少或消除关税峰值和攀升,尤其是与发展中国家出口利益有关的产品关税峰值和攀升,以及非关税壁垒问题上。授命还指出,"谈判将充分考虑发展中国家和最不发达国家参与者的特殊需要和利益。"此外,部长们还同意采取能力建设措施帮助最不发达国家并承诺"对最不发达国家的产品实行免税、免配额市场准入"。削减工业品关税的利益中 3/4 将为发展中国家所得。

但为了确保定于 2003 年 9 月在墨西哥举行下一次,即第 5 次部长级会议成功,为了确保新一轮谈判在多哈时部长们同意的短短 3 年时间内(即 2005 年)结束,尚需下大工夫。为使之成为可能的基础工作现已展开。

就路线图而言,我定下了多个目标,而且我认为这些目标将促进各成员国如期完成各自为多哈发展议程所做的工作。关键目标包括：

保持透明度 多哈大会的成功，基于一个透明的、包容性广泛的过程。世贸组织各成员国共同承担责任，确保这些原则得以落实，确保所有成员国，不分大小，都得到援助，从而参与我们的谈判。

改组 为了反映工作重点，我改组了世贸组织秘书处。新的资源被用于授命举行的谈判和工作计划、技术合作和能力建设、吸纳成员国、谋求一致和发展。还采取了提高效率和节约成本的措施。改组工作在2002年获得1.43亿瑞士法郎的支持，比2001年增加了6.75%。任何其他组织都没有得到捐助国如此慷慨的支持。这说明我们通过自己确保资源有效利用、改革审计评价制度的行动赢得了信誉。

技术援助与能力建设 历史上第一次，发展中国家对富国提出了条件：如果能力建设与多哈议程的宏伟目标不相一致尤其在所谓"新领域"中做不到这一点，这种势头就会在墨西哥部长级会议上丧失殆尽。绝不能让这样的事情发生。多哈发展议程认识到，技术援助和能力建设是绝对必要的，它可以帮助发展中国家和最不发达国家落实世贸组织规则和义务，做好有效参与世贸组织工作的准备，以便从这个开放的、以规则为基础的多边贸易体制中获得利益。各成员国都通过特设预算外资源，如多哈发展议程全球信托基金,履行其诺言;在一次誓师大会上,一项原本打算筹集近900万美元、专供能力建设的长期可预测资源的核心预算,就增加了一倍多。

培训 为倍增我们机构内部的培训能力——使之发挥到极致——我们启动了一项有创意的新计划。我们知道,当前这一回合的世贸组织贸易谈判的均衡、成功、适时的结果,将取决于世贸组织全部144个成员国政府的积极参与。世贸组织一个重大的成功,是我们在日内瓦为各国政府官员举办了为期12周的高强度培训课程。在与发展中国家的大学合作安排的基础上,我们计划先在肯尼亚的内罗毕举办培训课程,对象是讲英语的国家,继而在摩洛哥的卡萨布兰卡举办培训课程,对象是讲法语的非洲国家。这一成果,一旦得到证明,即可迅速、节约地推广到其他地区。发展中世界的部长们必须有机会成为受过培训的谈判家,否则,他们说不、或者说等等再说,就完全合乎逻辑了。我的一位副总干事断言说,我们在2002年拿不出示范来。有的员工反对这个主意,而且直言不讳地诋毁这个想法。尽管在世贸组织内外不是没有抵制,但我们成功了。世界银行董事长吉姆·沃尔芬森雪中送炭,动用资源扭转了局面。但愿我的继任者能执行此倡议,因为这是可推广到其他地区的好成果。好几个国家和组织都已表明了兴趣。

协调 与贸易有关的技术援助和能力建设可以得到多种国际机构和捐助国政府机构的支持。我们世贸组织内部几乎没有足够的协调可言,它与其他机构的协调就更不待说了。为避免浪费捐助国资源,帮助我们建立捐助可信度,关于确保更好协调、建立审计评价制度的多项政策已付诸实施。秘书处成立了一个与世贸组织主持的技术援助有关的"情报交流中心",以确保捐助国和受援国为满足多哈发展议程规定的要求所作的努力迅即得到确认。

一体化框架 1996年发起的、旨在推动最不发达国家机构间协调的一体化框架,实质上奄奄一息,其作用仅仅是官员的几个落脚点而已。部长们的指示被当成耳边风,听而不闻。继我2002年初推动召开的一个重要机构间会议之后,在柬埔寨、马达加斯加和毛里塔尼亚启动了一个示范计划,以使一体化框架起死回生。这项示范计划现已扩大到另外11个国家。在那次会上,机构代表们承认加强贸易与发展社区之间的联系与协调的紧迫性。他们强调了改善协调对处理最不发达国家与非最不发达国家达到低收入经济体之间复杂的贸易和发展问题的必要性。

成员国的授权 世贸组织成员国正当特权范围内的行动,有别于秘书处的行动。世贸组织首先是一个"由成员国驱动的"组织。我们在世贸组织多哈发展议程上开了个好头。我们在多哈回合发起4个月内就有了新的预算、会议地点、协商结构、协商委员会的主席和一个成员国的正式计划——部长们的路线图,这曾经被媒体认为是不可能的事。

贸易谈判委员会 多哈回合的谈判结构十分强固,在所定时间范围前好几个月,它就使我们把乌拉圭回合谈判的基础结构建立起来了。2002年1月世贸组织成员国政府就召开了贸易谈判委员会首次会议,就多哈谈判的结构达成了广泛一致。它们按照职权规定,推举世贸组织总干事主持贸易谈判委员会。它们还制定了谈判的指导方针和程序要点。2002年2月,各成员国达成一致意见,确定了贸易谈判委员会下属各谈判委员会的主席人选。根据达成的意见,分别负责农业、服务业、非农市场准入、规则、贸易与环境、根据知识产权协议对酒和酒精的地理标识、争端解决谅解改革这七个方面的谈判机构现已全部就位。关于农业、服务业、环境、知识产权协议和争端解决谅解改革问题,都在讨论这些问题的定期委员会和理事会的特别会议上进行。关于非农市场准入和规则的谈判小组已建立起来。贸易谈判委员会和其他各谈判机构与小组都将按照总理事会的许可行事,而总理事会则是由多哈会议的部长们授权的。

正如欧盟的帕斯卡尔·拉米所说:"日内瓦世贸组织各成员国已对落实多哈同意的谈判授权采取了第一个重要的、实际上是必不可少的步骤。这些决策意味着,世贸组织现在已经能够开始实际的谈判工作。"[21]

2002年9月与下一任总干事素帕猜博士的交接处理得很专业。我要的是无缝过渡,于2002年向他进行了多次基本情况介绍。我不想让他和世贸组织体制遭遇我和该体制1999年遭遇的情况。我祝他好运。他已有了三年的准备时间,将继承的是一个比较强大、比较专注、资金比较雄厚、比较负责的、具有发展议程的世贸组织,这个议程足以容纳所有成员国追求的目标,足以获得实现政治成功所必需的种种平衡。现在有了路线图,有了由部长们监督的计划。成功不可能是一蹴而就的,但如果有了强有力的领导,这一个回合是能按时完成的。

前有险阻

通向多哈的道路崎岖不平。虽然我希望结束这个回合会是一个比较顺利的过程,但我没有低估尚待克服的困难;这就是我们为什么在多哈大会后还是一鼓作气,推进技术援助,能力建设和培训,并尽快落实贸易谈判委员会的具体事宜。

然而,2002年年中,美国决定对其钢铁工业征收关税,引起全世界其他产钢国的不断抗议,从而出现了有可能破坏新回合的日益明显的贸易保护主义迹象。此外,2002年美国通过的农业安全与农村投资法案(亦称美国农业法案),被全球公认为是出于政治需要制定的法案,破坏了美国作为自由贸易推动者的信誉。当然,也有观察家认为美国是"发了疯的狐狸";提高赌注,为自己今后的谈判增加一些筹码。

我对此的担心不同往常,我同意帮助起草并发表一项与世界银行吉姆·沃尔芬森和国际货币基金组织霍斯特·科勒的联合声明,谴责一切形式的贸易保护主义。

这项声明于2002年5月巴黎经合组织部长会议期间发表。它宣布:"任何国家增加贸易保护主义的行动都是有害的。对以经济增长为要务的地区而言,这类行动将伤害其增长前景。它们正在发出错误的信号,可能破坏任何地方的政府对以市场为导向的改革的支持能力。如果一个地区的领导没有来自富裕国家的合作态度,这个地区的发展中国家或其他国家的领导人怎么会赞成比较开放的经济呢？多哈和蒙特雷的承诺将指引我们建立一个使穷国增强国力的世界贸易体制，对此我们充满信心。但是我们不能只是纸上谈兵，那就要坚定抵制任何形式或理由的贸易保护主义，倡导有利于贸易增长和经济繁荣的政策。"[22]

在日内瓦进程上，我对部长们说，我们不能再在程序上浪费时间了，因为这会使 2002 年的谈判陷入僵局。我强调与会者必须对其优先考虑事项抱更加合作的态度。这是当务之急，这样谈判才能在现实主义基础上深化并取得进展。我们在准备墨西哥部长级会议时，我强调必须提出具体的建议——否则我们还是没有具体的目标，到时候就来不及了。

当然，日内瓦不是在真空中。世贸组织及其大使们也不可能绝缘于全球环境的影响之外。这也是我千方百计争取与各国部长接触的原因所在。

在经济的地平线上有一些浓密的暴风云，笼罩着多边贸易体制——经济趋势、争端频发、来自国内的恢复贸易保护主义措施的压力越来越大。我们需要各国部长在改善这种环境方面的领导才能和勇气。我们需要他们兑现他们对谈判的承诺，而且现在就需要他们做到这一点。我们还要求主要参与者保证，不要让他们目前面临的冲突破坏争取新回合成功的努力。

有助于成功回合的必要因素和动力是哪些呢？在 5 月的经合组织会议上，我对部长们说："我鼓励你们不断对你们的官员吹风。这是重新评价你们的优先考虑事项和立场的时候。这是确定灵活性领域的时候。这是形成和发送你们具体谈判建议给日内瓦的时候。"

但我认为,最大的挑战是使所有参与者自始至终都在参与。假如得不到主要贸易国的支持——我认为尤其是美国和欧盟的支持——谈判回合就不可能成功。尽管2002年的不利环境存在了相当一段时间,我认为整个迹象还是令人鼓舞的。欧盟专员拉米和美国贸易代表佐立克在启动这轮谈判时都起到了中心的、先发制人的作用,并将继续发挥其独特作用。为了使这一回合圆满结束,我们需要他们发挥协调、可靠的领导作用。2002年7月,美国政府取得突破性进展,使"贸易促进授权"*这项新的快轨立法在国会获得通过。在这个问题上,布什总统和佐立克冒了声誉受损的风险,使国会以一票之差予以通过。这是一种高风险政治战略。总统的声望千钧一发,布什总统在这里显示了杰出领导才能,做成了克林顿总统没有做成的事。这反映了美国对这些谈判的认真承诺。

2002年5月,在墨西哥巴亚尔塔港举办的亚太经济合作论坛上,亚太地区的贸易部长们亲口承诺,确保到2005年1月完成新一轮全球贸易谈判,并重申他们拒绝使用贸易保护主义,遵守多边贸易规则的誓言。他们一致认为,新一轮谈判提供了解决全球贸易保护主义的最好机会。

同样令人鼓舞的是,2002年7月,欧盟农业专员弗朗茨·菲舍尔宣布改革欧盟共同农业政策的建议。上文已谈到,该政策每年要花费约460亿美元,相当于欧盟预算的一半。据经合组织估计,

---

* 贸易促进授权(Trade Promotion Authority),即允许国会对贸易协议迅速投票表决的权力。——译注

欧洲的农业补贴使粮食价格提高了44%。欧盟预算总额中大约49%被用以支持农户。在大多数欧盟国家和美国,全部补贴的70%到80%惠及的是20%最富裕的农户。在《开放的世界》一书中,菲利普·勒格兰援引帕特里克·梅塞林的估计指出,欧洲贸易保护主义的成本约相当于欧盟国内生产总值的7%——与西班牙的年产值不相上下。"支持农业所付出的代价是:因高税收和高物价,普通的4口之家一年多支出1 000美元,而且还未能保证我们有安全的粮食。"[23]

欧盟终于改变了。接纳波兰入盟的结果将使预算增加。波兰的农户数量比欧洲其他国家农户的总数还多。东欧和中欧其他部分的集体化农业是强行推行的,所以从大型低效的国有农场恢复到富有生命力的农业单位要容易一些。波兰则不是如此,该国农户依然在几英亩的土地上苦苦挣扎,聊以糊口。采用共同欧元、限制赤字支出,制约了各国政府在大选之年向农业部门撒钱。实施重大改革的时机成熟了。这些内部发展,与多哈议程不谋而合。

最新的几项建议首次成为支持农户,而不是农业的原则。正如一位农业国的贸易部长所说,我和另外几位部长大约20年前就向欧洲人提出了这一原则。但欧洲和处于相似状况的另外一些地区,只有在较大范围的贸易协定框架内才能实行实质性改革。这一框架正是世贸组织和多哈议程要采用的。这是我对这一回合的成功持乐观态度的另一个原因。

虽然该回合无疑对发展中国家有利,但对富国的普通工人也有利。在多哈大会之前,英国贸易与工业国务大臣帕特里夏·休伊特告诉议会说,成功的一轮谈判将使英国普通家庭每周收入增加

10英镑。工会最后一次保证工人税后的周收入增加10英镑是什么时候？欧洲人为食品的支出超过必要水平的40%。他们送交布鲁塞尔的税单上，几乎有一半涉及到食品涨价。富国将成大赢家，享受减税和把资源投入效率更高的经济领域带来的好处。

同样，也有必要使发展中国家成为极感兴趣的积极参与者。西雅图以来我们已经学到了很多——我们的过程需有包容性，而有了范围更广、技术更复杂的授权，就要帮助发展中国家了解这些问题并使之积极参与谈判。实际上，多哈部长级会议宣言的每一部分，都有对发展中国家技术援助的条款，而且对培训和技术援助活动作出实质性财务承诺的成员国也已在执行。世贸组织秘书处正进一步努力，与一些机构协调，帮助发展中国家建立基础设施和供应能力，以便从开放市场中获取收益。

多哈大会以来，我们建立了多哈发展基金以资助能力建设，而且，资助力度为我们预期的两倍：我们的培训设施增加了一倍以上；与非洲的许多大学设立了两门卫星课程；建立了谈判结构、选择了会议主席；批准墨西哥做第五次部长级会议的东道国。我们的工作都在截止期限之前完成；实现成功路线图的工作都已到位。那些嘲讽者和批评者曾经说，这是要很多年时间，因为历史经验就是如此。他们错了。但观察家应当指出，这不是为期3年的谈判。我们实际上已谈了5年；"新"问题根本不新。没有理由不于2005年完成。

在与贸易谈判委员会开最后一次会的时候，我半开玩笑地告诉大使们说，下一次他们看见我的时候，我可能正领着自己的非政府组织，举着写了"正义就是现在，结束这一回合"的大标语，在墨西哥部长级会议外示威呢。

路线图的最后但又是最重要的因素是,发出正确信息,动员公众支持。我在第13章中讲到融入广泛文明社会的重要性。我们现在是在一个千差万别的世界中运作,自由贸易的事业远未实现。部长们和官员们必须继续提出有利于多边贸易体制的理由。有必要让文明社会对成功回合的潜在利益敏感起来。我们尤其需要向发展中世界表明,这一回合对他们来说意味着什么。为了保卫自身的体制,政府和商界都还有很多事可做。多边贸易体制以及它所代表的规则体系,是与贫困作斗争、提高生活水平、改善人类状况的关键机制。它不是唯一因素;但它是个主要因素,更重要的,它是我们能掌控的。

第三篇 公民、公司和全球治理的新政

13　让文明社会参与

> 世贸组织是以公司利益和超级跨国投机商的名义所干的最大反人类罪行之一。
>
> 　　　　　　　　　　　　　　　　《全球交流》,2001

> 我指的当然是工业和金融跨国公司,而世界银行、国际货币基金组织、世贸组织、经合组织等等,只不过是(全球化的)掩护机构和服务工具而已。
>
> 　　　　　　　　　　《聚焦南方》/沃尔登·贝洛,2000

> 贸易是一切狂热激情的天敌。它钟爱温和,喜爱妥协,小心翼翼地避免危险,使人类爱好自由,但却不愿革命。
>
> 　　　　　　　　　　　　　　　亚历克西·德·托克维尔

世贸组织曾屡受非政府组织的激烈攻击,尤以1999年西雅图部长级会议期间的攻击最为恶劣,且得逞于一时。这不是孤立事件;一切重大政治峰会,都遭到由反全球化运动保护伞掩护的形形色色抗议者的围攻。现在的领导人就像中世纪的国王那样,在壁垒森严的情况下开会。

文明社会参与政治过程,是创造和保持健康的、参与式民主制度的一个基本要素。从希腊的第一个民主制度开始,哲学家就把培养参与式公民看成反对专制的保证。包括霍布斯和康德在内的形形色色思想家,都对其优越性称赞有加。然而,有些人却惧怕并讥讽其资产阶级倾向。

今年(2002年),一亿多欧洲人走进了投票站。极端抗议者及其议程在哪里?他们为什么不在民主市场直接表达其思想?因为他们不会得到公众支持。很多人甚至鄙视议会制,说它没有代表性、腐败,声称只有他们才坚持纯粹的未被污染的真理。这些极端分子声称自己遵循甘地和马丁·路德·金的教导,实际上它们是非常反动甚至是乌托邦式的早期法西斯分子的徒子徒孙。上一次极左派与极右派联手走上欧洲的大街,为的是反对1930年代堕落的民主制。

德·托克维尔经常写到他的民主美国的经历和各种协会、俱乐部、团体和文明参与的优越性。文明社会的激进分子在造就我们这个大为改善、大为自由的世界中起了关键作用。

我们面临的艰巨任务,是让更广泛的文明社会——不仅是非政府组织,而且还有议会议员、政治性国际组织成员、工会、企业的代表和个人——参与有关这个多边体制的富有成果的对话,探讨如何管理全球化影响,而不是受不负责任的利益集团操纵,隔着铁丝网路障比嗓门,竞相制造最极端的新闻标题。

13.1 全球化扩大了非政府组织的势力范围

这些群体并不是什么新东西；很多这样的群体都推动了世界的进步。第一个跨国非政府组织可能是1893年成立的美国反奴隶制协会。另一个成立更早的、成功的非政府组织是红十字国际委员会，系亨利·杜南在经历了残酷的索费林诺战役后于1864年创建的。非政府组织从1874年的大约32个发展到1914年的1 083个，到1990年的13 000个，进而激增至如今的至少30 000个，其中有些组织——如世界自然基金会*——的预算甚至超过某些政府间组织。显然，所不同的是，全球化大大增强了非政府组织把自己的信息传递给公众的能力。

贾格迪什·巴格瓦蒂指出，自由贸易是年轻人中愈演愈烈的反资本主义、反全球化鼓动的目标，而这种鼓动来自他所说的"无以替代的专制"。巴格瓦蒂在《当今的自由贸易》中指出："与资本主义对立的共产主义意识形态体系的崩溃和以福山为首的市场和资本家必胜主义的崛起，在理想主义的年轻人中造成了无法容忍的空白，他们的社会良知转变成一种坚定的信念，认为资本主义是不公正的根源……认为市场和资本主义等于社会不公正的信念是无知的，由它引起的失望情绪扩散到街头舞台，矛头直指自由贸易及其主要机构世界贸易组织。"[1]

多数巨大的良性社会政治变革都源于民意的动员；从反奴隶

---

* 世界自然基金会原名为世界野生动物基金会。——译注

制运动到反种族隔离运动都是这样。不过,街头抗议也导致了恶魔上台;从斯大林的俄国到纳粹德国就是这样。我们有必要对这种极端主义倾向保持警惕。向世界银行与国际货币基金组织布拉格会议投掷的莫洛托夫燃烧瓶,对自由贸易的坚定支持者、捷克总统瓦茨拉夫·哈维尔是极大的侮辱,干这种事的人对他是一位崇尚和平、热爱诗歌和民主原则的人、为理想曾受过牢狱之苦的事实似乎全然无知。他曾为他们侮辱他的权利而斗争,而且还在斗争着。在西雅图大会期间,有抗议者对南非贸易部长亚历克·欧文推推搡搡。他是一位马克思主义工会运动积极分子,曾因反对种族隔离运动被投入监狱,现仍在为争取农业自由贸易而斗争,因为他知道这是为他的人民获得更多工作、增加收入的最快捷方式。

格里·洛克伦在报道伦敦五一集会时说:"抗议者们迫使车辆改道,在路灯柱上悬挂标语牌;'布莱尔,我们绝不离开,''王太后死去吧'和'彻底改造民主制度';随后,他们在受人尊敬的英国首相温斯顿·丘吉尔勋爵塑像上涂抹油漆,而且在白厅的两次世界大战阵亡将士纪念碑上胡乱涂鸦。五一行动是反对全球资本主义的4天抗议的高潮,参加这一抗议的有所谓'无组织'的回收大街组织*、无政府主义者、禁止安放炸弹者、嬉皮士、环保主义者、库尔德人、毛主义者、社会主义者和'情境主义者'。有一群人头上扎着红带子,上面的图饰是共产党标志的翻版——斧头、镰刀加机关枪"[2]。

---

* 回收大街(Reclaim the Streets)系一非政府组织名称,1991年成立于伦敦,旨在把轿车赶出街道、改善公共交通、改善行人、骑车人和穿旱冰鞋者的活动条件,争取更多的城市休闲空间、街道花园、适宜的居住区等。——译注

但这些人也可能是想表现创意和滑稽。2002年5月,反对世贸组织的松散联盟好好先生组织*发表一条假新闻稿,说世界贸易组织正重组为贸易调控组织,成功地戏弄了很多人。他们不仅愚弄了澳大利亚的持证公共会计师群体,还愚弄了一位加拿大议员,致使他准备把这个问题提交到议会。

这个群体通过了我的幽默测试,这个测试是我们参与规则的一个必要因素。那些不会嘲笑自己、不会嘲笑人类的境况及我们的对抗行为中偶尔出现的荒诞、认为只有他们才知道答案的人,往往都没有幽默感。幽默和讽刺是民主制度、开放思想和开放社会的前提。拿自己的领导人开玩笑、对他们提出质疑,是公民的崇高职责。我们都听说过亚伯拉罕·林肯那令人沮丧的幽默、温斯顿·丘吉尔那凭灵感、经锤炼的、"自发的"风趣。斯大林、希特勒、波尔布特都没有幽默话语汇编,但反对极权主义者们的地下黑色幽默却始终不断、绝妙而有煽动性。有时,与他们斗争都一样。

当然,幽默并不总是不胫而走的。一位中国高级官员,早年是红卫兵,参加了毛的那场破坏性的、回到马克思主义基本原理上、以数百万人生命为代价的运动,现在却在为使自己国家全面参与世界贸易体制而奋斗。他曾经茫然地问我:"示威游行中'我们是Wombles'或'自由Wimbledon!'**的标语是什么意思?"

---

　* 好好先生组织(The Yes Man)曾在电视上和国际商务会议上恶作剧式地模仿世界贸易组织。——译注

　** WOMBLES是非政府组织White Overalls Movement Building Libertarian Effective Struggles(建立自由有效斗争白套衫运动)的首字母缩写。它是伦敦一个松散的反资本主义团体,在进行抗议活动时,其成员身穿白色有衬垫的套头衫、头上戴着头盔。Free Wimbledon似为Free Wimble Done的谐音双关,意思是自由白套衫一定成功!——译注

图 18. 强有力的形象：幽默无处不在。我真希望我具有他们指控我的那种力量（标语上写的是"迈克·穆尔让穷人挨饿"）。（摄影：肖恩·贝斯特。版权归路透社，2000年。）

13.2 发生了什么变化？

这些人是什么人，他们代表谁，为什么会发生这种事？

我是1980年代任贸易部长的，自那以来的最大变化是，非政府组织数量剧增，信息流量激增，贸易利害之争激化。对很多部长来说，他们在国内与国会、议会和联合政府中的伙伴谈判，有时比在日内瓦或部长级会议上的谈判还要复杂、还要困难。欧洲委员会在与成员国协商后，唯一能全权谈判的政策领域是贸易；很快，这就有望延伸到欧洲的民航政策。欧盟贸易专员承担的，是欧洲最棘手的工作之一。在与任何协定都毫无关系的问题上，政治家们把世贸组织妖魔化，把它的所有不幸都归咎于它，这对谈判是不利的。这就束缚了官员们的手脚，给未来的交易增加了困难。由于某国政府，抑或是政府部门，把世贸组织妖魔化，我的肖像竟同时在该国的30个城市被焚烧，这真使我受宠若惊。

至少，贸易不再令人厌烦了。在新西兰，我们未能使公众对乌拉圭回合感兴趣，可是法案在夜间很快就通过了。相比之下，新西兰议会新近通过立法，正式批准一项内容很空洞的新加坡/新西兰自由贸易协定。请愿、抗议、召开公开听证会、联合政府的伙伴威胁要退出并搞垮政府等，一时之下好像要天崩地裂似的。

第一个在互联网上发动的、新时代的全球抗议动员，针对的是倒霉的1998年经合组织《多边投资协定》。该协定的条款并没有什么苛求，新西兰和其他许多国家一样，无需改变任何现有法规。但是当反多边投资协定的运动起来之后，人们却深信这是一个全球阴谋,是要实行学校和医院的私有化、出售国家公园和博物馆、撕毁保护土著毛利人的《怀唐伊条约》。在全世界范围内出现了类似的反应,从而扼杀了首创精神,迫使许多国家的政府很难堪地打了退堂鼓。这对我们大家都是一个严重教训。有些观察家认为,虽然这个运动利用了反对外国投资和反对自由贸易的情绪,但它也是一场环境保护主义运动,是要在该多边投资协定权利内,迫使外国投资者实施比国内更为严格的环境保护政策。抗议者们希望利用国际条约迫使他们的政府实施他们寻求达到的标准,实现他们自己在国内政治体制下实现不了的目的。

反全球化运动是一把独特的保护伞,网罗的是一些形形色色、往往相互有矛盾的同路人。《全球文明社会年鉴》刊载了赫尔穆特·安海尔、马利斯·格拉休斯和玛丽·卡尔多的一篇很有趣的一章,其中的表4对文明社会的群体和立场进行了划分。[3] 我对号入座,认为自己属于该表中的支持者和改革者。

表4 文明社会各群体全球化立场分类

	参与者类别	对全球化的立场	对植物生物技术的立场	对全球金融的立场	对人道主义干预的立场
支持者	跨国公司及其联盟	支持全球资本主义和全球法治的扩张	支持公司开发的植物生物技术,不必有任何限制	支持解除控制,自由贸易和资本自由流动	支持为"人权"进行的"正义战争"
拒绝者	反对资本主义的社会主义运动;极权国家;民族主义和原教旨主义运动	左派反对全球资本主义;右派和左派都要维护国家主权	认为植物生物技术是"错误的"、"危险的",应该"彻底废除"	支持各国保护市场、控制资本榴弹。激进者要推翻资本主义	反对一切形式的对他国事务的武装干涉。干涉是帝国主义,或者说"不是我们的事"

	参与者类别	对全球化的立场	对植物生物技术的立场	对全球金融的立场	对人道主义干预的立场
改良主义者	大部分政府间组织；很多国家机构；很多社会运动和社会网络	旨在使全球化变得"文明"	不反对植物生物技术本身，但要求提供标识和公众参与风险评估；共享其利	要求更多的社会公正和稳定。支持国家经济组织机构的改革以及债务免除或"托宾"税等具体建议	支持文明社会干预和制定加强人权的国际政策
有他择者	基层群体；社会运动隐蔽的网络	要求退出全球化	要求按自己的生活方式生活，抵制传统农业。谋求回避转基因粮食作物	追求反公司生活方式，促进富于刺激性的抗议，试图建立因地而异的经济	支持文明社会干预冲突，但反对诉诸武力

图 19. 世贸组织日内瓦总部外的抗议者：这些团体有很多是为单一目的组建的，他们的兴趣不在认真的对话，而是宣传的刺激效果，借以达到筹资和争取新成员的目的。这固然在变化中，然而，非政府组织应该有发言权，而不是走过场的投票权。（摄影：STR。版权归路透社，1999年。）

现实是,一种新的国际政治正在出现,确定其日程的,不独是政治家和官僚,还有有组织、善于利用媒体的非政府组织群体、激进分子和抗议者。戏剧性的事件已不独是在会议室和大会堂里展开,而且还出现在街头。尤其要指出的是,电视摄像机的可变焦距镜头在日益显示威力。正如罗伯特·康奎斯特对苏联解体的评论所说,"新技术是敌视这一制度的。外国电台的广播打破了它对新闻和舆论的垄断,向许多俄罗斯人揭示官方所说的事实是站不住脚的……当俄罗斯的电视上出现'公开性'时,其效果令人目瞪口呆。电视转播的最高苏维埃辩论,安德烈·萨哈罗夫面对米哈伊尔·戈尔巴乔夫大谈民主,导致各地的工厂关闭,工人们围坐在电视机旁。"[4]

显而易见,为了上电视镜头的游行示威根本替代不了理性的政治演讲——没有头脑的骚乱就更无法代替了。另一个严酷的事实是,随着媒体关注的必然减退——在索马里,在免除债务问题上,或是在科索沃,公众的兴趣往往也会减退。有时候,道义上的愤慨只能持续摄像机缓慢移动的那一点时间。在2001年热那亚八国集团峰会期间,示威者赢得了媒体战。然而,那是徒有其名的胜利;独占晚间新闻的,是防暴警察和熊熊燃烧的建筑物的镜头,而不是各国领导人在应对贫困、艾滋病或发展与贸易等方面所取得的进展。但示威和摄像机并不会就此退出,它们也不应退出。当麻木不仁和满不在乎成为西方各民主国家大选的特点时,全球化正在成为大众政治的新亮点。

给非政府组织火上浇油的,是对富国、对跨国公司支配地位的看法。如果我们有比国家更有价值的个人,商务活动就不像往常了。在过去的时代,英国各政治阶层授权东印度公司一类私营公司,由它们从事帝国商务活动、组建军队,得到唐宁街认可和保护,其发展速度适应帆船航道的发展,受皇家海军的威力保护。

时代已经变了。信息时代更透明、更迅捷。全球性品牌似乎显得很强大,然而,品牌说到底只是声誉,它们愈是全球化,就愈经不起攻击。很多非政府组织似乎觉得,让股东得到最大回报才是公司的全部动力之所在。一些非政府组织成功地迫使不少议程发生改变。公司在公关方面出现过大灾难。例如,孟山都公司在转基因作物上遇到的问题,制药业在抗艾滋病毒/艾滋病的药物专利问题上指控纳尔逊·曼德拉的惊人决定。哪一位市场营销天才决定控告我们星球上最可爱的人?

为什么公开支持世贸组织的公司这么少?因为它们不想得"麦当劳综合症"并成为象征性目标,尽管国际劳工组织报告说,提供更好工作条件、为国内制造商在制鞋和服装领域引路的是跨国公司。屡受攻击的耐克,在越南付给工人的工资为当地最低工资的五倍,在印度尼西亚为当地工资的三倍。[5] 在越南,这引起了问题,因为医生离开医院、教授离开大学到工厂去工作了。

13.3 我们的国际组织需要更多透明度

那么,对文明社会想更多参与当今重大问题的要求,我们该如何回应?我认为,我们要欢迎且展开全球化的争论,而不要试图抵制它。联合国、国际劳工组织、世贸组织、国际货币基金组织和世界银行等组织,都是做重要工作的。它们采取的决策,对普通民众生活的影响越来越大。民众要求有更多信息和控制、更多的责任和利益,这是好事。国际组织应当欢迎这种监督。它会使国际组织更强大、更贴近黎民、更具合法性。如果没有2000年联合国50周年纪念,没有博诺*的不懈活动,穷国债务减免问题能有这么大进展吗?如果没有环境保护主义者要求改革的鼓动、示威和游说,全球变暖问题能在八国集团议程中受到如此重视吗?

我在世贸组织的3年任期内,我们大大加强了自己的透明度,提高了我们与文明社会负责成员的对话质量。为了强化这些努力,2000年4月底5月初,世贸组织就"多哈发展议程及其他"举办了一个范围广泛的公众研讨会,文明社会的代表首次组织了他们自己选定的讨论议题。600多名与会者参加了为期两天半的20多场次的报告会和工作会议。继而于2001年7月,世贸组织就"世界贸易体系面临的问题"举办了研讨会,大约500名与会者对最有争议的部分世贸组织问题各抒己见。

事实上,自2001年年初起,秘书处就向注册的非政府组织定期通报世贸组织所有重要会议的情况。为增加透明度,扩大参与面,情况简报安排表已在网上公布,现月平均点击数达1 900万次,约有60万长期用户。

实际上,1996年以来,秘书处就根据多哈大会重申的、来自各成员国的一项授权,为非政府组织举行定期基本情况介绍会,且组织研讨会和座谈会。但过去3年中,世贸组织的各种活动进程大

---

* 博诺(Bono),爱尔兰热心公益活动的摇滚歌星,在热那亚八国集团会议期间,积极推动减免穷国债务问题的活动。——译注

大加快。我们向所有成员国和观察员国家介绍非政府组织的午餐汇报会,并推出非政府组织参与的技术研讨会。现在,我们还举办通俗化课程,对象是那些除抗议外还想更有作为的人。

2000年4月以来,世贸组织出了电子版的《非政府组织公报》,简明地概述这些活动。与一般看法正相反,逾95%的世贸组织的文件已解密,并可从网上下载,而且数量与日俱增。登记参与世贸组织部长级会议的非政府组织阵容也很强大。

有时,我们最可恶的敌人就是我们自己。2002年6月,由于当年任世贸组织总理事会主席赛季奥·马奇的推动,各成员国政府采取进一步行动,使世贸组织承担更大的责任。经过4年的、常常是非常艰苦的谈判,各成员国政府就加速世贸组织文件解密程序问题达成了新的一致。到这时,我们做的还算不错。例如,2001年,世贸组织的逾21 000份文件,有65%已解密供公众使用——而且一发布就在世贸组织官方网站上公开。最终,这些文件的其余部分也都对公众开放了。

现在,由于各成员国政府的努力,各成员国政府递交的文件、秘书处文件、会议记录、涉及开放货物和服务市场的文件与成员国申请入世有关的文件等等,都将以前所未有的速度对公众开放。各成员国政府已达成一致,采取措施,把其余文件的平均保密期从过去的8—9个月,缩短为6—12周。

但是,如果我们的批评者希望正式参与,我们也应要求他们有同样的透明度。多年来,我参与过许多好的事业。我捐过款,且加入过绿色和平组织、大赦国际、无残酷之美和其他一些组织。但它们从未邀请我出席会议、征求我的意见或要我对它们的任何立场投过票。最近我读到大赦国际的一项声明,该声明把人权委员会理事会将美国除名的荒谬做法说成是有理的,所援引的事实是美国曾在朝鲜埋过地雷。而新当选的国家中,有的还处理、虐待过持不同政见者。我们应当欢迎了解情况的非政府组织对此予以的关注。但在这些问题上并没有等值的道德问题。这些原则,黑白分明,不是灰色的,是有对错之分的。

13.4 谨防不容异说

我们不应不容异说。向议会进军与让议会关闭是有天壤之别的。在热那亚,也像在其他地方一样,闹事者都闹过了头。那些要求更多透明度的蒙面的投掷石块者、那些试图破坏国际会议却声称代表"人民"说话的反全球化抗议者,不是捍卫民主的新的步兵。他们是民主的背道而驰者。他们口口声声想要的国际新秩序令人生疑,很像早先就有过的混乱——是不容异说的、不自由的、反动的。

非政府组织更加热衷的,似乎不是认真的分析,而是时下流行的敌对情绪;偶像崇拜和简单化的口号俯拾皆是。几个例子:德国的《时装》杂志*新近竟然再创马克思主义恐怖分子巴德-迈因霍夫帮(即红军帮)的新闻照片。这个集团从1967年直至1998年正

---

* 《时装》杂志的名称 Tussi DeLuxe 中,tussi 的意思是穿着时髦的人。9·11事件发生前6个月,该杂志刊登了由装扮成巴德和他的女友穿着时装的模特照片,把巴德-迈因霍夫恐怖组织包装成时尚偶像。巴德和迈因霍夫后都在狱中自杀。1998年他们的组织正式解散。——译注

式解散,估计杀害了大约 200 人。这家《时装》杂志还刊登了巴德T恤衫和其他时尚配套用品的照片。《金融时报》报道说:"记录片制作人安德斯·法伊尔说:'对于年轻人来说,生活在这个全球化时期,个人是毫无力量的,红军帮是真正的英雄——他们实际上取得了某种成功'。"[6]

这并没有什么新意。英国工党主席哈罗德·拉斯基就曾赞扬斯大林设监狱为仁慈之举。在乔治恐怖统治登峰造极时,费边社知识分子西德尼和比阿特丽斯·韦布就出版了篇幅长达1 000页的书,对莫斯科这位新人赞美有加。

当年刚获得自由和新生的国家把苏联看成是富有魅力的发展模式,这是可以理解的。在一代人时期内,它从封建社会一跃进入空间时代。20世纪西方最大的错误之一,就是认为一切民族主义本能的背后都是共产主义。北京与莫斯科巧妙地与解放运动结盟时,西方被看成是在拼命固守帝国主义的特权,就连从比万到 F. D.罗斯福的民主社会主义思想,也认为要在民主的、混合经济框架内实现民族独立。

还有,解放的时尚意味着,当数百万人在中国的文化大革命中死去时,全世界有时尚意识、政治上正确的左派都佩戴毛的像章、引用他那本小红书中的话。

信息时代使谋杀者更难掩盖自己的罪行,公众的愤怒迫使政治家们作出回答。但是,顽固的遗忘和无知令人深为忧虑。毛泽东、切·格瓦拉、菲德尔·卡斯特罗等人早就成了一代人的招贴画上的英雄,但这一代人对他们的成就与过分之处似乎都不甚了了。在日内瓦举行的关贸总协定/世贸组织 50 周年庆典上,欢迎卡斯特罗的掌声比欢迎比尔·克林顿的还长,多位大使会后对我提起此事时仍兴致勃勃。他们为什么要告诉我呢?因为现在很多个人和很多国家都是以对美国所持的态度来界定自己的立场。我认为这样做有失浅薄。美国跟其他任何国家以及这些国家的政策一样,有对也有错,有原则性强的也有误导的。如果一个小国出了差错,通常也就危及它自己而已,而美国的一举一动,对我们大家都有影响。

2001年,在墨西哥新任总统文森特·福克斯的就职典礼上,他的前任埃内斯托·塞迪略(我已任命他为我顾问团的成员)被自己那个党的成员喝了倒彩,就是因为他没有继承墨西哥操纵大选的传统,而是和平地交了权。与此相反,一连串漂亮的年轻女学生争先恐后地伺机与参加庆典的古巴独裁者卡斯特罗合影。"为什么?"我问一位学生。"因为他为穷人做了这么多好事",她回答说。

对一个使国家民不聊生、无情地独揽大权的领导者如此盲目的英雄崇拜真的很重要吗?我认为是的。尤其是当相比之下,像哈维尔或塞迪略这样开明的领袖——他们令人注目的经济改革使他们的国家从世界第22大出口国上升为第8大出口国,更重要的是,他们把权力和平地交给了继任者,却遭到无知者尤其是那些因民主变革而失去权力和那些不喜欢民主改革的人的鄙弃。

从法国大革命时代到法西斯主义和马克思主义时期,那些自封的知识分子都力图使他们对独裁制度的支持合理化。在20世纪,这种做法达到登峰造极的地步。马克·利拉在《鲁莽的人——政界知识分子》一书中说:"苏格拉底懂得这个。可是这些知识分子缺乏他那样的谦恭和对教育的关心;他们之所以出名,靠的是煽动激情，而不是引导激情。苏格拉底认为，这种知识分子，在把民主推向专制的过程中起了重要作用，他们把年轻人的思想推向狂乱，致使其中一些人，也许是最有才华、最勇敢的人，跨出了从思想到行动的那一步，实现他们在政治上的残暴野心。这些知识分子很高兴地看到自己的想法奏效，他们也成了暴君的奴性十足的马屁精，一旦那个暴君大权在握，他们就创作出'暴君颂'。"[7]

在评论1960年代美国校园左翼右翼之战时，达林·M.麦克马洪指出："文化保守者对1960年代潜伏在国内媒体和大学内的所谓激进派的巨大力量发起攻击，而左派在进行反击时则运用了基督教原教旨主义的、清教徒的、与现代美国脱节，但几乎就要占主导地位的幽灵。如果双方的说法还有什么真实性，那么谬误显然要多得多。但这并没有阻止双方变本加厉地相互谩骂。尽管这种谩骂脱离实际，但却对政治局势产生了非常真实的影响。"[8]

乌托邦式的理想主义是盲目的。这适用于大多数革命，尤其适用于对马克思主义的极端行为和失败的道德盲从。没有一个人冒着生命危险从西柏林逃往东柏林。也没有一个人冒着生命危险从佛罗里达逃往古巴。

东、西欧的问题不存在道德上的可比性。怎么会有让我困惑的争论？波兰团结工会起义期间，我因指出这一点而赢得"右派冤案制造者"的标签，这在新西兰工党激进分子中是个致命的标签。

在范围大一些的争论中，使全球化去神秘化，只会对国际主义有利。较好的、较明智的参与，能使讨论超脱标语口号和唇枪舌剑的虚拟世界，进入有难题、有棘手选择的现实世界。它对人们晓之以理、告之以情，迫使人们去思考——在这一过程中，强调建立更开放、更合作的世界的逻辑。如果不能表达不同意见——以及相同意见——的自由,一个能表达不同意见的、开放的全球社会的概念就毫无意义。

13.5 谁资助和支持非政府组织?

在很多情况下,这些激进分子都是纯粹的说客,是特殊利益集团资助的,为的是促进和保护他们的狭隘利益。他们总与我们在一起,但现在,有很多人戴上了从事无私公益服务的非政府组织的假面具。

有很多非政府组织,如国际乐施会等,做了很多善事,且对贸易和全球化一类问题有独到见解。世界自然基金会富于建设性地参与了很多问题,如渔业问题。我们需要建设性的批评者,需要他们的见解、理想主义、各种可供选择的办法和他们的热情。对于想组成一个群体就一个问题展开辩论的人,我毫不抱怨。可是我对有的非政府组织以及它们所批评的组织建立(或者无法建立)关系的方式有看法。在日内瓦特别繁忙的一天,我写下了密密麻麻的日记,其中涉及到美国农业部长。那天,有的非政府组织激进分子偏偏把自己铐在我们的栏杆上。我对其中一位说:"这位农业部长预约与我会见,这是件好事,你为什么不这样呢?"回答是:"我们不想跟你谈,我们想把麦当劳快餐抹在你脸上。"

另外有一次,"征收金融交易税援助国民协会"的激进主义分子组织了一次示威,以骚扰电话妨碍我们电话交换台的正常工作。我答应根据我日程安排,利用几天后我仅有的一个时间空隙与他们见面。但他们当时未能准确回答行还是不行,错过了机会。因为按照我的经验,许多这种单一问题的团体不愿进行对话;很多这样的组织对筹资和吸引新成员的宣传噱头更感兴趣。

很多非政府组织受各国政府资助,成为其外交政策或贸易议程的延伸,旨在收买和建立国内的政治支持。对非政府组织的活动和筹资作过多年研究的澳大利亚驻世贸组织前任大使和学者艾伦·奥克斯利指出了以下几点:"一、环境保护运动是反全球化运动的核心动力,或许是该运动的首要公共政策受益人。二、该运动受到欧洲和加拿大的环保机构以及美国若干基金会的资助。三、欧盟是重要资助人;无论有意还是无意,其结果是,这种资助促进了欧盟环境议程,而且往往促成的是贸易保护主义议程。"[9]

奥克斯利还指出,有报道说美国纺织业亿万富翁罗伯特·米利肯资助"公共公民"等团体和西雅图大会的抗议者。"我认为,把环境问题转嫁于贸易保护主义的做法,并没有使人们低估发生在美国和加拿大的反北美自由贸易协定运动的重要性。我认为,他们所采取的谋略是利用公众对环境问题的同情,来支持贸易保护主义者的利益,因为贸易保护主义没有获得民众多少支持。这份遗产被转让给了由世界自然基金发起的这场全球运动,并被绿色和平组织和其他取强硬路线的绿色团体热情采纳。在反全球化运动中,这种贸易保护主义意识形态现在正盛极一时。他们已把世贸组织变成反全球化运动的头号公敌。对具有传统的强硬左倾渊源的团体,这是可以理解的,但世界自然基金会何以在这方面如此积极,就让人看不明白了。"[10]

这一切都无可指责;但在很多情况下,用的是纳税人的钱:非政府组织的资金来源应该是公开的、可说明的、透明的。确定谁的观点合法,这不是世贸组织和政府的权责;在民主制度下,一切观点都合法。但我们可以决定我们如何参与以及谁是我们的伙伴。

13.6　参与所需的新规则

我们需要某些新的参与规则。我们需要在文明社会、国际组织和各国政府之间就行为规范达成某种谅解。这一规范,应该要求非政府组织具有它们要求各国政府和各组织必须具有的那些决定性要素。这类要素包括:

- 拒绝暴力。
- 其财务、章程和决策规则透明。
- 要像上市公司和政党那样,向"股东"报告并举行年会。这就能保护知名人士,这样我们就能推动与他们的交往并揭露其他人。

该规范还应要求政府、企业、基金会和国际组织对它们的资助对象及原因保持透明。作为回报,非政府组织应有与跨国公司和政府机构定期交流的场所,这样它们就可以对争论施加影响并使它们的观点得到采纳。但它们不参加世贸组织的决策——因为世贸组织是代表政府的——更不能成为唐宁街、白宫或日本国会等内阁会议的座上客。

每过几代,就会出现一个运动,以谈论社会精神危机的方式创造出一个政治市场。在历史上,左、右两派都这样做过。尼采声称"上帝死了"。马克思和恩格斯在《共产党宣言》中写下了他们反新工业时代及其暴行的革命,该书鼓吹:"生产的不断变革,一切社会关系不停的动荡,永远的不安定和变动,这就是资产阶级时代不同于过去一切时代的地方。一切固定的僵化的关系以及与之相适应的素被尊崇的观念和见解都被消除了,一切新形成的关系等不到固定下来就陈旧了。一切固定的东西都烟消云散了,一切神圣的东西都被亵渎了……"[11]

但激进主义总比一些漠然置之的选择好。美国前劳工部长罗伯特·赖克在《我简单说几句》中指出,"最糟糕的结局莫过于放弃。即使他们知道正在发生什么,而且也不想袖手旁观,但总有人对情况好转的可能性持怀疑态度。也许他们年轻时、抱有理想主义时曾试图参与过,但慢慢地就灰心丧气了。也许他们在试图改变现状时变得筋疲力尽。或者,他们断定这样的任务实在太重,社会上的倒退势力实在太强。还有些人干脆放弃了各种形式的政治。他们认为政治本来就是腐败的。"[12]年轻人的理想主义,在很大程度上与传统政治已经格格不入。

这对民主制度是危险的,因为我们需要他们的热情和敏锐思想,以使我们的社会充满活力,纠正我们的错误。生气勃勃的民主制需要公民参与。政治家、民意调查人员和决策者为什么要以不投票者为目标?不幸的是,虽然最需要政治行动的是贫穷的人、住房条件差的人和受到虐待的人,但是他们在投票人中所占比例却总是最低的。在世界最强的民主国家最近一次大选中,出现了看"超级碗"橄榄球比赛的人数超过投票人数的情况,显然很多人选择弃权,因为他们认为传统的政治改善不了他们的生活。"管它呢!"他们说。"每次投票,我们得到的只是更多的政治家!"

我所描述的国际外交的私有化和民主化——由信息爆炸推动的非政府组织和利益集团新网络的民主化——是健康的；这是一项积极的发展。国际外交不再由精英阶层在城堡中操纵了，这是好事。非政府组织在此过程中应该有其自身的利害关系——它们有很多贡献可作。

但这将始终是一种意见，而不是一张选票，因为多边决策必须由各国政府和议会作出、批准和实施，并对选民作出说明。但精明的非政府组织凭借自己的资金筹措和媒体亮相，能影响那些投票者，而且政治家们都知道这一点。不尊重它们就是目光短浅，是危险的，也是不负责任的。

14 公司的社会责任

全球性的大公司及其似乎无处不在的商标,常被嘲笑为文化帝国主义、公司剥削和跨国统治。但是,最容易受到伤害的,是公司的名声和经过多年和几代人建立的可贵信誉。当然,公司在当前反全球化的堡垒面前低头的原因,是害怕活跃的非政府组织发起的骚扰。一种不利的传说可在瞬间使一个公司的股值损失几十亿美元,使股东和员工受到伤害。品牌除了名声还有什么呢?

现代的悖论之一是,虽然全球品牌具有巨大的可信性,然而,正如史蒂夫·希尔顿和贾尔斯·吉本斯等作者所指出的,创造和建立这些品牌的公司却并不掌控这些品牌。[1] 公司面临的挑战,是利用其品牌的杠杆作用产生对社会有利的结果,同时又不损害公司的赢利能力,并在这样做的过程中,克服某些对全球企业极大的不信任感。

在一个怀疑主义盛行的时代,全球品牌象征着可信度。简言之,大品牌已成为全球的巨大偶像,因为从总体上来说,它们使全世界的消费者相信,它们提供的产品大体上与广告名实相符。如果它们提供不了,就失去顾客。如果消费者的腐败政府提供不了,它们往往通过武力继续执掌权力。在有的国家,知名国际品牌往往比当地掌权精英还可信,这是不足为怪的,抑或超过当地品牌的可信度,这是很不幸的。

认为跨国公司是无所不能的庞然大物,能通过广告进行洗脑、使当地文化匀质化的看法,在当今激烈竞争的全球制造和营销环境下已不符合事实。说得更确切一些,也许并不存在像《无理性》的作者内奥米·克莱因等人所相信的那种为追求利润而侵犯人权、破坏环境的全球公司阴谋。[2] 但全球公司不愿公开为自己的行动辩护。一个大谎言只要有一点可信的真实之处就行。不过,在全球化的世界,到处都有寻根究底的记者、非政府组织、活跃的政治家,企业的经营必须有道德、必须透明。想一想维多利亚时代的老生常谈:"我的话就是我的契约。"用"钱"字来代替"契约",* 我的话就是我的债券,因为它反映且代表了我的声誉。任何短期行为的人都能卖出一辆汽车;卖出第二辆车才是真正的考验。

值得指出一点,英国工业联合会前总裁阿代尔·特纳在其著作《合法的资本》中写道:"尽管人们在大谈全球化,然而富国的绝大多数经济活动不是根本不进行贸易,就是与收入水平大致相当的其他国家尤其是地理毗邻的国家进行贸易。民粹主义对全球化的解释,大大高估了与低收入端国家的贸易对富国宏观经济的影响。发达国家从低工资国家的工业品进口大约仅占国内生产总值的1%—3%,这些进口对就业和生活水平根本不可能构成常规智慧所断言的威胁。"[3]

特纳认为出现这样的混乱,是因为相对价格的变化。贸易额

---

* "我的话就是我的契约"(My word is my bond)的英文原文中,bond 一词有"契约"和"债券"两种意思,所以用"钱"字代替"契约",这句话就成了"我的话就是我的债券"。——译注

增长快于国内生产总值,然而贸易值却没有,因为相对于没有进入贸易的商品和服务,商品和服务贸易的比价不断下降。"说得简单些,相对于不进入贸易的理发服务的价格,进入贸易的电视机价格只降不升,"特纳说。"这个因素限制,并有可能最终降低,我们经济中贸易部分所占的比重。"

这就是说,除某些商品外,发达世界通常不依赖穷国的市场。然而要重申的是,很多穷国对富裕世界高度依赖,尤其在农业方面。事实上,农业部门与每个人的生存息息相关,而且无疑是世界上最大的雇主,雇用了将近一半的世界劳动力。它也是最具危险性的部门之一,使用童工与强制劳工以及环境灾害发生率也最高。环境企业社会责任协会项目经理玛丽亚·格拉斯指出:"对于粮农公司来说,除了来自世界利害关系者共同体具有空前挑战的需求外,全球市场还创造了越来越复杂的供应链。"[4]

这并不是说所有公司都完美无缺。过去就有过严重的大错误,也有反对全球大公司做法的令人信服的理由。我认为,这种情况大大减少了,因媒体和非政府组织监督的加强和消费者日趋老练,而且对公司社会责任的不断重视也提高了国内和国际大公司的觉悟程度。

这种日益增多的文明社会的活动——虽然有时效果适得其反——并不是虚假的;它反映了西方公众比以前渴望对这些问题的参与。《利害关系者的对话:消费者的态度》的研究有如下的发现:[5]

- 70%的欧洲消费者说,公司的社会责任承诺,是他们购买产品或服务的重要考虑因素。

- 在购买对社会与环境负责的产品时,有 1/5 的消费者愿意承受高一些的价格。
- 欧洲有 2/3 的公民认为"解决社会问题的责任越来越靠大公司及政府来承担",瑞士、西班牙、荷兰支持这一观点的人最多。
- 欧洲消费者最关注的问题是:(1)关心和善待雇员,保护工人的健康和安全;(2)在整个公司经营活动以及供应链中都尊重人权(例如,不用童工)。
- 此项研究强烈暗示——与以前的多项研究相一致——公众对公司的主要要求是,公司要体现公民的权利与义务,而不只是对慈善或社区的施舍。
- 欧洲公众大都认为,公司对社会责任的承诺是他们购买产品或服务的一项重要考虑因素。
- 在所调查的 12 国中,有一半以上的人认为,公司对社会责任的承诺是他们采购时的一项重要考虑因素(程度上有各种差别)。

困难在于,即使那些想在社会和道德上负责的公司常常也不知道该怎么做。一方面,它们很谨慎,不愿意把钱扔给现有的一些有时有可疑记录或议程的机构或慈善团体;另一方面,过多地参与提供服务本身也有损于其核心业务,这是可以理解的。有很多公司害怕介入,怕引起激进分子的注意。但任何一种形式的姑息都没有多少用处。

当年,流动纠察队是工会要求增加工资、改善条件时喜欢采用的手段;这些日子,这一手段有可能被抗议者用来反对所谓麦当劳或星巴克取代了传统的农民或剥削第三世界的工人。

图20.警方向西雅图的抗议者喷洒胡椒粉:抗议是健康的,双方分歧严重,我也同意某些批评者的看法。但在西雅图,某些抗议者宣称的目标是阻止部长们开会。这就危险而且不民主了。(安迪·克拉克摄影,路透社版权,1999年。)

公司责任的一个重要角色很可能是由工会和退休基金扮演。例如,加利福尼亚州公务员有1 500亿美元退休基金。其投资的25%左右在美国国外;其投资一度大约相当于法国股市的5%。美国人共有11.5万亿美元退休基金,是世界资本流动的一个关键成分。它的经济含义显而易见,但驱动工会的社会规则、工会对道德、环境和劳动标准问题的日益关注,结果很可能产生比有关可持续发展的善意会议更大的影响。试设抗议者把工会办公室作为攻击目标时,作出的反应该有多尴尬吧。很多工会和退休基金都预料到这种情况,且正在为其投资制定道德规范和标准。

然而,与其专注于这些消极方面,我想倒不如探索利用全球企业不容置疑的力量,促成更好社会效果的方法。通常在要求高的环境中,跨国公司具有提供货物和服务的经验。说到底,如果在非洲一个偏僻村庄里,少数几样有用的东西之一是可乐自动售货机,那么,我们也许应该探讨一下如何利用该品牌的市场营销和分销力量。而非政府组织辱骂的往往是公司本来就应当做的事情,那就是通过向顾客提供产品和服务,达到为它们自己、为它们的股东和雇员赚钱的目的。

但对很多参与者来说,公司社会责任是一个敏感的领域。特纳认为,一个良好的社会是通过法律、税收和公共支出,在很大程度上都是通过自利行为建立起来的,指望人们在经济生活和政治生活中循规蹈矩,就能演变出良好社会的想法,"说得客气一点,是条死胡同,说得不客气,是很危险的"。"要求公司考虑更广泛的社会'损益平衡表',听起来似乎很有吸引力,但实际上这是一条几乎根本行不通的原则。"特纳说,"公司能大体准确识别的,是在特定制约范围内使其利润极大化的那一组复杂行动,但它们无力校准其行动的第二、第三和第 n 等社会结果,而且缺乏进行这些平衡的合法性。"[6]

像经合组织前首席经济学家戴维·亨德森[7]、《金融时报》的马丁·沃尔夫[8]等批评者认为,公司社会责任使企业偏离产生利润这个首要目标,从而扭曲了市场。

亨德森认为:"……支持[公司社会责任]的工商组织有一点很典型,它们未能与反工商企业激进分子团体取得联系,甚至赞同它们的论点或要求。它们的战略是姑息迁就战略。它们对私人企业与竞争和经济自由的联系几乎全然无知。它们错误地把维护市场经济与更多的企业、更受欢迎、更受尊敬混为一谈了。"[9]

在一个由公共政策研究所(一个中偏左的智囊机构)举办的论坛上,在一次有趣的交锋中,沃尔夫评论说:"界定不明的,也许是多余的、无效的、危险的——我想用这些形容词来分别描述公共利益这一概念、把公司社会责任作为利润极大化战略、把沉重的负担加在追求利润的公司头上、用规章把这些负担分摊到竞争者的做法。假如我们要追求社会目标,那么正确的方法是通过一个政治过程,让赞成与反对的论点进行公开明确的辩论。公司社会责任不是一无所获,就是有害无益。它会是哪一种,我不得而知。但我知道,正确的回应是对它表示极大的怀疑。"[10]

在2002年纽约世界经济论坛上,南非财政部长特雷弗·曼纽尔说:"理解政府和市场各自的作用对于确保增长和脱贫至关重要。企业的作用是获利。政府的作用是执政,而且是为全民执政。公共机构软弱无力对穷人的伤害尤其严重,既没有能保护他们的经济利益,也没有能保护他们的人权。具有再分配的增长要求政府在各个方面的积极参与。建立一套能促进授权和增长的法律和经济激励机制——从教育和个人安全到道路和行政管理等软、硬基础设施——对于减贫是必不可少的。"[11]

有一点很有意思:尽管有人认为,巨型跨国公司在富裕的经合组织各国开展跨国业务时能逃税,可是自1960年代以来,公司税对政府财政收入的贡献基本上没有变化,一直在8.8%上下波动。"公司税在很多国家都下降了,可是税收却没有,因为税基的扩大抵消了税率的降低。作为国内生产总值的份额,公司利润赋税额一直在稳定增长,从1965年的2.2%,到1980年的2.4%,到1990

年的2.7%,到1999年的3.3%",菲利普·勒格兰报道说。"假如企业家在作秀,那他们显然是受虐狂。"[12]

关注跨国公司的收入——实际是关注其利润的生成,虽然也很重要,但——忽视了一个问题:这些全球公司的真正的力量在于其巨大的势力范围和公众对其跨文化品牌的认同感。我们没有理由不鼓励各个层次的公司运用其商标的力量,在它们经营的地区产生更好的社会效果。

公司社会责任的概念尽管遭到反对,但还是赢得了广泛的支持,并得到联合国秘书长科菲·安南的全球协定的进一步推动。安南在评论贫穷和良好治理时说:"很多企业界领导人仍然认为,这些都是有待政府解决的问题,企业应当关注赢亏问题。但其中大多数认为,从长远来看,赢亏不仅取决于政治稳定,而且取决于经济和社会状况。而且越来越多的人认识到,他们不必等政府来采取正确的行动——实际上,他们也等不起。在很多情况下,是企业带了头,政府才找到勇气和资源来采取正确行动……实际上,在批驳公司社会责任论者和吝惜鬼论的观点时,企业界领导比其他任何人都有资格。在富国向穷国劳动密集产品开放市场、结束使穷国农民无法竞争的农产品出口补贴等问题上,他们能提出最有说服力的理由。"[13]

当然,反全球主义者批评这种创议,认为它给公司以口实,使它们借以避免采取任何具体行动,而极端自由主义者则视之为对纯资本主义的侵犯。

但企业与社会力量之间的伙伴关系已开始出现。世界经济论坛总裁克劳斯·施瓦布指出:"在达沃斯、纽约,比尔/梅林达·盖茨基金会保证再为非洲艾滋病防治提供5 000万美元,包括2 000万美元用于资助在妇女预防艾滋病病毒/艾滋病方面有望突破的杀菌剂试验。另外,美国财政部长保罗·奥尼尔接受 U2 主唱博诺赴非洲旅行的邀请,博诺要让他亲眼看看艾滋病和其他疾病在那里引起的惨剧。参与世界经济论坛全球健康行动的公司和国际领导人共同发表了一项行政声明,呼吁企业领导人在与艾滋病病毒/艾滋病、肺结核和疟疾的斗争中加大支援力度。鉴于认识到教育在促进公平中的决定性作用,南非总统塔博·姆贝基宣布,微软将为南非32 000所公立学校免费提供软件,让-玛丽·梅西耶宣布,维旺迪环球公司将把它的慈善预算的20%用于弥合数字鸿沟项目。"[14]

世界经济论坛的全球公司公民纲领考虑了各公司的各种不同情况,同时鼓励对核心业务必不可少的良好社会实践。施瓦布与其夫人希尔德一道,为施瓦布社会工商企业家基金会作后盾。他说,该基金会的宗旨,是创建"一个全球杰出社会企业家共同体,以更好地运用他们在解决社会和经济问题时产生的有生命力的知识"。该基金会找出并资助有创新精神的杰出的企业家,如法兹勒·阿比德的前孟加拉农村促进委员会——该组织致力于开发穷人的潜能,通过自我组织改善自己的生活。其全时人员26 000人,已帮助380万贫穷妇女建立了10万个村小组。其卫生计划惠及1 000万人;其非正式学校吸收了120万儿童入学,其微型信贷计划发放了10亿美元贷款,据报还贷率达98%。

企业必须自卫,并带头关注极端的非政府组织。我曾得罪过新西兰的某些左派同僚,我在一个工会会议上说这一运动不应侵害利润;工会成员应派人护卫亏损公司。没有利润,就没有安全的工作。

2002年,安然和世通等大公司相继倒闭,使人们对企业的不信任进一步复杂化。原先口碑良好的安德森等公司令人怀疑的会计手法上的共谋(见第15章)加深了人们的不信任感。对此,怎样估价都不为过。有一项估计——系哥伦比亚特区华盛顿的智囊机构布鲁金斯学会所作——公司的丑闻将使美国经济损失350亿美元。这会使当年美国经济增长降低0.33%,且此后十年的增长降低多达2.5%。350亿美元是对这些公司丑闻真实代价的保守估计,相当于每桶石油价格上涨10美元。2002年的市场灾难吞噬了千百万美国人的退休基金——加上世界各地蒙受证券灾难性跳水的人们——引起了普遍的不安。有理由对那些认为价格会永远涨下去的投资者说明,股价上涨已大大高于以前繁荣时期的水平,免费午餐的好事是没有的。但很难因为基金陷入退休基金缩水的困境,就指责工人,说这全是他们的过错。规章、法律和条例至关重要,但有人会违法乱纪;他们是罪犯、恶棍和窃贼;所以我们需要有监狱。

说的更贴切一些,仍然有人坚定地认为,倒霉的只是工人和股东,公司执行官们可以早早出手,赚取数百万,庆幸自己得以解脱。美国经济学家凯文·菲利普斯的计算是,在2000年前的20年间,虽然美国工人的工资大致翻了一番(通货膨胀前),但名列榜首的10大首席执行官的平均收入提高了4 300%。[15]或如工厂工人罗贝尔·昂斯莱在《国际先驱论坛报》上撰文指出:"我认为,我对公司股价的关心不亚于我的首席执行官——我的401(k)储蓄计划是在公司的股票上。我承认,我的工作取决于公司的赢利。但我不知道公司的执行官们是否了解工人在其成功中所起的作用。自由企业是一种风险与回报并存的体制。现在的情况是,员工承受大部分风险,而执行官们则享受大部分的回报。"[16]

这种看法被普遍接受,这是危险的。信赖是一种脆弱的商品;很容易失去,有时则无法失而复得,这是安德森在安然公司事件后发现的。人们需要对未来的憧憬的激励。要让人理解企业是如何促进经济增长的,公司有必要向前看、向外看。

《好企业:你的世界需要你》一书中详细介绍了一个解决这个问题的有趣方法。作者们是为公司提供公司社会责任战略的顾问。他们认为,在目前反全球主义的环境下,公司仅仅在其业务范围内对社会负责已经不够了。"你必须展示你在业务范围外的社会领导能力。仅仅改变你的公司还不够。你应该用你的公司来改变世界。这才是真正代表进步的方向,而且也是让世界相信你是真正有责任感的。由于领导艺术需要群众的参与;而责任就能成为严守的秘密,而且通常如此。"[17]

质言之,作者们认为,重要的全球公司应该查看自己运作中的许许多多的微观方式,因为在这方面它们比任何压力集团甚至比很多政府都起作用。他们提出一个有力论点——不赞成以给钱的方式帮助一项好的事业——而赞成以提升其品牌和业务的力量,使人们注意社会和环境领域的正面信息。"提高可信度的方法,不在于表白你在公司社会责任方面做了什么,而是展示公司社会责任。其妙处在于,使你的客户直接参与,就更能直接帮助你的企业。"

如前所述,希尔顿和吉本斯谈及的有趣观点之一,是公众对全球品牌的品质一贯性、可靠性和有用服务的信赖与他们对提供这些品质的公司以及对整个企业界的不信任之间的矛盾。两位作者认为,造成这种情况的原因在很大程度上是媒体报道中大量反企业的信息,包括虚构的和非虚构的信息。

一位反全球化、反增长的激进主义者——"回到中世纪"的鼓吹者之一——曾经问我:"在一个需要倍增的世界,你怎么与贫困作战?"他指的是发达世界的使问题更复杂、更混乱的物质至上主义。这个问题提得好。你能穿多少双鞋;你能用多大的房子;你能开多少辆汽车?我从未见过一个说自己的钱已经足够用的人。

但这些论点通常是已经有了舒适生活的人提出的。它们对富裕世界的穷人、失业者和病人没有什么意义。对消费主义的绝望情绪,其实是对千百万生活贫困、痛苦和简单的人们的侮辱。既然富裕国家处于优越地位,那些想阻止世界发展的人就激怒了发展中世界的各国领导人。机会平等是一个崇高的概念;不幸的是,平等机会有降低而不是提高生活水平的趋势——这应了一句老话:在党内,除了党的书记,我们都是平等的。这是一条用善意铺平的道路,是通向地狱的,不是通达天堂的。

《好企业》赞扬了很多积极项目,其中有可口可乐公司与当地教育委员会联手提出的"做有价值青年"的活动,使英国那些即将被学校开除的、迷茫的14岁少年与年纪更小的儿童结对,教他们识数和读写技能。"此举成功率极高,父母和老师都报告说14岁的孩子们态度有转变,因为他们懂得了责任感。这个项目之所以起了作用,实质是因为有可口可乐这个品牌的介入:因为这是十几岁的孩子们都知道和信赖的品牌。"

他们还赞扬了不少活动,其中有:维京公司理查德·布兰森开发的"伴侣牌"避孕套,认为它是企业对1980年代迫在眉睫的艾滋病危机作出反应的一种方式;英国天空广播公司开创的年轻人生涯资讯服务公司;与耐克公司共同发起的、减少伦敦内城学校操场以强凌弱行为的项目;戴姆勒－克莱斯勒公司与里奇蒙推出的"运动有益"项目,推动非洲邻里关系的复兴。他们在全书结束前,为总经理们准备了一个简单的测试。"写一句话说明贵公司的目标。它体现你对社会的贡献吗?你有没有一个利用公司组织的各个部分来达成该目标的社会领导计划?是不是每个雇员、每个客户都清楚地知道贵公司的这个目标?"

显然,大多数首席执行官都通不过这一测试。如果他们能够的话,那么改善这个世界的潜力是很大的。

不过,有的首席执行官和公司通过了这一考试。英国石油公司集团首席执行官约翰·布朗就是一个例子。他在哈佛大学一次演讲中解释其公司状况时说:"我们的经营活动和财务报告必须透明,因为哪儿有黑角,哪儿就会有可疑之处……透明是有效治理的组成部分——有明确的责任、适当有效的控制、制约与平衡机制以及对风险的明确分析和管理……当然,我们的方法是受自我利益支配的。公司既非援助机构也非慈善机构——我们的目标也就是代表我们的股东创造未来的财富……公司要想经营成功,就需要信赖,随着全球市场的变化,公司就要证明它们也能在复杂地区经营。这就是联合国提出的全球契约创议的内涵。"[18]

近年来,作为竞争对手的石油巨人壳牌石油公司在这些问题上同样也很主动,给它在菲律宾的马拉帕亚公司的天然气回收项目增加了一些副项目，比如，帮助当地发展诸如渔场一类企业，在创造就业机会、修复环境的综合计划中，有一条管道改道工程，于是就规定每砍伐一棵树就补种10棵。在尼日利亚，壳牌石油公司执行了严格的企业道德计划，2000年推出了鼓励员工和股东报告不道德行为的办法后，公司已经解雇了9名员工，淘汰了8家承包商。壳牌公司还利用它在撒哈拉以南非洲约2 000个服务站的庞大网络，帮助遏制艾滋病毒/艾滋病蔓延的斗争。各服务站都张贴宣传画、向顾客发放传单，鼓励他们保护自己，防止传染性的艾滋病毒。[19]

2002年8月，南非最大的雇主英美矿业集团说，它的13万雇员中，无论谁需要防治艾滋病的药物，公司都将提供。《金融时报》报道说，"这项宣言——世界上第一份这样的宣言——不仅对南非的企业，而且对整个非洲大陆都是一个里程碑。尽管南非政府对艾滋病药物还有些迟疑，然而，这家企业已经承认，只有昂贵、复杂的艾滋病治疗计划才能阻止该地区的社会和经济灾难。"[20]

反对公司社会责任创议的很多论点，说到底就是，认为这些创议扭曲或有损于公司赚钱这个主要目的。或者是认为企业因此又要增加一个新的调节层面。

我也认为，规章制度过多，或者搞一个有自身运作方式的机构，跟没有规章制度一样，也是危险的。有些新集体主义者，虽然未能有效管理民族国家，但却试图把他们在当地遭到惨败的那一套东西向全球推行，而他们失败的原因是指导理论非左即右，根本行不通。新的民主国际主义应包括标准和法治，而不是控制。换言之，应包括所有制、财产权、法治以及与良好治理这个政治上正确的口号有关的所有问题。

我所赞成的是一条虽不那么时髦,但却很有道理的格言:对德行的最好回报就是德行本身。德行曾经被视为一种惩罚,但美德造就了声誉,而声誉则是信用银行里的钱。我们即将进入一个新千年。在新千年里,全球化以及赋税、利息和汇率方面的空前竞争,正对还存在着差异的富裕世界的消费品价格和国家税入施加压力。当然,发展中世界面临的是更为巨大的挑战。

在一个大企业变得空前强大、空前有能力减少税负的时代,我认为大企业有一种道德社会义务,不仅有责任为其股东和员工谋福利,而且有责任为更广大的社会谋福利,即使只为它们自身的利益,这些也代表着它们未来的员工和客户。

大企业现在的处境与19世纪英格兰北部的工厂主类似。那些工厂主认识到,财富无法使他们的工人及其家庭幸免于不卫生条件所引起的疾病和死亡,便开始从事个人慈善事业。在维多利亚时代的英格兰,即使你住在镇上最大的公寓里也没有用,因为疾病会由仆人带进你家,你工厂的工人会因病重而无法工作。这些进步的维多利亚时代的开明人士实行了地区性的社会主义:建立公共设施、下水道系统、道路和学校。这首先发生在局部,然后发展到国家层次,给了英国的帝国事业以巨大的竞争优势。合格的、受过教育的工人不仅是经济财富,而且是社会财富。同样的原理也适用于今天的世界。

有些公共服务和全球财富是市场提供不了的。大型博物馆、美术馆、国家公园可能不会立即赢利,但它们使生活变得更加美好。国家、各类机构和全球治理起到一种作用;税收是你为文明支付的代价。破坏政府声名的是腐败、短期主义和低质的供货体制。这就是为什么公营—私营供货制度是未来的方式,在没有成熟的、负责任的、专业化公共服务的国家,尤其如此。

20世纪初,随着专业管理阶层的出现、股权的扩大和商业大家族开始失去对其帝国的个人控制,资本主义发生了巨大的变化。资本主义现正在经历另一次异常的、渐进式的变化。由于个人和工人退休基金,公司股权正变得越来越民主化。这一点我将在第16章进行探讨。现在,美国持有股票的人比参加总统大选投票的人还多。这种预期的扩大,姑且不论行市的涨落,必将对首席执行官、董事和经理提出更高的要求,来提高公司的责任标准、提升合乎道德的投资、培养更高的责任感。我们已经看到,工作、资本主义和所有制在发达世界正在发生怎样深刻的变化。现在,美国有10%的劳动力在为150万个非营利组织工作[21]。

现在,世界200家最大公司销售总额,已经超过了除10个经济大国之外的所有国家的国民生产总值总和,这不仅改变了做生意的方式,而且改变了外交和国际治理的惯例。[22]我认为,公司不会取代政府。我还认为,公司没有什么必要为寻求更文明的做生意方式而牺牲利润。艾伦·希普曼在《全球化神话》中指出了这样一件具有讽刺意味的事情:"跨国公司非但不是无情世界市场的缔造者,反而总是力图避开它。推动国际一体化、以期限制大公司市场力量的,一直是政府。"[23]关于全球资本家/政府共谋的问题就谈这些。为更加文明的公司和全球治理时代的到来欢呼吧。在有规则和政治责任的世界与加强个人和公司社会责任之间,没有必要产生冲突;这些概念能够——而且正在——趋同。

你要是害怕大企业,那就为全球化祈祷。开放的贸易促成竞争,并通过竞争遏制垄断企业和大公司。全球电信业就是一例;封闭的市场意味着舒适惬意、任人唯亲的资本主义,以及企业违背工人和消费者利益从政治家那里得到的购买特权。给予它们这种权力的,不是企业的规模,而是缺乏竞争。

15 是反思全球治理的时候了

在联合国所代表的国旗、国界、国歌和货币中,有3/4是50年前没有的。[1]1945年联合国成立时,只有51个成员国;现在有190个。由于全球化,出现了很多关于民族国家消亡的预言。

冷战结束了,全球经济一体化加速,在我们现在生活的世界上,像AOL-时代华纳这样的公司,可以获得——一年左右又失去———一个庞大的市场,其价值超过了包括挪威、芬兰、哥伦比亚、以色列和新西兰等国在内120个国家的国民生产总值。在这个世界上,有逾30 000个非政府组织,利用空前多的媒体,使公众关注公司和政治缺陷,推动其议程;无国界的狂热分子和恐怖分子正在威胁和平共处和经济安全;一度为国王、皇帝和红衣主教等统治精英独霸的外交领域,成了无国家的压力集团可以组织禁止地雷活动,然后找主权国家加拿大,由它通过多边体制来赞助。总之,外交越来越私有化、民主化。这是好事,而且越来越好。

这些趋势即使使强者不安,也并非不健康。它们正在检验国际组织和国际会议的局限性,而这些组织与会议则力图创建一个政治路线图,找到能对付这些新力量的既符合法律又合乎道德的指南。尽管全球的版图发生了巨大变化,为世界提供服务的组织机构却没有变化。领导人面对的是根据威斯特伐利亚民族国家概念来处理冲突和挑战的棘手问题,而全球组织往往措手不及,被以旧现实为基础的程序束缚了手脚。现在有几十个国际的、政府间的机构,其作用、议程,甚至所在位置,都是旧的冷战时期优先事项的组成部分。功能相互重叠,受命相互冲突,目标模糊,各国机构有其自身的运作方式,对成员国政府有承担或不承担责任的不同体制。

我在世界贸易组织进行的各种改革,一定程度上,就是致力于解决该组织以及其他多边政府间组织中实际存在的和感觉到的民主方面的不健全。这种不健全是相关政府的过失,是它们把我们全球性和区域性的责任,转交给了各种组织和条约,但却没有让它们承担相应的责任,或者接受这些政府及其议会的充分监督。我们必须与各国政府、民主选举的代表、更广泛的文明社会建立更好的联系,以重建我们的全球组织的责任和良好治理。我们已经开始;我们现在必须依赖那些创议。

这不是贬低当前国际结构的极大重要性。正如布林克·林赛所说:"战后的领导人决意不重复过去的错误。他们以巨大代价,发现了被长期忽视了的科布登自由主义的智慧——自由贸易对于保护世界和平极其重要。"[2] 亨利·梅因爵士(1822—1888)说,"战争似乎与人类一样古老,但和平却是现代的发明。"几个世纪前,伊曼纽尔·康德就写下了用国家联盟保证持久和平的话了。

在第二次世界大战结束前,伟大的领袖和进步的思想家就在思考如何创造新结构了。要组建联合国来取代失败的国联。这些种子播下了,并开始形成马歇尔计划,首次根据民主和开放的贸易的原则,由战胜国帮助战败的国家和民族进行重建,这与臭名昭著的《凡尔赛条约》是个截然相反的对照。

各国领导都明白,贸易保护主义使大萧条变得更厉害、更持久、更棘手,他们很想建立一个国际贸易组织,后为美国国会所挫败。不过,他们终究还是成功建立了关税与贸易总协定,即关贸总协定,且最终发展成了世贸组织。世界银行要成为开发银行,国际货币基金组织——原先是想以黄金为基础,组成一个金融体系,以维护全球的稳定——最后成为一个借贷银行(虽对此在基金组织内部仍有争议),成了向各国提供经济咨询的机构。

这个国际机制的一揽子构想充满了战后乐观主义和理想主义,旨在建立一个协调的国际结构,对发达国家和发展中国家提供安全、支持和鼓励。这种理想主义不久即为冷战的严酷冲突所取代。尽管现存国际机构不尽完善,但由于它的存在,世界比以前美好、安全、可靠了。

不过,这一结构现已处于中老年时期,迫切需要体格检查、输血,进行目标重估了。世界已发生剧变,尽管其组织机构也已扩大——有时达到难以驾驭的程度——但却没有以服务对象为中心。1945年的问题是粮食安全问题,不是粮食过剩、自由贸易或转基因食品问题。50年前,有环境部的政府一个也没有,现在,差不多都有了。

没有任何一部百科全书能把过去几十年使世界更安全、更美好的条约、法规、双边和国际协定都收进去。

民族国家常构成对自由的威胁。超级国家应当更小心地对待。但是任何国家或个人都不可能而且也不应该自行其是。这就是各国政府把它们的部分职责经由条约或组织机构外包的原因。

这些组织机构当今面临的真正危险,是没有责任、所有权、仔细审查和政治监督。这就要靠成员国政府多做一些;把这些问题留给各组织、批评者或支持者是危险的。

威尔士的空想社会主义者安奈林·比万在《在令人害怕的地方》中告诫说,必须"……警惕老话,因为这些话犹存,而它们的实际背景已经改变。我们总想在对现实加以描写时限制现实。不久,我们就成了这种描写的俘虏,可是过了很长时间,我们才认识到这一点。从那一时刻起,我们的思想就堕落为相互传递的民间传说,愚蠢地以为我们还在谈着身边的现实。"[3]

现实情况比比皆是;这就是为什么领导人——从联合国秘书长科菲·安南,到英国首相托尼·布莱尔、法国总统雅克·希拉克——都不断呼吁组织机构间的更大协调,呼吁国际结构出现新面貌。希拉克总统指出,在我们朝着日趋多极的世界前进时,必须加强国际组织机构。"我们需要规则和仲裁人……全球化必然要求全球作出反应",他说。"我们必须更新第二次世界大战后形成的国际体系,而且给它以充足的财政资源。"[4]

我们现在究竟处于何种状况?民族国家兴起、发展并集中了权力和权威,相反,心灵王国则退却了,它的宗教代表坐到欧洲的国王和亲王背后去了。具有讽刺意味的是,在欧洲,是红衣主教黎塞留第一个提出,各国领导人原则上必须把国家利益和福祉以及对它的推动置于教会利益之上的。他是中央集权思潮的强力先驱,这一思潮后来成为欧洲、现代外交、"现实主义"均势理论的模式,从帕默斯顿和俾斯麦,到特迪·罗斯福、理查德·尼克松、亨利·基辛格等人都继承了这些理论。

15.1 政治现实主义与威尔逊理想主义

汉斯·昆曾评论过当前的两股地缘政治思想,即由尼克松/基辛格核心代表的当代"政治现实主义"和威尔逊理想主义的法律、制度、规则和条约的世界。"这些'理想主义者'应该注意到,政治彻底从属于道德并没有公平地对待政治自治,而且导致了非理性主义……但'现实主义者'不应忽视这样的事实:使政治彻底脱离道德,破坏了道德的普遍性,而且导致非道德主义。价值、理想和标准,不能被政治所忽略。在基本上属于个人主义和享乐主义的社会以及军事化的对外政策面前,必须要有道德责任。"[5]

民族国家本身就是一个比较新的概念;哲学家,从"持久和平"论者康德,到《国家的消亡》的作者马克思——比近期流行的弗里德曼-撒切尔-里根革命早得多——都要求从人民的生活中消除国家。马克思主义者认为,个人将通过共同集体所有制而获得自由。弗里德曼主义者则认为,个人将通过摧毁集体冲动而获得自由。

横向思维是必不可少的;我赞佩坎特伯雷大主教,他倡导来自不同宗教的成百上千虔诚的年轻人进行交流,到对方的清真寺、犹太教堂和基督教堂去工作。我们需要改善文明之间的对话和宗教之间的对话,以创造相互理解、尊重与和平。9·11事件前汉斯·昆曾有先见之明地指出:"没有宗教之间的和平,就没有文明之间的和平。没有宗教之间的对话,就没有宗教之间的和平。"[6]

15.2 部族的推进力

尽管有这种强大的拉力和全球化的猛攻,民族国家不仅存在,而且还在加强和增加。部族主义是一种强大的推进力,而全球化的一个结果,就是给越来越小的民族国家以生存和独立能力。这不是坏事。彼得·德鲁克在《外交事务》中指出:"任何其他组织都做不到政治一体化和确保自身在世界政治社会中的成员地位。因此,在经济全球化和伴随它的信息革命中,民族国家很有可能继续存在。不过,那将是发生了巨大变化的民族国家,尤其是在它的国内财政与货币政策、对外经济政策、国际商务管理,也许还有它的战争行为等方面。"[7]

汉斯·昆正确地指出:"至少从第二次世界大战起,尽管有明显的抵制,新的后现代政治范式还是在缓慢且费力地成为既定事实,这一范式已不是以欧洲为中心的,而是多极的,而且正以后殖民主义、后帝国主义的方式,以真正统一的国家为宗旨……现实政治与理想政治之间有一条中间道路。这是以有责任心的道德规范为精神实质的政治之道。"[8]

我们的问题是,如何管理并实现全球舞台上不断增加的利害关系者的预期。

15.3 需要进一步协调

获得纳税人数十亿元钱的很多机构之间加强了协调,这将是一个良好开端。各国领导人总是要求加强协调,他们的要求是对的。拉丁美洲一个小国的部长曾告诉我,5个不同的机构来到他的国家协助解决关税问题。

在与其他机构的负责人经常会晤后,我明白了这些组织机构在管理上有多难。这种缺乏协调的状况损害了它们的集体信誉,挫伤了它们的捐款者和拥有者的信心,导致了公众的嘲笑挖苦,尽管其领导人已竭尽全力,例如联合国秘书长科菲·安南,他亲自领导的全球商业和文明社会契约,还有全球与艾滋病病毒/艾滋病斗争信托基金,只是理想主义和希望的几盏孤灯。它们尚未能吸引理应得到的支持。

各个机构选择最高行政官员的方式各有不同,即使联合国秘书长,往往也无权把变化或规定强加于他管理的机构。五花八门的组织机构令人眼花缭乱:仅联合国组织系统内就有112个机构(包括世贸组织,虽然它本身并非联合国的组织或机构,但却与联合国有某种特殊的合作关系)。仅国际劳工组织、联合国粮农组织和联合国儿童基金会,就有12 489名雇员。1998年财政年预算总额高达20.9亿美元。

改善机构间协调的尝试,有时可能令人心灰意冷。在日内瓦,我就多次经历过各机构无法合作的情况,尽管它们有相同的总的、往往是善意的目标。仅举一例:我发现驻日内瓦的机构有空缺——有近30个国家因为太穷或者太小,没有在日内瓦派驻使团。我举办了日内瓦周,由我们出资邀请它们的高级官员到日内瓦参加年度基本情况介绍会。为成就此事,我打电话给四面八方的捐助国,这里募集1万美元,那里募集3万美元。这终于达成了初定的目标。我想一气呵成,我觉得我可以求助于其他机构出资,因为按逻辑这一周也包括了它们的工作。我真傻。除世界知识产权组织的卡迈勒·伊德里斯和国际贸易审议委员会的丹尼斯·贝利斯尔慨然允诺提供一定帮助外,余则全由我筹措了。

我开始时会见了非常驻代表团并问他们有什么希望。他们的意见是,建立一个适度规模的信托基金,基金对他们的"指导"每年将回报140万美元。我着手筹建信托基金。困境立即摆脱。人人都想让别人看见他参与填补了这个市场空白。非洲加勒比—太平洋集团设立了一个办公室,国际贸易信息与合作署得到了新的资助,英联邦扬言要增派人员。

现在,我们一年两次从核心世界贸易组织预算中拨款资助该计划——我认为这是进步,而且还建立了一个信托基金,专为这些贫穷国家的技术援助和能力建设提供援款。因此,非常驻代表团最终有了好得多的待遇,这就很好。不过,它们能做到这一点,是因为它们向捐助国索要的比原先的数额多了好几百万美元。

世贸组织作为一个主导机构,能使被忽略的综合框架*恢复生机,因为该框架使所有机构一起,以协调一致的方式,把脱贫方案纳入正规渠道,而且使之具有比单纯贸易更为广泛的含义。虽然焦点问题是使贸易成为国内经济计划的主流,在往往处于竞争状态的政府各部门得到一个协调一致的本地政策,然而,该综合框

---

* 综合框架指的是六大机构(国际货币基金组织、国际贸易中心、联合国贸易与发展大会、联合国发展署、世界银行和世贸组织)决定协调对最不发达国家提供与贸易相关的技术援助的行动计划。该机构的英文全称是 The Integrated Framework for Trade - Related Technical Assistance to Least - Developed Countries。——译注

架也以把各个机构纳入一个有目标、可计量的合作模式。吉姆·沃尔芬森和霍斯特·科勒也非常支持。通常各机构负责人并没有"地盘"和政策问题,低层才有奢华的放纵的妒忌(见第 12 章)。该综合框架是项目驱动的机构间协调的范例,可成为未来的合作模式。当我们关注具体项目时,我们都能干得比较好。

根据我的经验,这很少与客户或国家有关,它与各种组织机构的扩大和权力有关,不论是在日内瓦、惠灵顿,还是华盛顿特区都一样。

科菲·安南最引人注目的创议之一,是 2002 年的发展筹资峰会,其结果就是蒙特雷共识。这一共识认为:"一种全面的、以规则为基础的、开放的、非歧视和公平的多边贸易体制和有意义的贸易自由化,能大大促进全世界的发展,对处于各个发展阶段的国家都有利。在这方面,我们重申我们的承诺:对实现贸易自由化和确保贸易在促进各国经济增长、就业和发展上充分发挥作用。由此可见,我们欢迎世贸组织把发展中国家的需要和利益置于其工作纲领的核心,而且承诺为其实施作出努力。"[9]

蒙特雷大会非常重要。这是我们首次在一个会议上聚集了北南国家的 50 多位国家元首和数量惊人、具有多学科知识的高级部长和官员,还有负责完成捐助议程的主要机构的负责人。捐助国保证大大增加给援助计划的捐款。

我们就当代世界经济核心问题达成共识,进入了发达世界经济战略的主流化发展。蒙特雷大会进一步促成了各机构对发达世界的需要作出有效反应时所需的协商一致。我们摒弃了要援助还是要贸易这一过时的争论。两者我们都需要;援助的目的是建立公共基础设施,在双赢局面下促成贸易增长。建立高效关税制度、无漏损的课税基础,造就一批能干博学多闻的官员,与修坝、造桥、筑路一样重要。

联合国各机构首长每年都举行一次由科菲·安南主持的会议。我感到这些会议非常有用,可以与其他负责人一道工作,使我们的部分计划有更多的协调。我们彼此在日内瓦之外见面的机会比在日内瓦要多。在自由的、目标宽泛的讨论中,大致了解他们在卫生、难民等领域优先考虑的事项,让人喜出望外。

但在一次会议上,一个机构负责人说,"我们现在处在一个后议会制、后民主制时代;民族国家已不能再发挥作用,政治家为人所不齿,人民甚至已不想再参加投票。"这话使我非常惊讶。他继而断言,未来的治理将绕过政治家,属于与代表文明社会的非政府组织合作的各种国际组织。

当然,很多非政府组织对这一理论不仅赞同,而且推广,因为它给了它们权力、地位和资源。我告诉他这种态度不仅不健康,而且很危险。我冒昧地说我也许有些守旧,不过还是坚信议会民主制。

在有一个问题上他是对的,但是他的解决办法不对。困难通常不是出在国家层次。有效的民主制不能跨出主权边界;困难出在国际层次。迄今为止,我们的无从捉摸的目标是,使民主原则发展成全球治理。我们这个相互依存的世界尚未找到使其共同需要融为一体的机制。

15.4 涉及所有利害关系者

参与这些问题的,除了引起如此多关注的非政府组织——其中有很多做了非常有价值的工作——还有很多党派,其中有很多党派被视为公司利益的代表者(见第14章)。除了世界贸易组织,设在瑞士达沃斯的世界经济论坛,也许是最不为人们所理解的著名的组织。它一直被妖魔化为排外的为富不仁者的俱乐部,自以为是、臭名昭著,在光荣的孤立中图谋照他们的想象来塑造世界。当然,它是精英集团:汇集了政界、商界、非政府组织、思想家、名人和诺贝尔奖得主的精英。

为了对它所设想的"全球化议程"作出反应,它甚至每年都在巴西的阿雷格里港发起一次达沃斯论坛。我认为这种做法是健康的。这是一个有趣的例子,说明"无理性"力在同化他人品牌以达到自己目的时,不仅轻松自在,而且技术娴熟。顺便说一句,是谁把"绿色"和"和平"两个词放在一起的?是谁想出了"地球之友"这个组织名称和工作说明的?绝妙的营销概念,不亚于麦迪逊大街任何一家明智的跨国公司。全球化了的反对全球化的非政府组织似乎是一个悖论,但这是一个事实。

不过,如果阿雷格里港峰会与世界经济论坛了解它们两者有这么多共同之处,它们也许会感到非常意外。它标志着对话有希望替代对抗,理性有希望替代义愤。

蒙特雷大会共识、多哈发展回合和达沃斯,都是全球理想主义的活生生的实际表达。正如保罗·奥尼尔与博诺的环非洲之行,这招致华盛顿一些评论家的嘲笑,但它显示了勇气和开放性;或许反映了这位财政部长的根在私营企业而不在官僚政治。这样的行动标志着正在取得进步。但考虑到现行体制,他们的雄心壮志实现得了吗?

政府的重任是当好领导、提供领导。我们知道,没有其他国家的合作,没有一个国家能自行享受洁净空气、推行税制改革、治愈艾滋病或者确保政治安全。所以我们要有海洋法、南极协定和其他数百个国际条约和组织。民族国家正确地把这个工作外包了。但它们没有扩大对它们的政治检查,以使它们更负责、更透明。这些,必须是全球治理的制度,不是全球政府的制度。

人们意识到控制和责任的丧失。非政府组织的激增反映了这一点(见第 13 章)。顺便说一句,蒙特雷大会也很重要,因为在此峰会上,负责任的非政府组织能坐到同一张桌子上来共商大计,而不是隔着防护栅栏对发达世界的官员大呼小叫。这是对在此过程中的参与者的奖赏,也改进了决策和结果——而且,在结果对政府无约束力时更易于操作。

领导人和各机构负责人都谈及会议疲劳,并对确定更多的全球目标持怀疑态度。这并不奇怪。在热那亚举行的七国集团加俄罗斯的会议,邀请了诸多领导人和机构负责人参加,包括我、科菲·安南、吉姆·沃尔芬森等等,会费达 1 亿美元——大大超过世贸组织年预算总额。多哈大会很重要;它发起了新一轮的贸易谈判,并吸收了中国和中国台北入世。蒙特雷大会至关重要:美国保证把它的海外发展援助增加 50%;它把发展、贸易、海外援助、投资和良好治理结合起来了。

2002年约翰内斯堡地球峰会很重要,因为它把这些问题归结于可持续发展项下。但是如果把百余名领导人聚在一起,只给他们5分钟时间与数千名记者、非政府组织人士以及官员们对话,这样的大会,就将失去其光彩和效用。

在向我的老朋友、南非贸易部长亚历克·欧文致信时,我就其所确定的约翰内斯堡峰会贸易与环境日程表示祝贺,并开玩笑说,此次大会规模相当于两个亚历山大兵团,其危险性也有两倍。南非为大会花了5 000多万美元。欧文后来告诉新闻记者说,10天的峰会规模太大,也太冗长,并建议说,如果要多边层次取得进展,各国领导人就需考虑抓住能源、贸易和环境等问题,分组要小一些,议题相对集中一些。"我们有幸成功了",他说。"这对于新南非来说,是在烈火中重生"[10]。

乔治·索罗斯在其新作中确切地指出了某些令人不快的现实。他直言不讳地指出了一个司空见惯但常被轻描淡写的现实:"坏政府是当今世界贫穷和灾难的一个主因。(地理位置不利是另一主因,但人们无力改变它。)然而,反全球化激进主义分子批评坏政府干的坏事时未能切中要害。"[11]在东欧、美洲、亚洲或非洲的压制性政府的大使馆外,就没有太多的示威。

非洲发展新伙伴关系有关治理以及建立非洲联盟的努力确认了这一点,不过,在与不良分子一起开会的时候,这有利于进步的非洲领导人采取强硬政治。但是,南非总统姆贝基、尼日利亚的奥卢塞贡·奥巴桑乔以及其他人敦促我们要超越牺牲者崇拜的话,听了之后令人鼓舞。殖民化、奴隶制、帝国主义是它们那个时代的魔鬼。西方是有罪;另外一个原因是,发展中国家政策中新近的失败,可归因于原本属于欧洲人意识形态的马克思主义。但正如丘吉尔所言:"如果我们就过去与现在展开争吵,我们就会失去未来。"

至于联合国,索罗斯说:"其崇高目标载明于宪章的序文,而宪章是按照'我们人民'表述的。但该宪章本身是建立在成员国主权的基础上的,而主权国的利益未必与其人民的利益相一致。很多国家都不是民主的,很多居民甚至还不是公民。因此,联合国恐难承担序文所阐明的使命。"[12]

索罗斯把他的钱投入直接建立民主的组织机构、主要是前苏联集团转型经济,而在这方面其他人主要只是说说而已。索罗斯通过其基金会的网络,每年平均有3亿—5亿美元投入全世界发展中国家和转型经济。他那颠覆性的手法历来具有创造性:把传真机和复印机走私到前苏联的殖民地去提升文明社会的程度。他认为:"尽管全球化有缺点,我仍然是它的热情支持者。我支持它不仅由于它能创造额外的财富,而且在更大程度上,是由于它能提供自由。我所说的全球开放社会,能确保的自由程度比任何一个国家都大。我认为目前这种资本可自由流动,但社会关注受到冷遇的安排,是被扭曲了的全球开放社会形式。"[13]

他并不孤立。然而,越来越多的支持自由贸易、支持民主、支持良好治理的提倡者,对全球化的某些方面感到不安。我也不安。如果不作出反应,贸易保护主义势力就将重组,这对每个人都将是很大的代价。索罗斯的宣言呼吁[14]

"进行下列领域的制度改革:

1. 遏制金融市场的不稳定。

2. 纠正现行国际贸易和金融制度中的固有偏见,因为它偏袒在很大程度上控制它们的发达国家。

3. 通过关注其他社会目标——如全球范围内脱贫和提供公共消费品——的强大国际组织,来补充对促进财富创造的世界贸易组织的不足。

4. 提高受制于腐败、压制或无能政府的国家的公共生活质量。"

经合组织脱胎于马歇尔计划;现有1 500名工作人员。联合国贸易与发展会议原本应该是一个会议,现在已成了一个组织。世界经济论坛提出了《世界竞争力报告》。为什么经合组织不做这件事呢?因为那意味着粗暴对待太多的民族敏感性吗?那么,它该做什么呢?这些都是有必要就各大国际组织的初衷和未来愿景向它们提出的问题。

关键问题是捐赠条件限制越来越严。我们的确需要一个世界发展银行,我们的确需要一个国际货币基金组织;但授权必须改变。在很多情况下,世界银行只是对无利可图的投资追加新的投资,该行所说的与国际货币基金组织所想的应该更多一些一致性。他们的领导人知道这一点,而沃尔芬森与科尔的伙伴关系,带来了很大的希望。

民主起作用的原因是,决策者负有责任、可以更换、通常不连任。就像在市场上一样,任何地方都有比较精明、比较有抱负、有较好主意或产品的人,有更适于上电视镜头的人。企业、政治家、非政府组织、工会,任何一种领导都需有竞争和对手。国际组织面临的问题是,它们对政府的责任往往不透明,而政府间的交往,就其性质而言，就是妥协。任何协定无非是昨天的最好努力。对政府而言，进行"交易"的交易必须在私下进行，这样政府在国内就可以推出一些更广泛的交易。议会开会都有电视转播，领导层和内阁的秘密会议则从不转播。对于企业、工会和文明社会其他成员来说，股东会议是公开的。董事会会议则从来不可能这样。

对于政治家、企业领导人或组织机构来说，最难办的是说"我们弄错了。"政治、社会和经济市场，都与信任和声誉有关的。我们不是完美无缺的，我们的确会弄错，但是如果我们希望保持市场的信任，这样的话又难说出口。当人们获取信息之后，责任心和透明度就会迫使我们进行纠正。

对于纠正错误而言，进行揭发的人、提出异议的呼声和媒体的调查都是不可或缺的。正如世界银行前任首席经济学家、诺贝尔奖得主约瑟夫·施蒂格利茨在《全球化及其不满者》中指出的，组织机构有时是完全错误的。[15]他说得对——由于国际货币基金组织1990年代晚期的政策，在俄罗斯和其他转型经济体，有数十亿美元不翼而飞；用赃款购买豪宅的俄罗斯人取代了阿拉伯投资者，成为伦敦的溢价买主，引发了房地产投资热。

施蒂格利茨写道："华盛顿共识关于穷人政策的不利方面，并非都能预见得到，但现在这些政策清楚了……附加高利率的贸易自由化，几乎肯定是破坏就业、制造失业的秘诀——以牺牲穷人为代价。没有合适调控结构的金融市场自由化，几乎肯定是使经济不稳定的诀窍——很可能导致利率走高而不是降低，从而使穷农民更买不起他们赖以提高生活水平的种子和化肥。如果没有竞争政策和监督来遏制滥用垄断力量，私有化对于消费者来说就会导致价格的上涨而不是下降。在错误情况下,盲目实行财政紧缩,可能导致高失业率,使社会契约毁于一旦。"(着重号系施蒂格利茨所加)

危机具有即刻性和紧迫性,是非常严重的局面,在数小时或数日内就必须对受崩溃威胁的经济和社会问题作出决策。金融界一句老玩笑话说,唯一比国际货币基金组织介入更糟糕的是它不介入。战场外科手术总是危险的。正如国际货币基金组织副总裁斯坦利·菲舍尔所说:"我们很有点像去看望、会见病人,然后又遭到责备的医生。病人反正早就病了。"在远离战场的舒适环境下想出个好答案并不难。滑铁卢之战几十年后,有很多书还在说,拿破仑原本可以打胜仗的——如果他能有幸得到作者的指点。

华盛顿共识,绝不容反华盛顿共识来取代。各种机构常常成为国内缺点的替罪羊。哈罗德·威尔逊把他的失败归咎于"苏黎世那帮银行家";有的亚洲国家政府把亚洲金融危机归咎于乔治·索罗斯。

回想我自己国家的改革和私有化——这对还清债务、消除巨大赤字和提供更有效的国内基础设施、更好的资源配置都是十分必要的——竞争政策缺位是我们最大的错误之一。市场已经为取得更好的结果作了较好的准备,但不惜代价进行的私有化代价太大——有一些国家遵循富国和某些机构崇高的、自私的劝告,把电信私有化到一家垄断公司的名下,这样它就可以随意要价,从而阻断了竞争的优越性,把社会短期的失业成本转嫁给纳税人。这样一来就乱了套。

新西兰的情况没有到这种程度,但一些发展中国家和经济转型国家,情况的确如此。粮食补贴从总体上说是反生产力的。盛产石油的国家进行能源补贴是在愚弄自己,掠夺它们自己的资源。从保持社会稳定来看,对欧洲、美国或新西兰是正确的行动,对发展中脆弱国家来说未必就能立即生效。在新西兰或法国,最坏可能发生什么情况呢?政府可能下台,但除某些受到损害的政治上的自尊心外,不会有人真正受到伤害。在比较危险的邻国,情况就不是如此了,在那里,失败可能有致命的后果。

例如,国际货币基金组织开给印度尼西亚的取消粮食和煤油补贴的药方,理论上似乎不错,但对穷人的影响则是摧毁性的。骚乱、死亡和公众的暴力是可预见的。全球经济政策必须小心关注政治、社会和种族稳定。这不是说我们应该什么也不干;而是在突然宣判社会处于极度分裂之前,务必注意事情的轻重缓急。在冷酷的机构殿堂中受到推崇的理论,对于脆弱的社会可能产生致命后果。激进的改革往往是必不可少的,但很多新近的改革在从支配体制转向比较开放、自由的社会时,由于没有基本的社会、政治基础设施,结果让寡头集团得以劫掠经济。

智利的皮诺切特推翻了民选的社会主义者阿连德。当时,有报道说阿连德已自杀——后来发现他是朝自己的背部连开了几枪。跟大多数将军一样,皮诺切特也想控制经济,但他失败了,于是引起人们的不安,甚至最支持他的人也感到不安,向他发出了最后通牒。他开始彻底开放智利经济,终于使之成为南美洲享有最高增长率的经济。至少有10年时间,他的极权主义政府使开放的市场得到一个恶名,至少使部分人认为,极权控制与自由资本主义是不可分割的。20年后,出现了与中国改革过程惊人相似的情况。阿连德的社会民主党内产生的民选总统,正在推行同样的基本战略,实行比较有效的社会政策、保护人权和较少腐败的法律制度,并使军人安安稳稳的待在自己的营区里。

玻利维亚的改革则与此形成对照,也将成为一种模式,说明民主政体无需警察国家的武力保护就能开放市场。玻利维亚是南美最贫穷的国家,在其现代史上发生过189次军事政变,有过高达60 000%的惊人的通货膨胀率——物价每10分钟上涨10%。政府的支出为其收入的36倍。[16]

回想起来,正如施蒂格利茨所说的,像俄罗斯这样激进改革失败了的国家,未发生更多的暴力和动乱是不可思议的。"俄罗斯遭到的破坏——国内生产总值锐减——超过了它在二战期间的损失。1940—1946年,苏联的工业产量下降24%。1990—1999年,俄罗斯工业产量下降近60%——甚至大于国内生产总值的降幅(54%)。熟悉俄国革命此前向共产主义过渡那段历史的人,可以就那次的社会经济创伤与1989年后的转型作一比较:农畜产量减半,对制造业的投资几乎陷于停止。"[17]

现在俄罗斯的人均寿命,低于印度尼西亚与埃及,死亡率高于苏维埃时代末期,但俄罗斯的失败不是市场的失败,而是治理和政府的失败。西方知道苏联的军事力量很可怕,但几十年来对其经济劣势却估计不足。苏联的国防支出占国民生产总值的50%,而西方仅为3%—5%。假如你给效率最高的经合组织工厂打100分,苏联相应单位的估值则仅为10分。马克思主义的"按需分配,各尽所能"听起来富有魅力。实际上,"我们假装工作,他们假装给我们钱"这句老玩笑,是对这种情况比较准确的总结。崩溃是不可避免的。可是,如果崩溃的是保加利亚,对外的影响相对就小,俄罗斯则不同。它有巨大的核力量,其石油与天然气在全球能源市场起着重要作用。决策者必须考虑俄罗斯。普京总统和圣彼得堡改革学派意识到这些问题,而且正在设法纠正。这是要重视俄罗斯加入世界贸易组织的另一个原因。

遗产基金会公布的《世界银行与经济增长,失败的50年》的报告说,在25年多的时间内,一直接受世界银行贷款的66个欠发达国家中,有37个国家的境况与接受贷款前毫无二致。这37个国家中,有20个情况反倒恶化了,其中8个国家的经济,自获首笔贷款以来萎缩了至少20%。[18]正如玛格丽特·撒切尔在其《治国才能》一书中所述:"一个民主政府如果出现这样的纪录,就不可能重新当选。虽然世行这样的国际组织似乎很像政府,可它们与民主政体几乎没有什么相似之处。"当然,不可以也不应该把一切过错都归咎于世界银行;腐败、地理条件与位置、其他多种因素也有关系。但过去缺乏对计划的责任制,加之大股东又短期坚持立刻采取行动解决迫在眉睫的危机,从而使这项工作难以协调管理。这也是世界银行总裁吉姆·沃尔芬森大胆改变了优先考虑事项,给世界银行指明新方向的原因。

一揽子激进市场改革的理论家杰弗里·萨克斯等提出的休克疗法意味着先有短痛与失业,然后有复兴。它在玻利维亚奏效了,在其他地方效果就差一点。有趣的是,在韩国和波兰,两位新当选的、获诺贝尔奖的总统,开始进行变革时都得到了工会的支持。西班牙和葡萄牙则是由开明的社会主义领导人结束了贸易保护主义的、法西斯式的政府。但接受这种挑战的政府在政治上注定会失败。这我知道；我有过类似经历。改革者与痛苦为伴，他们的继承者坐收成果。时机掌握和顺次安排是政治中的一切，但是爱国的政治肯定比赢得大选更重要。

波兰团结工会运动在其鼎盛时期有1 000万成员，大选中赢得100个议会席位中的99个，其领导人莱赫·瓦文萨当选波兰总统。作为苏联傀儡的共产党头头们打电话给米哈伊尔·戈尔巴乔夫，问他该怎么办。他回答说接受并宣布结果。这也许是历史上最重要、最致命的电话。它标志着共产主义的终结，也标志着冷战结束的开始。出现团结工会前，波兰商店空空如也，母亲买不到喂孩子的牛奶。改革的结果，价格上涨一倍多，人民受到伤害。瓦文萨原是造船厂的电工，后赢得诺贝尔奖，解放了他的国家，而且对半个欧洲的解放起了鼓舞作用，但在随后的大选中，连2%的选票也没有得到。休克疗法对于当时的人民和政治家是不客气的。但现在，波兰在前进。前共产党人重新掌权，但他们现在亲北约、亲欧盟并成了它们的成员国，他们既不想使他们反对过的改革退回原处，也不想加强国家的权力。

国际货币基金组织新任执行总裁霍斯特·克勒就职时就指出："我不会容忍出现另一个印度尼西亚。"这是一个痛苦的教训。该组织首任副执行总裁安妮·克鲁格公然接受了几年前还是不容考虑的若干激进的建议，说也许在某些条件下，在就调整债务进行谈判期间，政府的债务可以暂缓偿付。[19]这堪称某种国际破产程序。

先进经济国用几个世纪时间才确立了国内法的核心。我们现在是小心翼翼地探求国际法的核心。目前只能做到这一步。那些认为根本无需国际货币基金组织或世界银行的人断言，这些组织的存在造成了道德危险。他们的这种说法有其正确的地方。但他们认为废止是最简单的解决办法,不仅是错误的,也是危险的。经济调解与维和人员就像北约组织和联合国一样是不可缺少的。它们提供了对国内失败的最后保护,以免其影响跨出国界。

有的高级官员和智囊机构在谈到授权国际货币基金组织发行特别提款权以应财政急需时,与乔治·索罗斯几乎不谋而合。这就意味着要修正国际货币基金组织条款,让各国政府对该组织承担更多的投资义务。这些政策都不可能一劳永逸地制止金融危机,就像国内破产法无法把公司倒闭列为非法一样。一切政治都是局部的,大多数经济政策的结果都是政治决策的结果,而政治决策必须使国内各项议事日程保持平衡。国际机构面临的问题在于如何对局部的错误决策加以制止、控制、防止它们影响其他地区,然后帮助进行纠正。

这一切再度证明,一旦政策成了意识形态,开放的、自由的对话和对社会和文化历史特权的认识就会失去意义。鞋子的原理是始终不变的,即使鞋类的时尚在变化,但人人穿了都合脚的鞋是没有的。我猜想,对1990年代采取的某些办法,恐怕国际货币基金组织创始人凯恩斯爵士,少说也会感到不解。

在冷战后的真空中,地缘经济一度取代了地缘政治。大国对国际货币基金组织和世界银行之类的组织施加了巨大影响。对俄罗斯的贷款主要是支持叶利钦以及把复活的共产主义者逐出政权。在印度尼西亚,施加压力是为了支持改革并迫使苏哈托下台。现在,观察家在反思这种做法,并询问是否有更好的选择。采取这种政策的部分原因是,对人权问题的关注以及国际上关于苏哈托家族把国家经济中估计 200 亿美元据为己有的报道。非政府组织和公众借助媒体表达了对这些问题的关注,这引起美国国会的注意,迫使美国总统下了手。

我们能够无所畏惧地承认他人的错误,这是人类——我斗胆把政治家和经济学家包括在内——可爱的特征之一。不过,这一健康的事后聪明使我们成了一个独特的物种;它也是改善未来绩效的关键。施蒂格利茨的书,与所有这类书(甚至包括本书在内)一样,都是自我服务的。遗憾的是,施蒂格利茨奚落国际货币基金组织的斯坦利·菲舍尔(一位好公务员),贬损了他提出的那几个重要问题。但他引发的这场大火是有用的。如果在战地做外科手术,有的人就会死在手术台上,因为选择方案有限,而且决策是在压力下作出的。突然袭击方经济学(surprise - side economics)显然是危险的。从新近的发展史中我们有所领悟了吗? 是的。未来的政策会根据我们的经验制定吗? 我认为会的。

一切决策都是有缺陷的,因为人和信息都不是完美无缺的,而在治理出现失败时,才会找到世界银行和国际货币基金组织。没有这些机构,世界就会更加贫穷。一个不需要这些机构的世界就是一个真正美好的世界了——就像一个不需要医院的世界一样。问题在于我们如何使人们不进医院? 要是我们生活得健康一些,很多外科手术就可以免做了。那些一心要在经济上进行自杀的国家,不应当责怪医生,因为它们没有听从医生的忠告。

15.5 需要改革

必须采取某种措施,这已经有了共识,也就是需要做什么的一般共识,但在我们该怎么办的问题上还没有共识。为什么?因为机构不可能自行改革。五六十年来的机构污染*和任期内的自我利益,确保这种僵局将继续存在。这就像要求英国上院自行改革一样难。

我认为,由于有这些挑战、矛盾和机会,现在是一小批领导人根本改变跨国公司民主赤字问题的时候了,是抓住这个机会,开始改革和机构调整,以取得进步的时候了。有必要使机构直接相关并且更加合法;否则我们就有把对议事日程的控制进一步交给某些非政府组织的危险——尽管那些非政府组织声称自己是人民的代言人——它们在很大程度上是不负责任的,只对它们自己、它们自己的日程负责,或者只对它们自己所说的原则负责。

2002年年中,我向科菲·安南建议召开一个专家小组会,看看我们怎样才能进行体制改革。58年前,为数不多的知名的、讲原则的人在新罕布什尔州的布雷顿森林开会,建立了目前的国际架构。他们的先见之明产生于接连不断的世界战争以及经济大萧条的教训。召开那次历史性会议的那个大饭店依然矗立在那里,从当时到现在并没有发生多大变化。曾经有一度,认为历史会重演

---

* 原文是 institutional contamination,指国际机构越来越受大国或利益相关者的控制和影响。——译注

的论点咄咄逼人,认为现在到了召开新布雷顿森林会议的时候了。最好在哪里召开呢?

我们应当鸟瞰一下这些问题、结构和目标。让我们从一张白纸上开始吧。就组织上和运作上的变化而言,我对自己在世贸组织能取得的那些成就感到自豪,因为我认为这些变化有助于把它变成更加有效的机构。可是我在日内瓦的经历以及我在国内的政治生涯告诉我,如果你想得到感谢,那就养一条狗;如果你想与员工以及其他机构搞好关系,那就不要提出太多的新主张。在提出新主张的人希望看到自己的主张寿终正寝之前,如果一个官僚还不能将其中止,那他就是个无能之辈。正如米尔顿·弗里德曼一度指出的,"地狱中并没有一个官僚所鄙弃的狂暴。"

马基雅弗利说,所有在旧体制下受益的人,都是改革者的敌人,而那些在新体制和机遇下可能受益的人,只是冷淡的支持者。我有过进行公共机构改革的广泛背景,但发现国际机构大为不同。我明白了,走捷径反而花的时间长,效率和效力是不同的。我深知怎样才能做到这一点,可是根据我的经验,如果你打出旗号,但不争取选民,改革就会失败。

我们都能够从中国的诗人屈原(公元前约 340—前 278 年)身上学到一些东西——他强烈反对朝廷的腐败无能——看到自己没有能力挽救他所热爱的楚国免遭秦国的侵犯,也不能挽救那些腐败的领导人,他悲愤地投江自尽了。全球的华人都以龙舟赛的形式纪念他,这象征着寻找他的遗体。虽然从西雅图到惠灵顿,龙舟赛的理念已经被全球化,却很少有人意识到,这个庆祝活动的起源是为了纪念一个伟人的牺牲。也许我们应当颁发良好治理诺贝尔奖、屈原奖?

欧洲贸易专员帕斯卡尔·拉米谈及机构改革时曾说,首先,它必须透明;其次,必须尊重良好的欧洲"基层化原则"*。我们根据这一原理,在适当的层次来处理问题,只有那些个人、家庭、公司、村庄、地区、国家无法自行决定的问题,才提交上一级机构处理。

这是开始辩论的可取的基础。我坚信,国际机构本身及其内部的机构,都迫切需要改革,而且必须自上而下进行。政党之所以进行改革和改组,是因为它们落选了;企业破产了,因而图新;足球队失利了,因而再觅教练,但各种机构一直在增加。只要出现某种需要,就可能建立一个新的机构,因为现行机构承担不了,并没有试图作出改变以对新的任务作出反应。一个首席执行官,最终是在成败问题上对股东负责,但在机构重组方面,他实际上只要说服董事会接受自己的战略。比起说服变革日程相互冲突的几十个成员国政府来,他们的决策要容易得多。

不过,无论一个集团有怎样的授权,如果成员国政府不意愿在很大程度上的趋同,指望它强制执行纪律,对现行制度进行变革,或许是不切实际的。

对那些希望影响和控制国际机构的抗议者,我并不低估或贬低公民的情感深度。我坚定地认为我们机构的运作要有更大的透明度——而且也一直为之奋斗。我认为,对这些组织的所谓力量和隐秘日程的基本误解,有很多都是可以澄清的,只要广泛的文明

---

* 基层化原则(subsidiarity principle,亦译"附属原则"),是欧盟实行的一项原则:上一级政府不应包办任何可由下一级政府完成的工作,只要可行,就尽可能由基层政府来处理。——译注

社会了解了它们的实际运作,它们在发展中世界力图达成共识、建立基础设施和诚实制度方面所受到的压力,了解国际外交的好的、差的和丑陋的方方面面。

但在如何最好地加强责任心这一点上,我与很多非政府组织有不同看法。首先,我认为,我们有更加基本的民主需要——要使我们自己与那些机构的拥有者,即它们的政府,更好地联系。尽管有的政府不民主,但绝大多数并非如此,而且经选举产生的政府越来越多。大多数政府的责任心和透明度都超过了示威者,因为示威者只是施加影响、行使权力,根本无需表明其具有同样的责任心,也不必像实际的主权国家那样,下大力寻求在支出与优先考虑事项之间的平衡。到了一定阶段,饼总是要分的。而这些都是政府要做的艰难选择和艰苦工作。

15.6 全球民主核心小组会议

我们该做什么?我不赞成全球政府一说。这是一个会使全球治理争论受挫的危险概念,因为它会被误解,被看成是对民族国家的攻击,是一种不切实际的乌托邦式的理想。

有关我们新的"无国界"世界,已有几十种书籍、论文和演说付梓,出版在即。有很多乌托邦学者正在探求对民族国家不屑一顾的主题。有争论是好事,有分歧是健康的,也是必然的。但全球政府是一种天数已尽的理想,不是什么新的理想。谁也回答不了宪法和代表权这个简单问题;是根据国家、人民或贸易和人口所占的比例,还是什么?

如果印度和中国能以多数票击败世界,这就是真正的全球民主了吗?如果太平洋和加勒比的小国能以多数票击败欧洲、中国、美国、印度和日本,这就是真正的全球民主了吗?很多人认为,民主就是这样从国家和人民那里夺走的,权力就是这样交给全球化文明社会和非政府组织手中的。在《全球民主》中,约翰·加尔通写道:"国家要当心:其他关键参与者(非政府组织、贸易谈判委员会、地方当局)明白了全球化与民主之间的联系,而国家则没有,国家制度过分强调威斯特伐利亚主权(350年已经足够了!)。"他和另外几位推测,总有一天,有人会绕过联合国大会,通过人民的集会,直接当选。我认为这些论点是令人恐惧的。[20]

本杰明·巴伯在《圣战对麦克世界*。恐怖主义对民主的挑战》中指出:"专家们似乎被说服了,相信不论是为俄罗斯、索马里,还是为这个星球,建立新的民主只要输出预制的宪法和定制的议会制就行了。乔舒亚·穆拉夫奇克是一位完美的楷模,他的问题是从其新著的标题开始的:《输出民主》。通过联邦快递公司把《联邦党人文集》**送进白俄罗斯,通过包裹邮递把多党制送进尼日利亚;从一个能承受惨重伤亡、没有私利的国家,向联合国运送一支由非军人指挥、全自愿者、令行禁止的,但道德敏感的维和部队……用激光束的速度运送:民主。至于全球政府,那就要在全球范围内也这样做。先别着急。民主是许多世纪来逐渐建立起来

---

* 麦克世界(McWorld)是由McDaunal和world合成的,指扩展到全世界的麦当劳文化,即文化统一的"大世界"。——译注

** 《联邦党人文集》(Federalist Papers)指的是亚历山大·汉密尔顿、约翰·杰伊和詹姆斯·麦迪逊等人写的系列文章,目的是争取人民对美国新宪法的支持。——译注

的,因文化而异,而且各种文化都有其自身的长处和不足……。"[21]

建设国家就像砌砖,是辛勤的、系统的工作,需要清晰的设想和方案,而且要得到国家的主人们接受和赞同。

但是还有一些同样可行的创议。有的思想家已经提出建立全球议会的建议。理查德·福尔克和安德鲁·斯特劳斯提出了这个问题。他们说:"在现行国际体制下,更多的是在本国的制度下,那些觉得自己的意见得不到重视的公民,已表明将不惜采取越来越具破坏性的暴力行动。建立一个全球议会并不像说起来那么动听。为不使各国领导人惊慌失措,开始的时候它大体上可以作为一个咨询机构。它的原型欧洲联盟直选的欧洲议会,开始时就是这样。如果全球议会有受民众欢迎的主权国家作后盾,它的力量也会像欧洲议会一样,随着时间推移而与日俱增。"[22]这是一个可争议的问题,因为欧洲议会的选举与各国的选举相比,投票率平均低10%。[23]

马德琳·奥尔布赖特在2000年华沙会议上提出了所谓的"民主共同体"。威廉·萨菲尔在2002年一篇专栏文章中旧事重提,对美国被逐出人权委员会一事作了评论。他建议与其暂停美国参与联合国机构的资格,不如"对联合国受独裁、寡头政治和无赖国家支配这一点作出的更富创造力的反应,给那个曾经大肆宣扬,但基本已被淡忘的平行机构"民主共同体"注入一些生机。"[24]这不是要与联合国分庭抗礼,而是要在联合国内部创建一个民主核心小组,促进人权、透明度和法治的发展。

这个思想有价值。但我们需要一个志愿的、全球民主核心小组。这不是通过直选产生的,而是由在各国立法机关工作的现有资深议员组成,他们能组成一个核心小组,对国际组织机构提供初期监督。这个民主核心小组能影响各自的议会和国会,认真尝试提供系统监督,并开始使各大国际组织对民主负责——至少是接受提供90%经费和占世界贸易90%以上的国家的监督。

我不主张设立一个正式组织——我们的组织已经太多了。这种民主核心小组现在只是在世界各地举行的论坛上非正式碰头。我认为有必要在更大程度上支持客户和业主,以确保自由民主思想战胜那些有任期的官僚(即大使和部长)的桀骜不驯和利己主义,而这些人对任何局面的处理都是根据短期商业利益以及那些比较极端的抗议者的过激行为和无知。

我认为这不是取代各国政府,而是加强其在国际组织中的监督作用。一次"大修理"是空想,行不通。可以迈出坚实的一步,而不是大得不可行的跃进。让我们面对现实;虽然让议员们参与联合国和其他机构开会,可以提高他们的责任心,然而绝不会有一个经选举产生的全球政府。世界语和贸易保护主义也许是可供采用的好主意,但它们也起不了作用。

我之所以作出很大的努力,让议员、国会和部长参与世贸组织事务——常遭官僚主义者和外交家抵制——就因为要解决这一民主赤字,鼓励更多国家参与世界贸易组织事务。我知道,即使我们按时结束多哈发展回合——这我们能做到——我们也很难令人相信,144个议会、国会、日本国会和俄罗斯杜马等,会发现争取议会或国会支持批准这项立法是件容易事。这就是我创办政治家和自由贸易斗士"智囊团"的一个原因,他们能够提供针对那些坚定的反全球化运动者的反驳论点。部长们能从这个议员智囊团中受益,因为这些人能拜访他们议会的各种委员会,交流经验,也许还能形成共识。由于多哈议程的复杂性和各国国会和议会成员的不断变化,这在谈判过程中,尤其是在达成交易时很重要。

我主张有一个民主核心小组,以使现行机构能更好地发挥作用,更引人关注,更有正确导向。J.F.里沙德在其著作《正午》中也提出一个有趣的方法;他指出了20个全球性的大问题,并提出一项具体解决这些问题的21年战略。里沙德主张,围绕他称之为全球性问题网络,创立一系列全球工程,来解决这20个对我们的进步——甚至生存——来说最重要的问题。这将把各国政府、国际民间社会组织、各种企业汇集到一起,阐明每个问题,确定一个时间框架,然后把要采取什么实际行动的信息反馈给各国政府。[25]

此项行动可以是单边的;也许就由发起国政府承担解决一个核心全球问题的责任,且利用现有网络敦促和帮助现有机构作出更好的反应。已经有这样做的了。例如,新西兰20年前就率先在海洋法问题上树立了榜样,而且在推动并最终形成南极条约的过程中发挥了重要作用。近年来,有一个非政府组织发起了禁止地雷的行动,此举推动了舆论,并找到加拿大政府作为发起者,把这一提案提交给国际体系。

采取由发起者领导的方法,就减少了迁就共性最少的国家或无赖国家的可能性。伙伴的压力、文明社会的监督、政治意识,可以造成向上的压力,以达成一套处理重大问题的全球性标准,而不是有时因政府间协商一致而取得的那种共性最少的结果。

例如,里沙德提醒我们,多年来国际标准化组织如何以其ISO 9000,一举创始了从避孕套到信用卡等成千上万种产品的规范和标准。这个自动代码为企业和政府组织所求之不得,因为它赋予了它们的产品和工艺以可信性和一致性。一经详细说明、明确界定,这些思想即可起到激励作用,对现有体制有所帮助。这种方法的长处在于,它是问题/项目驱动的,而不是由厌倦的官僚或疲惫的机构驱动的。它使得很多被我们认为理所当然的产品实现了和平的全球化,从而创造了节约和效率,而没有引起政府谈判时常出现的愤怒和妥协。

需要良好治理是老生常谈,但它跟大多数老生常谈一样,也是以基本事实为基础的;在自由、民主和法治条件下,最容易取得进步。一个机构如果提倡民主的政党、开放的商业、自由公正的媒体、自由的工会和对宗教的容忍,就能最好地奠定文明进步的柱石。要使这些自由得到发展,就要加强各类机构,有时甚至要建立新的机构,以便它们透明、有效地进行运作。实现进步所需要的条件,包括合理的关税制度、诚实的财政部门、自主的中央银行等民主社会的基本要素。

在当前的舆论氛围中,政党和政治家越来越不受信任和欢迎。但是民主要运转,就必须有强大的、有竞争力、运作透明、有责任心的政党。这个领域,没有得到国际社会的有效促进,当然更不用说大多数非政府组织了,因为它们在网罗坚定的、有理想的年轻激进分子,于是把政党视为自己的竞争者。政党的成员在减少;党员基础薄弱,则决策基础无由坚实。

如前所述,我在世界贸易组织的创新之一,就是鼓励与社会主义国际(代表 50 多个政府)、民主联盟(代表保守党)和自由国际等国际政党政治组织的对话和聚会;拟议中的绿色国际也应成为这种对话的一部分。

这些集团在政治生活的原则上是广泛一致的;政权和平交接和责任政府是好事。作为伞形集团,它们在加强民主制度建设方面可以大有作为。如果这些政治国际进行合作,如果把资源用于帮助创造有助于建立民主基础设施的社会政治基础设施,就会是一个非常积极的举动。清正、透明的政党对于民主经济至关重要。可是没有一个人为政党和政治家大声疾呼。令人遗憾的是,情况恰恰相反:媒体、很多非政府组织和很多公众都鄙弃政治家。这是危险的。

虽然自由贸易和公平市场是很好的事,但它们本身并不是目的;其实并不像某些赞成自由市场的人认为的那样,似乎只有取消一切税收和政府的作用,一夜之间就能消除贫困。这里有市场自身无法提供的公共物品——无论是遗产、卫生,还是穷人的住房。司法系统、治安、防务和安全等,都是而且必须继续是国家的基本职责。

玛格丽特·撒切尔有一句众所周知的话:"根本没有社会这种东西。"我认为有,而且要予以解放,培育和保护。我们从大萧条和两次世界大战中吸取的教训是,我们需要经济和政治安全网和系统,不仅保护穷人和我们每一个人,而且保护市场。星期一的开放市场到星期五可能成为垄断市场,于是开放市场的所有优越性都遭到围攻。企业谋求更多、更大的市场份额是自然趋势。所以才需要反托拉斯、竞争、透明等政策。它们是公司良好管理的清洁剂,富于启发性,为系统能继续自我完善提供了信息。

现在也是赞扬和承认公共服务和政府机构对社会运转的重要

性的时候了。我们必须使公民相信,公共物品还是以集体付费为好,因为靠我们自己,是绝不可能有公园、博物馆、美术馆、洁净空气、教育设施或治安人员的,而这些都是使生活更美好所必需的。这些都是个人、社会、公司和国家必须合作的事。

有一些基本价值观念是我们应该为之奋斗的。有一点值得我们深思:假如我们现在提出人权共同宣言,在联合国恐怕要到猴年马月才能通过。然而,这在当时是一个积极举动,得到二战后民主西方强大、自信立场的支持。民主国家对普遍价值观念的看法是正确的:这些价值观念不是新形式的帝国主义。我们不应畏首畏尾,要自信一点。世界的坏事不是由全球化引起:以规则为基础的鼓励自由贸易的体制促进了世界的繁荣,战后创建的这些组织对我们的和平、繁荣和美好生活都是重要的、有用的、必要的。

技术对全球冲突产生了深远的影响。信息时代恐怖分子的活动范围扩大,但对其作出反应的能力也更有效,从而减少了平民伤亡的可能性。战争是政治家和外交的最终失败——永远是可憎的——但有时又是必要的。过去多年来,为遏制和处理冲突,国际社会制定了一些规则、标准和尚待完善的组织机构。在终于出现最坏的情况时,日内瓦公约、红十字会、联合国难民救济署、海牙国际法院等都能有所作为。

民主国家采取行动总是有失缓慢,因为它们要考虑到民主过程和公众。独裁者在战争的起始阶段可以比较果断;民主国家则必须考虑到国会、民意调查专家、有线新闻网、市民社会和选举的反应。

我们可以稍稍感到安慰的是,在有的战场,战争正变得更加有效,有针对性目标,在北约和美国发起的行动中,旨在把附带损伤(一种委婉说法)减至最小。9·11恐怖袭击旨在使平民伤亡最大;美国的反应旨在使平民伤亡减至最小。

在关于入侵科威特的反应计划《和平时期的战争》一书中,戴维·哈伯斯塔姆指出,以前为确保击中目标90%的概率,美国要投9 000多枚炸弹,出动1 000架轰炸机,让10 000人去冒风险。相比之下,有了新式武器,一个人驾驶一架飞机携带一枚炸弹即可达到同一概率,效果提高了近10 000倍。[26](这不是说就不发生错误了;我们都受现有情报的支配,但平民伤亡现在被视为可怕的事件,不再作为蓄意的目标。)

"伊拉克所发生的是未来的先兆。海湾战争期间,只有大约1/3的炸弹是精密制导武器,但它们消灭了2/3的目标。"投弹误差范围已从第二次世界大战结束前的1 000米减至现在的2米甚至更小。一项军事投放力量估计,两个F-117战斗机中队(计达48架隐形战斗机,更不用说即将问世的B-2隐形轰炸机)约6周时间就能摧毁战时用了3年摧毁的德国的生产能力。有人认为,轰炸巴格达或阿富汗与9·11恐怖袭击是一样的。这在道德上是不可同日而语的。本·拉登发动的攻击旨在造成最大的平民伤亡,而盟军对米洛舍维奇的攻击和海湾战争中的攻击,则旨在尽可能减少平民伤亡。

世界不可能永远平安无事;米洛舍维奇和本·拉登这样的疯子将始终存在。打击压制他们并把对他们绳之以法谈何容易。而且还会出现其他疯子要我们去对付。我们每一次都取得经验,以期下一次做得更好。几代人以来,对外政策都以不干涉主权国家的内部事务为基础。但现在,文明世界耳闻目睹了所发生的情况,它们了解到的卢旺达、柬埔寨或前南斯拉夫的情况,往往比那些国家中受压制、受侮辱的公民还多。有关一个国家违反人权和种族灭绝的免费信息,通过愤怒的舆论,在民主国家产生了要求采取行动、得到答案与结果的呼声。

虽然媒体为少数人提供了全球舞台直接展示他们劫持多数人的暴行,但是恐怖分子并不是什么新东西。20世纪初发生在巴巴里沿海的海盗行为是与恐怖活动相提并论的,有趣的是,它促使美国和特迪·罗斯福总统摆脱了孤立主义,对外缔结条约,结成伙伴关系,与海盗威胁斗争并将他们文明化。媒体、人质事件和愤怒的选民,在当时也是导致联合行动的刺激因素。

把罪恶的领导人绳之以法仅仅是重要的第一步。他们在失败的国家孳生。人们公认,建设国家、建立制度、繁荣商业、修建学校、医院、道路,是消灭极端主义者孳生条件的下一个阶段。不论在南斯拉夫还是在阿富汗,都是如此。虽然结果尚未尽善尽美,但是这个新方向是明确的,也是合适的。对付那些威胁邻国、威胁全球稳定和进步的恐怖分子或独裁者,打了就跑已经不是一种好的对策了。

马歇尔计划很成功,而在其他大陆花的钱要多得多,因为那里有制度建设,百废待兴。国家建设现在又流行起来。记得丘吉尔在密苏里州富尔顿发表的激动人心的演讲中,描绘了一道由波罗的海一直延伸到亚得里亚海的铁幕。2002年9月,从波罗的海到黑海的7个前苏联卫星国申请加入北大西洋公约组织了——而这即将成为事实。世界在短时间内走过了漫长的道路。

我充满信心。不可能设想现在还会发生一场欧洲大战。但愿我能活着亲眼目睹一个从大西洋延伸到太平洋的、贸易自由的民主欧洲。英国现已融入欧洲,不过不是靠与欧洲第二大主权国作交易的 400 年战略,而是靠欧盟、贸易文化以及"英吉利海峡隧道"——这个想法是劳埃德·乔治在凡尔赛和会上提出的(尽管在当时有军事含义)。在英国,反对欧陆的情绪仍然根深蒂固;为数庞大的少数派,仍抱住英国在参与欧洲事务时的均势理论,尽管这些理论未能弥合数世纪的不信任、冲突和怀疑。其他人则对主权和消除威斯敏斯特权威有合法的关注。

同样,美国的霸权及其显而易见的单边主义将继续激起欧洲各立法机构的愤怒,更不用说中东和亚非很多地区了。这是不可避免的,而且历史上的大国尽皆如此。美国经济的规模为其最强劲经济对手日本的两倍。美国政府 2003 年计划的国防开支超过另外 15—20 个最大国防开支国的总额。[27]

美国仍为唯一超级大国;对美国的抱怨是,大家都得理解他们的政策,惟独他们不必理解我们的政策。这种不满可以理解。但就大国而言,美国可以说是历史上最仁慈的。再举出一个比它更经常地用自己的力量去传递民主思想和责任的帝国看看。许许多多个人和国家都以如何反美或亲美来界定自己,这是不成熟的,也是危险的,有时会把美国的民意代表弄糊涂的。

H.W.布兰兹在《美国自由主义的奇怪消亡》中指出,从第二次世界大战到 1970 年代,美国人信赖政府:艾森豪威尔的重大公共工程项目,州际高速公路系统、公立大学、失业保险、民权;J.F.肯尼迪的新边疆,然后是林登·B.约翰逊的大社会。这一切,使最优秀、才华横溢的人坚定地相信,公共服务能与经济增长和社会公正协同,在国内外传递和平。[28]

接着出现的是越南泥潭、水门事件、高通胀,以及约翰逊的大社会在其税负重压下的崩溃。在人们看来,华盛顿变成了自利的腐败场所,而不是公共服务之地。长期以来,西方一直告诉世界要有良好治理,说民主的市场需要竞争、透明,需要卫生、交通、通信、教育等人类一生需要的知识基础设施的公共投资。工人的工资要高到足以支持退休计划、继续教育和消费而不至于借贷过多。现在,这个成功的、基本上是美国式的模式正在受到攻击。

2001—2002年揭发出来公司篡改账目,对股东、员工和消费者说谎等丑行,使公司名誉扫地——为反美主义提供了可资利用的新的危险因素。为人羡慕、由美国输出的整个资本主义模式,因其信誉而遭一系列打击。美国会振作起来的。对公司的贪婪和卑鄙手法的不断揭露,将使总统、国会和市场卫士进入一个使华尔街和企业界得到净化的积极调控的新阶段。

在亚洲、墨西哥和俄罗斯危机期间,西方对发展中世界讲了良好商业治理问题,现在出现了发展中世界对美国公司结构的尖刻评论也就不令人感到意外了。布什总统正在带头树立榜样,他必须这样做。民主政治要求行动,因为它已不再是几个资本家失去个人财富的事了。它关系到工人的退休金计划、投资者信心和美国保持对投资者吸引力的必要性;大选事关市场校正。我们别忘了美国是世界经济的轮机舱,而且也是一个很繁荣的地方;据《福布斯》杂志的统计,25万美国人拥有价值逾1 000万美元的财富,约1万美国人拥有价值逾6.5亿美元的财富,2000年400个最富的美国人拥有的财富为1990年400个最富美国人财富的10倍,尽管整个经济增长只有两倍。美国一伤风,我们其余地区就要得肺炎。

美国的真正创造力,不仅表现为惊人的创新和促成繁荣的能力,而且表现为环境变化之迅速以及领导实施改革之迅捷。美国的一大危险,是调控上的矫枉过正,这就会使其他投资目的地和货币更具吸引力。我们应该求真务实。不诚实的人会违法;他们触犯过现有法律,还将触犯新的法律——违法的人就是这么干的。但是,为了重建信任,就要让公众看到赏罚分明(见第14章)。把问题公诸于众,充分辩论,并最终由政府依法采取行动予以纠正,或凭借民主制度更换为所欲为或未能使选民充满信心的掌权者,才能真正取得进步。

约瑟夫·S.奈新近发表评论指出:"如果美国首先作出与他国协商的努力并尝试采用多边的方法,它偶尔采取单边策略的做法就很有可能获得谅解。但若动辄沉湎于单边主义,那就会招致布什政府现在面临的批评。再者,由于全球时代跨国问题内在的多边性,美国就将常常遭到失败,乃至对美国的软国力造成代价高昂的影响。总而言之,即使是超级大国,也要遵循经验法则行事,'先试试多边主义吧'。"[29]

俾斯麦说过一句有名的话:依照原则处理对外政策,就像用牙咬着长竿沿林间小道前行。我认为,有时候国家愈小,原则愈大,因为它们说话没有分量,也无需承担最终责任。

伴随我成长的新西兰工党传统,纯粹是威尔逊主义,而反对党、保守党的道德标准,历来是一批恪尽职守、支持强者的机敏小伙伴的标准。维利·勃兰特访问我党核心小组时,有一位粗鲁的、不和谐的左派分子要求这位领导人把美国人和他们的核基地赶出德国。勃兰特眼睛向上转了转,回答说,"啊,新西兰,离我们如此遥远,真幸运。我认为,理想主义膨胀与你们和这个问题的距离直接有关。"

这位威尔逊主义的理想主义者如何处理下面这个问题?一个原教旨主义者支持的政党参与大选,他们的原则是,一经当选,就不再举行任何选举,国家将不再是世俗的,而是以他们对人民共同信仰的解释为基础?这种情况过去发生过,现在还在发生,而且将来仍然会发生。一个国家的部长告诉我,一个受外部指挥的宗教团体对其政府的温和(按批评认为是堕落的、邪恶的)政策进行了抗议。乔装成女性抗议者的男人在那里破坏国家的稳定。"你们做了些什么?"我问。"我们把他们全杀了,还把他们的尸体运回去警告其他人。"生命和政治有时是残忍的;并非所有社会都享有自由民主选择。

真正的黄金时代从来不曾有过,以后也不会有。但我们正进入一个不断发展、生机勃勃、更加透明的国际友好合作时代。文明和进步要——或者应该——确保不断改善人民生活。全球化、信息时代、各种民主与自由空间都在与日俱增。民族国家已逐渐地、常常是痛苦地形成民主价值观念和防护机制。但目前还没有公认的法典、价值观和正式的民主控制来管理全球化。我们正处于努力解决问题、争取机会、逐步寻找答案的过程中。

15.7 短期主义的祸害

我们这个时代的祸害之一是短期主义——即剑桥历史学家克里斯托弗·安德鲁斯所说的"历史性注意广度缺失紊乱"。"在有文字记载的历史中,人们从来没有像现在这样相信,人类过去的经验是无关紧要的……这种长期历史观点的缺乏,既扭曲了我们对过去的理解,也扭曲了我们对未来的看法。"[30]

如前所述,我们这个时代长期存在的问题之一,就是政治家往往根据焦点群体来制定政策,依靠公关专家来掩饰不良决策。依靠公关专家的做法就其性质说是短期的,是受新闻周期驱动的。短期主义有多种表现;如 1960 年和 1970 年代有的国家进行货币贬值以谋求短期出口利益;有的国家答应以高关税回应国内要求保护的呼声以满足大选周期的需要;有的国家以借款刺激消费,而不是进行基础设施和组织机构的建设;有的公司操纵股票市场账面收益的季度成果等等。有的工会以失业者为代价提出给有工作的人增加工资的要求;有的政治家明知根据人口统计数据不可行,却承诺发放补助金。有的政府拖欠教育体系和基础设施的资金;有的企业家以不可持续的方式获取利润,而且还污染环境。他们都把账单留给了下一代。

我们正在经历世界历史上一个复杂的转变过程。在国际层面上,我们正尝试创造一种行之有效的制约与平衡制度。但我们有时却忘了,民族国家经历了几个世纪时间,才对君主的权力有所限制,建立起负责任的政治和税收制度,减少工业革命的不良后果,建立工会、市民社会、制约、平衡、新闻自由和信息自由,以确保这个制度的运行。在很多地方,这个制度还没有起作用。

人类的权利是经历流血以及漫长的岁月才取得的。从1215年英国大宪章的首次签署,到1924年英国妇女获得选举权,其间经历了500多年的流血战争和革命,经历了"吉约坦夫人"*的主人对此的反应,还有从根本上动摇了传统社会的俄国革命。经历若干世纪以后,才逐步形成了有效的公共服务,使大英帝国时代扬威四海并有效运行;继而是民族国家兴起,且逐步发展,以保护人民的权利为己任,而不是成为有权势的精英人物压迫和剥削公民的工具。人民要求得到国家和王国政府保护,在几经战斗之后,逐渐赢得了这场战争。

实际上,现代世界始于一批有识之士下笔起草美国宪法的1776年。此前,爱国主义是以民族国家和王权神授为基础的。现在,享有某些权利则是不言自明的。此后,爱国主义也将成为一套普遍适用的原则和理想。美国宪法是启蒙运动时期精华之集大成者。人民,而不是国王,将成为主人。1946年丘吉尔在他著名的密苏里演说——报道范围不及他就降临全欧的铁幕发出的警告——中指出:"我们必须永不止息地以大无畏的语气歌颂伟大的自由原则和人权,它们是讲英语世界的共同遗产,它们历经大宪章、人权法案、人身保护法、陪审团审理和英国普通法,最后在美国独立宣言中得到最完美的体现。"

美国爆发独立战争的原因很多,随着时间推移,其中已有了添

---

* 吉约坦夫人(Madame Guillotine)是对处决犯人的刑具断头台的戏称。——译注

枝加叶的成分。贸易起了重要作用。英国人千方百计保护他们的制造商,阻止殖民者生产包括钉子甚至帽子在内的很多产品。在伦敦,本杰明·富兰克林据理力争地问,大西洋两岸英国人都生产同一种产品有什么不可。殖民者不得不把海狸运往英国加工,而后把加工产品购回,并为之缴纳他们无权控制的税。这成了贸易转向的经典例子,美洲"英国人"设法控制其进口货源,并为管理自己的事务而最后造了反。

本书的主题之一是民主、法治和产权。路易·梅南在其《玄学俱乐部》中提醒我们,历史上大部分时期,"高压是自然的,自由则是人为的。自由系社会精心设计的空间,在这类空间,那些从事特定活动的群体可以得到那些自然寻求干预这些活动的群体的保护。因此,一个人的自由,必是对另一个人的限制。权利的创立不是为了个人的利益,而是为了整个社会的利益。个人自由是为达到群体目标而制造出来的。"

这项任务在各地还没有完成,然而,民主在逐渐形成并不断扩大,而这一演变的关键是:民众代表制、公民权、人权法案、权力分立、法律面前人人平等、劳资双方的集体谈判权,以及被告有权由与其地位相等的陪审团审讯。起必要制衡作用的揭发和整顿政治和商业集权的制度也必不可少。做得最好的是那些具有最成熟、最先进的公共政策民主手段的国家。

为确保我们为全球治理创建的组织机构的开放性,满足参与国政府的需要,并由此满足其公民的意愿,我们需有巨大的耐心,锲而不舍的精神以及人民的意志和信念。宪法都很有用,但却从未能阻止私刑或对人民权利的破坏。直到 1970 年代。美国的黑人才完全获得公民权。此前,他们公然受到不公正的对待和侮辱,包括投票前要他们回答的荒唐的、无法回答的问题,如一块肥皂里有多少泡沫等。苏联的宪法确保了可以想象到的所有权利,但从来没有得到落实。这些思想的残余还存在于许多国家,在一些代表团对国际组织的种种干预中,说一些花言巧语,发表一些毫无意义的声明,而其内容则无法落实或检查。革命者现在已经变成了决议案的推动者。

如何把大胆的理想变为现实且保护它们不被滥用,这仍然是国家和国际社会的一大问题。如果没有政界、商界和社会各界领导的警惕、关注和积极参与,上述目标就无法实现。

工业革命创造了新的社会、国家和超级大国。18世纪创造的政府机构无法应付,改革和革命都悬而未决。议会制民主进行了调整——虽缓慢,但总归是调整。在进步教会和政党支持下,工会运动、争取妇女参政权的运动和其他一些伟大的变革运动,都旨在弱化当时的超常现象。林登·约翰逊利用劳联—产联自愿配合的政治压力,要求国会通过民权立法。如果没有坚定的非政府组织"有色人种民权促进会",美国的民权会有进步吗?不会。尽管20世纪初法西斯主义和共产主义对穷人的吸引力不难理解,上述的许多斗争最终都胜利了。民主不发展就会灭亡。它在很多地方已经灭亡,在其他很多地方则适应了新环境。所以,我们这些大的多边组织也必须发展,否则就会受到蔑视并被边缘化。

这就是新国际主义原则现在充满希望的原因。全世界人民要求它们的领导人在政治、商业、体育、宗教方面表现出更大的责任感和透明度。非政府组织到处寻找和纠缠领导人。在愤世嫉俗、滥用权力时代成长起来的新闻记者揭露了一度为人们所崇拜的、坚不可摧的堡垒内的腐化现象,涉及到奥运会、国际足协、教会和大企业中富有魅力的首席执行官等等。这可能成为健康的现象。我们生活在一个怀疑主义时代。必须赢得信任。但我们还必须谨防组织机构中出现背叛人民信任的情况。与根据布雷顿森林会议元老们的智慧、根据被公认为超越任何文明或大陆的经验、具有普遍意义的价值观念而建立的新货币体系相比,夷平这个堡垒要容易得多。

对全球化既不能理想化,也不能妖魔化。原教旨主义的空想家们认为国家、市场,他们的宗教或其他东西能解决一切问题。把自由贸易和市场功效提升到神学高度是危险的;能解决一切问题的万能思想是没有的。市场只是创造私人财富最有效、最灵验的机制,政府可以从这笔财富中拿出一部分用于公益事业。私人利益与公共利益不应冲突,不过有时还是有冲突,其原因是上面探讨的短期主义与长期主义之间的冲突。

疾病、恐怖主义、气候变化和污染,是不管地图上的国界、洲界的,也不用填写海关申报单或登岸许可证。我们应当同舟共济,我们相互依存的关系在人类历史上从未如此显而易见,如此众所周知。

至此,你或许已经明白,我是一个不可救药的乐观主义者。想一想铭刻于我们新近历史记忆中的几个形象吧:被拆除的柏林墙、纳尔逊·曼德拉获释时的笑容和胜利舞姿、终于可以去上学的阿富汗女孩的笑脸。还有在藐视恫吓和舞弊、为争取投票权在烈日下排了数小时长队的津巴布韦人。随着人们的基本权利和直觉在全球范围内不断增强,自由也与日俱增,我们的生活比过去好了,也比过去安全了。

16 未来的挑战

发起乌拉圭回合时,冷战深深地笼罩着半个世界,独裁者垄断着拉丁美洲、东欧和非洲大部分政权,纳尔逊·曼德拉、瓦茨拉夫·哈维尔和金大中尚属受压制的持不同政见者。像传真机、移动电话、互联网和艾滋病等这些令人称奇、令人恐怖的东西几乎都是天方夜谭。在我们行将结束那次回合以来的第一轮新贸易回合谈判时,我们必须清醒地认识到,如果我们跟不上我们还无法想象的变化,我们就会一事无成。假如我们拙于想象,我们就在劫难逃了。

即令旷世奇才,也可能对未来作出错误的想象。亚历山大·格雷厄姆·贝尔认为留声机将主要用于录制和播放遗嘱。19世纪初,经济学家斯坦利·杰文斯预言,有朝一日英国煤炭用尽后,将不复为超级大国。托马斯·马尔萨斯认为,人口的增长终将导致大规模饥荒,1962年雷切尔·卡森在《寂静的春天》中预言,20年内,人造化学产品将把我们彻底消灭。《科学文摘》预测1970年代将出现一个新的冰河时期。然而没过几年,具有同样名望的科学家则提出,我们更有可能在一次全球酷热中死亡。1980年,有人说酸雨将摧毁欧洲和北美的全部森林。但这没有发生。还记得罗马俱乐部在1972年的《增长的极限》中的预测吗?到1981年是黄金枯竭,1987年是锡,1992年是石油和铜,1993年是铅和天然气。由于高频宽光缆的发明,以电缆形式埋在地下的铜我们用也用不完,几乎过剩了。当然,众所周知,上世纪最伟大的技术战略家比尔·盖茨,开始的时候也未能领会互联网的重要性。

当然,这些错误的预测有一个特点,那就是,各国人民和政府都对这些危险和变化作出了反应,欢迎某几个方面,拒绝另几个方面,在重建世界的过程中,应付了不利的方面,最终吸纳了新技术。这一过程还在继续;我认为,全球化是与新的民主国际主义相适应的,为世界的发展和安全提供了最好的希望。

我们已建立了重要的国际组织机构。尽管它们还有不尽完善之处,但是如果没有它们,世界就会无法管理,就很危险。总有些人佩戴黑袖章,专事预言灾祸。我认为他们低估了政治市场和经济市场在知道问题之后即行纠正的才智和能力。即使是假预言家,我们也赋予他们关注的义务,因为他们引起我们对潜在危险的警惕。尽管世界末日的预言者们可以刻画出一个比上世纪更引人注目的情景,然而由于互联网和全球媒体的奇迹,我们很快就能得到一个比较长远、持久的和平,比较长远、持久的经济增长,比较公平、美好的社会。

我们的祖辈对我们这个世界的奇迹会感到震惊的。在他们那个时代,是没有飞机、汽车、电脑、电信的。他们谁也没有听过无线电广播或看过电视节目。此外还有制冷、供电、空调和中央供暖系统、瞬时热水、太空旅行、自动洗衣机、洗碗机、微波炉和大量其他新产品。现在,发达世界中产阶级的生活方式是过去的皇帝连做梦也想不到的。与此同时,世界上的穷人,至少能越来越多地看到、品味到、渴望得到那些财富,并正在设法使别人注意到他们的存在和要求。

即使我们无法了解未来,我们还是能看到即将出现的情况的一些端倪。姑且不谈中国作为新超级大国的地缘政治、俄罗斯重新融入世界经济、贫穷、文明与宗教在政治上的内外冲突这类重大的宏观问题,我认为其他一些重要问题也将影响我们的世界。这些问题包括生物技术、人口流动、艾滋病传播、卫生和老龄化、妇女在社会中的作用等等,它们都将对全球的决策产生深刻影响。

16.1 艾滋病传播和健康不良对社会的影响

托马斯·马尔萨斯大人的人口预测是绝对错误的,然而某些非政府组织和专业危言耸听者仍在附和他的老调。世界还不会变得人满为患,没有饭吃。可是艾滋病的威胁将把发展中世界几十年来在提高人均寿命方面的进步一笔勾销,并对全世界的社会稳定和经济增长前景构成巨大威胁。艾滋病绝非空穴来风。

艾滋病是世界第四大杀手。据美国国际开发署的统计,全世界已有近4 100万人感染了艾滋病病毒。自人们认识它以来,感染这一病毒的人已逾6 000万。[1] 联合国艾滋病规划署/世界卫生组织报告说,至2001年底,已有4 000万艾滋病病毒携带者/艾滋病患者,其中1/3为15至24岁的青少年。

据预测,艾滋病病毒/艾滋病将使南非的平均寿命降为38岁。南非的NMG列维咨询服务公司称,到2005年南非大约30%的劳动力将是艾滋病病毒阳性者。不过,撒哈拉以南非洲最糟糕的报告数据出现在博茨瓦纳。它总共170万人,性能力活跃的15—49

岁的人口中,有 38% 的艾滋病病毒呈阳性者。1990—2000 年间,平均寿命从 64 岁下降到 39 岁。据美国企业研究所尼古拉斯·埃伯施塔特估计,25 年后该国平均寿命将比 50 年前还要低。但该国卫生部长乔伊·普马费向我强调指出,博茨瓦纳的数据是非洲最高的,因为他们承认这个问题,且有最好的报告体系。博茨瓦纳的公共服务确实是非洲最有效的之一。

艾滋病的传播不限于撒哈拉以南非洲。新近由联合国艾滋病规划署/世贸组织发表的一项报告指出,东欧尤其是俄罗斯联邦的艾滋病病毒/艾滋病感染的增长速度为世界最快。2001 年的前 6 个月,中国艾滋病病毒/艾滋病感染增长了 67.4%。2000 年底,印度有 380 万艾滋病病毒/艾滋病感染者,比除南非以外的任何国家都多。[2] 据报告,在人口 1 150 万的柬埔寨,估计有 25 万艾滋病患者,每年有 13 000 名新增的艾滋病患者;加上该国以性旅游目的地国著称,情况就更加堪忧。[3]

夏威夷人权研究所儿童权利项目的恩·容·卡希尔·谢使人们意识到艾滋病具有摧毁性的影响。谢在 2002 年《国际先驱论坛报》上发表文章指出,受害者不仅仅是几百万的死者。"父母亲死后,数百万儿童成了遗孤。美国国情普查局估计,到 2003 年,在艾滋病病毒肆虐最凶的 23 个国家中,已有 1 560 万儿童成了孤儿。美国国际开发署估计,到 2010 年,全世界可达 2 800 万。艾滋病造成的孤儿即便幸存下来,生存也无着落。他们常遭侮辱,不为社会所接受。有的研究表明,在有的国家,孤儿最终可占 15 岁以下人口的 1/3。"谢补充说,亚洲由于人口多,艾滋病所致孤儿的数量甚至要超过撒哈拉以南非洲,因为那些非洲孤儿常常被亲戚家庭收养。[4]

麻省理工学院的胡安·恩里克斯指出,在津巴布韦,企业要为每一个岗位培养3个管理人员,因为有两个人可能会死于艾滋病。一家南非矿业公司报告说,其劳动力中逾25%的人感染了艾滋病;另一家公司说,由于艾滋病的高感染率,他们生产1盎司黄金成本增加了8—10英镑。

但是世界卫生问题不仅仅限于艾滋病。2001年12月,由杰弗里·萨克斯担任主席的宏观经济学与卫生委员会发表了一份报告。受世界卫生组织总干事格罗·哈莱姆·布伦特兰博士委托,报告谈及大量卫生问题以及这些问题将如何影响千年发展目标。《宏观经济学与卫生:为经济发展而投资卫生事业》强调指出了健康不良给社会造成的长期损失。报告认为,一个人的每一寿命年的价值大约相当于他平均年收入的3倍,反映了闲暇时间、市场消费、纯长寿效应和与疾病有关的痛苦和磨难的价值。根据有些估计,一个20岁就终止的生命,其价值相当于他平均年收入的100倍,或者更多。

"不管精确的数据是多少,这个计算给了我们一个重要的提醒",报告指出。"当我们评估社会为疾病付出的代价时,我们不仅要问疾病对人均国民生产总值水平和增长有何影响(例如,降低工人的劳动生产率),而且要问它如何影响寿命和社会所失去的寿命年收入。"

该报告断言,现在有挽救千百万生命的资源和技术;增进健康可以成为经济发展的重要催化剂;捐赠者与接受者之间的新"卫生条约"和对卫生事业的巨额新投资是实现此目标所必需的。[5]

至于艾滋病毒/艾滋病、疟疾和结核病,到 2010 年,有效的干预措施每年可挽救多达 800 万生命,使数百万人摆脱病痛,成为有生产能力的人。根据默克制药公司向我提供的信息,疟疾病例的增加有多种因素,包括 1994 年南非实行民主选举以来跨国界人口流动的增加、1997—2000 年空前的大降雨量,以及疟疾控制计划中停止使用 DDT 等。[6]

表 5 干预多种疾病所需的年增量成本估计

(相对于 2002 年的水平,单位:10 亿美元)

	2007	2015
艾滋病毒		
预防	6	8
机会感染的护理	3	6
高活性的抗逆转录酶病毒治疗	5	8
疟疾		
治疗	2	3
预防	0.5	1
结核	0.5	1
与儿童有关的疾病		
治疗	4	11
免疫	1	1
与产妇有关的疾病	4	5
卫生服务体系和其他支出	31	50
总计	57	94
其中,属于低收入国家的	40	66

资料来源:世界卫生组织,2002 年。

但要使这些问题得到根治,那就还要大量投入能源和资源。据估计,对于低收入国家来说,到2007年每年需要400亿美元的增量成本(按2002年美元成本计算),到2015年将增至每年660亿美元。对于国内生产总值人均每年不足1 200美元的中等收入国家来说,相应的数字分别为170亿美元和280亿美元。该委员会估计,对低收入国家2015年660亿美元投资的回报,相当于健康水平提高了的人口为那些国家的经济每年增加3 600亿美元。在其他增长因素保持不变的情况下,平均寿命每提高10%,会使经济增长率每年提高0.3%—0.4%。[7]

在协调技术方法、确保医药和其他商品供给的问题上,还有多种联盟和伙伴关系,而这一切都有待进一步加强。联合国发起的抗击艾滋病、结核病和疟疾全球基金,2015年的年支出需要120亿美元左右[8]——相当于当前经合组织12天的农业补贴。该基金2002年开始运转,目前总资产只有20亿美元。全球疫苗和免疫联盟也需要发展可持续资助水平。制药业已有作出响应的令人鼓舞的迹象,而且,1998年以来已通过近50种行业伙伴关系得到了25亿美元的捐助。[9] 教育与贫困的联系比较容易看出。但领导人还需要考虑健康与贫困的联系;生了病就无法学习,没有接受适当的教育就无法有效地挣钱。此外,在发展中世界,儿童辍学照顾父母,加快了贫穷与无知的恶性致命循环。

能否得到医药的问题可能打破多哈大会的共识,这是不足为怪的。但在部长级会议以前、期间和以后对这个问题的熟练驾驭,使我看到我们能取得进步的希望。如果无国界医生、各国部长和医药工业都能像在多哈时那样设法达成一致,我们的前进方向就肯定对了。在6个月间,我办公室外的抗议者的口号从"世贸组织杀人"变成了"按世贸组织协定保护获得医药的权利"。这一次常识占了上风。有希望的迹象;个人的、公共的资源正被动员起来,政府和公司开始合作,广大公众要求采取行动。

16.2 移民与老龄化

由于这些严酷事实,加之老龄化和移民问题,人口统计数据也在发生变化。过去一个世纪,世界人口增加了3倍。不过,我们为取得平稳、可持续发展而确定的环境、水、军事和政治等方面的构想,都是以假定劳动人口继续增长为基础的。当前的人口统计数据与移民方面的趋势使人们对这种看法产生了疑问。尼古拉斯·埃伯施塔特等观察家认为,由于出生率锐减、寿命缩短,人类发展的成果可能毁于一旦。[10]

尽管对全球化的危言耸听甚嚣尘上,然而,一百年前跨国流动人口却比现在还多了。19世纪下半叶20世纪初,有6 000万人从欧洲移居新大陆。[11]虽然护照是一项新发明,但也有一百年的历史了。

移民是世界上最古老的技术转让形式之一。德国难民对美国20世纪中叶核计划和太空计划的贡献,也许是最著名的例子。在我的祖国新西兰,葡萄酒工业就是靠的克罗地亚移民;乳制品业则是丹麦移民搞起来的。我在1980年代帮助开启了新西兰的移民计划,其根据是,如果引进一位新加坡医生,我们实质上等于吸收了新加坡纳税人的50万美元。在需要医生的时候,谁也不会坚持种族主义立场。乔治·格什温的著名歌剧《波吉和贝丝》反映的是一位犹太作曲家对美国下层社会黑人压迫的同情——产生于对欧洲种族压迫的回忆。

不过,移民——世贸组织称之为"自然人的流动"——现在是一个很敏感的政治问题。这个问题有两个关键要素。一个是谋求改善生活的穷人被融入或同化到比较发达的经济之中。东道国常常关注这样一个事实:这些人往往都不是有技术的移民,容许他们进入只是让他们干当地人已经不愿意接触的工作,因而他们在文化上往往没有融入当地社会。

反之,发展中世界则失去了受过教育的或有才能的人。当然,同样一批移民可能涉及到一个论点的两个方面;一名医生在他/她选定的新世界中未必都在从事自己的专业。这样的例子有很多,现仅举一例:具有大学学位、菲律宾培养的教师在香港做保姆,收入比在菲律宾从事教育工作丰厚得多。

因此,现在对于决策者来说,移民——不论是合法还是非法——的政治和社会影响,都是一个重大挑战,2002年法国等发达的西欧中心出现的反入境移民政治家,还有荷兰反入境移民政治家皮姆·福尔图恩遭暗杀,都生动地说明了这一点。争论的焦点主要集中在,这会与国内工人争夺工作岗位;认为入境移民对东道国造成了经济和/或政治压力,还有人指责部分入境移民归化程度低。人们并非天生的种族主义者;他们是在厨房和运动场上学会的。

移民是一项巨大事业,全球移民工人从所在富国的家中寄往老家的汇款高达800多亿美元,而2002年海外发展援助只有大约

537亿美元。[12]更不用说那些无耻的非法走私人口的蛇头们的罪恶勾当。他们把工人从中国和非洲等地运往中东、欧洲和美国,在那里,他们常得偿还其"人境费"。

世界银行的一项研究表明,1999年仅所选的若干非洲国家得到的汇款,大约就有73.6亿美元(见表6)。有的国家提出应当给人员流动与资本流动同样的权利。这是某些发展中国家在服务谈判中提出的、应当列入多哈发展议程的一项重要建议。但由于只有19个国家签署了联合国人权高级专员提出的"保护移民工人及其家庭成员权利国际公约"(1990年),在世贸组织内出现巨变是不可能的,这个问题超出了它的权限。

表6 1999年非洲移民工人寄回国内的钱

国家	汇款美元(百万)
阿尔及利亚	942
突尼斯	761
埃及	3 772
厄立特里亚	127
塞舌尔	4
科摩罗	12
马达加斯加	7
博茨瓦纳	0.15
莱索托	0.7
纳米比亚	6
尼日利亚	1 301

国家	汇款美元(百万)
贝宁	73
多哥	0.03
加纳	31
尼日尔	7
布基纳法索	67
几内亚	6
几内亚比绍	1.8
塞内加尔	93
佛得角	69
马里	84
毛里塔尼亚	1.8
摩洛哥	1 938

注：由于存在国内货币转账网络，数值比所示大的情况是可能出现的。
资料来源：世界银行。

再大一些的问题或许是，为什么穷国政府希望有一个比较开放、以规则为基础的国际移民制度。它们所冒的风险是失去其最优秀、最卓越的人才。它们得到的是汇款收入，而失去的则是难以培养和保留的人才。据2001年国际移民组织估计，20个非洲国家受过大学教育的35%的公民，现在生活在外国。

据亚洲移民中心估计，亚洲移民工人从1970年代的不足50万，增至目前的1 500万。亚洲移民工人已成为支持菲律宾、印度尼西亚、孟加拉国、斯里兰卡等弱小经济的最持久的经济来源之一。1990年代晚期，菲律宾的移民汇款是外国直接投资的4倍多。[13]

发达世界的人口老龄化是我们在全球人口方面面临的另一重要问题——移民问题与之直接有关,而且在某种程度上就是由这个问题引起的。依然有人认为,世界面临着人口爆炸造成的危险。事实上,关键问题是人口年龄结构问题。发达国家的人口在迅速老龄化,于是对养老金计划、保健成本产生了地震性影响。

继俾斯麦之后,新西兰于1898年创建了世界上第二个国家养老金制度,几乎是不知不觉间在上一世纪就滚雪球般变成了发达国家政府的资金雷区。新西兰原先的养老金制度覆盖面不到人口的3%;在我这辈子可增至30%。新西兰人人生最后一年的医疗费用,超过了他们在此前历年使用的纳税人税款的总额。在世界范围内,灰白头发群体投票时,政治家也望而生畏。老人投票,年轻人不投票。

新近一期《金融时报》的社论评论说,几乎在所有工业国,与工作年龄人口相比,65岁以上的人所占比重都在20%—30%。[14]社论援引经合组织的估计指出,在美国、英国和荷兰这些人口老龄化缓慢的国家,这种依赖率将上升至40%左右,而在人口老龄化较快的日本、德国、法国和意大利,则上升至50%上下。

美国卡托研究所的布林克·林赛写道:"即使税率提高、盈利率降低,各先进国家的所得税预扣法都濒临财政上的崩溃……在未来75年,美国社会保险的无备资负债总额目前估计为9万亿美元——而目前的国家债务才5.7万亿美元。在德国和日本,公共养老金制度的无备资负债远远超过国内生产总值的100%;在法国和意大利,则超过了200%。"[15]

他还指出,随着经济产出下降、失业上升,东方体制的收入备受冲击,结束前苏联集团指令性经济的痛苦使问题更加复杂化。"到 1990 年代中期,转型经济的养老金制度已积重难返,依赖性配额奇高,"林赛指出,例如,1996 年,波兰的养老金领取者总数已相当于职业人口的 61%;在乌克兰的比例为 68%,在保加利亚高达 79%。这就意味着养老金分摊额提高到了惩罚性水平。

这个问题我们现在还没有体会。1970 年代后期,管理学大师彼得·德鲁克警告说,如果接受福利者与向国家提供福利者之间的冲突是由投票来裁定,老一代的人会赢。他描写了一道"代沟……存在于以白人为主的发达世界与以非白人为主的欠发达或不发达世界之间。前者的主要人口现象是老年人口的增加,后者的基本人口现象是婴儿死亡率下降以及由此而产生的(缺乏培训和技术的)尚未自立和被动待业的年轻人的数量激增。"[16]

以日本为例。该国目前净移民率几乎为零。20 年前,日本为发达世界最年轻的社会;到 2005 年,它将成为最年老的社会。[17] 到 2015 年,至少有 1/4 的日本国民将达到或超过 65 岁。欲维持人口总规模不变,日本在未来 50 年内就要长期年均输入 35 万新来者,而且,要保证其工作年龄人口数量不减,输入人口数量就要加倍。如果出现第一种情况,2050 年的日本人口中有 1/6 就是当前外国人的后裔;如果出现第二种情况,具上述性质的人口就要占日本总人口的大约 1/3。从日本的匀质文化来看,似乎哪一种方案都不大可行。

为防止 15—64 岁年龄段人口(常称"工作年龄"人口)的数量最终下降,欧洲净入境移民就要长期维持在年均 360 万,相当于现在的4倍。此规模的移民将改变欧洲的面貌:到2050年,按照这两个方案,当今非欧洲人的后裔,将占欧洲居民的20%—25%。

这就与发展中世界很多地区形成了鲜明对照。例如,阿拉伯联盟的22个国家总人口为2.8亿,其中年轻人所占比重为世界之最——不满14岁的阿拉伯人占38%——估计20年后阿拉伯人口将超过4亿。[18]仅沙特阿拉伯,年龄在25岁以下的就占大约65%。穆斯林主要生活在发展中世界。

试想一想:1999年,联合国《世界人口状况》预测,到2050年,98%的世界人口增长将发生在欠发达地区,主要在非洲和亚洲。联合国的报告指出,现在世界每年出生的7 800万人口中,95%生活在欠发达地区。联合国开发署指出,世界人口增长的60%发生在12个国家,其中大部分在印度、巴基斯坦和中国。据估计,到2016年,印度的人口将超过发达国家人口的总和!例如,据联合国一项预测,到2050年,出生率很低的意大利的总人口可能减少1 600万。[19]

有关年龄、性别、种族和宗教的新人口统计,在存在极大危险差异的几个地域,提出了复杂的挑战。这也适用于从荷兰到美国的最复杂、最古老的民主制。在一代人内,在加利福尼亚、佛罗里达和得克萨斯等州,"英裔美国人"相对于西班牙裔美国人、非洲裔美国人和亚洲人而言,将成少数民族。如果控制不了这三个州中的两个,谁也赢不了总统职位。

假如苏联不解体,在一代人内,俄罗斯人就会成为大苏联内的一个少数民族。根据某些估计,要不了多少年,到2021年,当天主教徒成为多数民族时,北爱尔兰的痛苦将呈现不同的局面。[20]如果巴勒斯坦不成为一个独立国家,以色列人将在一代人的时间内成为少数民族。以色列建国时被迫流离失所的区区10万巴勒斯坦人,现已达到数百万人。他们返回家园的权利,是所有和平计划谈判的症结。目前,犹太人420万,比350万巴勒斯坦人多不了多少。据一项估计,到2050年,居住在约旦河西岸(英国托管地巴勒斯坦边界内侧,包括现在的以色列、约旦河西岸和加沙地带)的人口,有80%将是巴勒斯坦人,犹太人只占20%。[21]

2001年2月,欧盟内部市场和税收专员弗里茨·博尔肯斯泰因在对"欧洲之友"发表演讲时说,到2040年,欧洲的工人与养老金领取者的比例,将由4:1降至不到2:1。他警告说,如果某些成员国把无备资退休金负债公布出来,它的数字将超过国内生产总值的200%。

世界人口最多的国家中国,将面临着其独生子女政策的始料不及的后果,即迅速老龄化的人口和几乎没有现款的社会保障基金。政府断言中国的社会福利债务总额在1 220亿美元至2 440亿美元之间。中国银行国际(Bank of China International)说,短缺总额为8.5亿美元左右,另有估计为接近1万亿美元。到年中,有报告说基金仅存70亿美元。[22]

这一切都酷似精心策划的古老的庞氏骗局*,以后来上当的傻瓜的钱支付给最初幸运的投资者,最后整个金字塔倒下。政

---

* 庞氏骗局(Ponzi scam)系指1919年至1920年意大利裔美国人查尔斯·庞齐所设的投资骗局,让人们向一个事实上子虚乌有的企业投资,许诺投资者将在三个月内得到40%的利润回报,然后用后来投资者的钱作为赢利支付给最初的投资者。这场阴谋持续了一年之久,使得三万名投资者上当。——译注

府——有时是公司——没有携款而逃,而是把它用于获得连选连任。

正如德鲁克指出的,值得一提的是,今天美国企业雇员的退休金基金,占了企业产权资本的25%。"假如把'社会主义'定义为工人拥有生产资料——而这既是正统的又是唯一严格的定义——那么,美国就是第一个真正的'社会主义'国家。"他补充说,个体经营者、公务员和教师的基金至少占另外的10%,遂使美国工人拥有美国企业产权资本1/3以上。[23]

当然,拥有未必等于控制,新近一些公司倒闭使工人的储蓄化为乌有,就证明了这一点。

我在新西兰政府当政时,多年中一直尝试鼓励工人组织自己的退休基金计划,但他们进行抵制,认为这是国家的作用,若是取而代之,就会削弱国家对人民福利的保障作用。在美国流行的则是相反的观点。

例如,前美国参议员丹尼尔·P.莫伊尼汉指出,"[一旦20世纪初思想跨越大西洋]工人的补偿转眼之间就在各国普及了。改革者现在着眼于它的合乎逻辑的后续举措,即普遍医疗保险。我们在自己的时代所享受的那种福利,证明是太过分了。企业变得紧张起来。美国劳工联合会领袖塞谬尔·龚帕斯'加入他的伙伴们激烈反对的行列。'龚帕斯这一代劳工领袖以怀疑的眼光看待政府提供的福利。他们是要让工会做这件事。第一次世界大战及其后果基本上使这个时代结束了。"

正如德鲁克所言,我们可以看到发达国家与发展中国家之间的一道代沟,前者的主要人口现象是老年人口的增加,后者的基本人口现象是婴儿死亡率下降以及年轻人数量的激增。我们知道，生活水平提高则出生率下降，因为父母亲认识到，他们不再需要大家庭为他们养老。生活水平的提高使环境、人权、社会得到改善。受过更好教育、被解放的妇女则主张对再生产拥有更多的控制。[24]

随着发展中国家收入提高，我们很长远的未来会使我们面临一个人口太少而不是太多的世界。

16.3 妇女的作用

几个世纪以来，社会一直不让占人口总数一半的妇女全面投入国家的经济生产。那些否定妇女技能的社会，把其一半人口看成了无贡献者。那些根据你生活在哪儿或者你是谁而不是根据你将来的发展而拒绝给你教育机会的社会，必定要为之付出代价。

因种族、性别或年龄而排斥他人是个道德与伦理问题，而平等从根本上来说是个建设性的理念。崇高理想与卓越经济实践不矛盾：它们常常是实现社会和经济进步的前提。

在新西兰议会从政 20 年间，我目睹的最大社会变革是妇女地位的变化。新西兰妇女 1893 年就获得了选举权，系世界第一。即使如此，20 年前却几乎没有女议员。现在，女议员约占议员总数的 30%；实际上，最近两任新西兰总理都是女性，高等法院院长和国家元首，即英联邦制度下的总督也都是女性。1960 年公营部门就确立了同工同酬；私营部门在这方面的差距也在缩小，不过还有一段路要走。

我首次当选时，曾在我选区的办公室会见了被丈夫逐出家门、身无分文的妇女。由于她们不挣工资,按法律就无权分得一份财产;她们所作的贡献不为人们承认。我们立法确保她们获得婚姻存续期间的财产的50%。像在其他很多国家一样,这些保护后来延伸到事实上的婚姻关系。离婚后,妇女收入往往会减少,而男人的则会增加,由于考虑到妇女养育孩子期间可能放弃的潜在收入,所以在某些司法权中,就竭力为妇女争取失去的潜在收入,或强行扣压前配偶未来增加的收入。

这些新情况,反映了全球发生的种种社会变化。我们在前几章谈到全世界生活水平上取得的巨大进步。但贫穷犹存,其对妇女与儿童的影响尤为明显。

例如:
- 生活贫困的12亿人中,70%是女性。
- 为期20年的估计证实,41个发展中国家贫穷的农村妇女人数的增长比贫穷男人数量的增长高17%。
- 在世界9亿文盲中,女性人数为男性的2倍。
- 每年都有50万妇女死于原本未必会死的、与妊娠有关的并发症,而贫穷与地方偏僻则使问题变得更严重。
- 与男性相比,干同样工作的女性的平均所得要低30%—40%。
- 在发展中国家,真正拥有经济或政治权利的女性只占一小部分。
- 在20个发展中国家中,在没有受过教育、农村地区的女性中5岁以下女婴的死亡率最高。
- 贫穷家庭的人口普遍比富裕家庭多,这就加重了妇女生儿育女的负担；贫穷家庭青春期女子怀孕的比例高。
- 沙特阿拉伯男性失业率30%左右，女性则为95%，而且，沙特阿拉伯16岁至30岁的女性中据估计有2/3无法结婚或不愿结婚。[25]

尽管有这些令人沮丧的数据，妇女在就业、政治、商业和教育等领域还是正在取得史无前例的进步。而且，重申本书的主题，最好的结果往往出现在民主国家以及具有开放市场的社会。当今的民主政党不提以妇女为目标的政策就不敢面对选民。不设环保部门的国家寥寥无几，没有专人负责妇女事务的国家也为数不多了。在很多先进的民主社会，大学里的女生与男生人数相等，或女生更多。在新的服务技术和信息经济中，女性就业猛增。经合组织有报告指出，在11个经合组织国家中，青年男性的失业率高于青年女性。[26]

在以穆斯林人口为主的孟加拉，尽管出生名门望族、具有领袖气质的女性拥有全国性的政治权力，农村妇女传统上却一直处于社会的最底层。但即使在孟加拉，富有创新精神的银行家穆罕默德·尤努斯的经验表明，小的经济社会变革也可以使妇女大长才干、焕发积极性。向借贷无门的妇女提供小额贷款的格拉门银行的这位创始人发表报告指出："1992年，大约400名格拉门的借款人入选了工会理事会；1996年，格拉门的借款人带头成就了一项几乎难以置信的业绩——在全国大选中，参加投票的女性多于男性，差点把一个历来反对妇女权利的政党逐出议会。"

在发达世界，妇女通常寿命要长一些，因而导致了性别年龄差距，引起民意测验专家和竞选负责人越来越严密的关注。例如，在美国,战前大多数妇女是支持共和党的。后来投票格局完全逆转,更多的妇女投票支持民主党,男性则支持共和党。比尔·克林顿增强了这种趋势。假如2000年大选只由妇女来投票,阿尔·戈尔就会获得压倒多数的选票。

《商业周刊》的吉恩·科雷茨报道了哥伦比亚大学的经济学家莱娜·C.埃德隆德和罗希尼·潘德的研究结果:自1960年代以来,美国人的离婚率已升至接近50%,而且由于选择推迟婚姻或坚持独身的人增多,成年人中不结婚者的比重已骤升至44%。"在《经济学季刊》上发表的此项研究中,埃德隆德和潘德把这种趋势与男、女对政党的忠诚度的改变以及随后产生的政治上性别差距加大联系起来。他们认为婚姻解体往往导致男方的相对富裕和女方的相对贫穷,他们发现在离婚率上升的那些州,男性中支持民主党的人数减少,而女性中的支持者明显增加。"[27]

弗朗西斯·福山在《我们死后的未来》中指出,老年女性将成21世纪政治家争夺的最重要的投票者群体之一,部分是因为高龄化人口组中女性比男性更长寿,在一定程度上也因为社会学长期以来对女性参政问题的关注。

"这对国际政治意味着什么当然还有待观察,不过,有鉴于过去的经验,我们知道,男女选民、老少选民在对外政策和国家安全方面的态度是迥然不同的",福山说。就美国妇女而言,她们的态度就很可能转变为她们对美国卷入战争、国防支出和对外用兵的支持率下降。

"在用兵这个问题上,发达国家还面临另外的障碍",他补充说。"第一个应征加入军事组织服役的不是老人,更不会是老年妇女,因此,后备兵力供应将会缩水。这类社会中,人们承受自己的年轻人在战斗中伤亡的意愿也大不如前了。"他认为,其结果可能是世界的分化,一个是政治上由年老女性定调的北方,一个是由托马斯·弗里德曼所说的"为所欲为的愤怒年轻人"(如对世界贸易中心实施9·11袭击的那些人)主导的南方。"政治家只能在由基本人口统计事实确立的框架内发挥作用,其中一个事实也许是,北方很多国家人口的不断减少与老龄化。"[28]

所有权、财产权、教育、机会、获取资本渠道、机会均等,都有助于导致经济增长。危险在于,由于文化或社会原因人们拒不接受平等一说时,这个"控制怪物"就把机会均等论改变为结果均等论,而且试图凭借立法手段来这样做。但是,如果在受控的腐败社会,妇女能得到她们在自由社会中那样的选择,那就有希望。毕竟,民意测验和投票格局说明,妇女比男子更关注环境、平等、抚育儿童、和平和发展等问题。

妇女发挥更大作用将有助于在本世纪更快地推进自由的发展。

16.4 遗传学、生物技术和人类基因组

丘吉尔谈及不受管理的科学的危险时曾说,"科学家应随时听候调用,但不能发号施令。"协调一致地落实多哈发展议程将有助于实现这一目标。在生物技术和基因学研究不断寻求商业应用之时,小心、谨慎的发展,国内和国际的公约、调节和控制措施都是不可或缺的。提倡透明性、公开辩论、对话、提供更多信息、让广泛的

社会以及科学界、政治界、宗教界和企业界领导人参与,对我们处理这个问题,并使它有助于延长寿命、提高生命质量都具有决定性的意义。

戴维·维克托和C.福特·朗格认为,如果世界上最贫穷、最挨饿的人分享不到转基因创新的种种利益,全球化开启的光辉前景——自由市场和市场驱动的创新带来的利益,将使各地的收入都得到提高——就会化为乌有。"这一切都说明,挖掘农业生物技术的潜力需要的不是自由放任,而是充满活力的政策改革",他们写道。"各国务需改革规章制度,以期把对贸易的有害影响减至最小,同时又对消费者所关注的事项作出反应。它们必须承认,国际组织尚无足够力量与现行政治上流行的规章制度抗衡。它们必须增加农业发展方面的公共投资。它们还必须制定鼓励企业共享和扩充知识产权的知识产权规则。"[29]

尽管有"多莉"羊的问世,遗传工程却并不新奇。哈巴狗、丹麦大狗和老英国牧羊犬,都是人类干预犬科基因库的结果。羊、牛和鹿等古代绘画告诉我们,我们高效饲养动物已有几个世纪之久。农业方面的情况也是这样。番茄原本是一种浆果,个头小且有微毒;天然玉米只有1角硬币那么粗。我们现在的人口是200年前的6倍多,没有科学的进步,千百万人就会因食物缺乏而死亡。农业生产率已经高于人口增长率,而且,在自由贸易的情况下,还有可能大幅提高。

在约翰内斯堡可持续发展大会上,许多非政府组织反对可能是遗传工程生产的粮食援助,引起一片哗然。这项粮食援助可以拯救千百万非洲人于饥荒。世界粮食署分发转基因食品已有7

年。这些反生物技术的人说人应该挨饿,因为现在还没有科学评审团。现在食用这种产品的人有千百万,但这也是欧盟与美国开展的广泛争论的一部分,争论的内容就是堂而皇之进入世贸组织谈判的所谓预防性原则。有人把这看成是贸易保护主义的另一种借口,因为大约80项欧盟的研究都未能证实转基因食品有任何问题。粮食援助引起的另外一些问题我在书中已作了解释(见第3章)——根据"行动援助"组织的说法,仅仅由于欧盟对糖的补贴,斯威士兰就失去了36 000多个就业岗位,但这没有得到媒体对转基因生产争端的关注。

1960年代,超级水稻和超级小麦的发明者诺曼·欧内斯特·博洛格,因拯救千百万生命而获得了诺贝尔和平奖。转基因食品能养活和拯救千百万生命。非洲近年的灾荒改变了"弗兰肯食品"之争,迫使人们反思。然而,在2002年9月约翰内斯堡可持续发展大会上,取得胜利的是政治上正确的、政治上没有良心的人。例如,印度和中国现已利用的转基因棉花,可望大大改变世界棉花市场——它既节约肥料,又节省农药。由于新近对转基因食品的反对声浪,诺贝尔奖委员会要有相当的勇气才能考虑给博洛格颁奖。受诸如"疯牛病"(尽管这与遗传学本身无关)以及口蹄疫爆发等事故的刺激,公众对食品安全的警惕性空前提高。

当今的遗传技术发展的独特之处在于它的变化速度和程度。随着人类基因图的绘制,DNA技术的研究突飞猛进。例如,科学家断言,利用DNA技术有可能培育出对某些疾病具有天然免疫力的动物。这就意味着这些变化也适用于人类。然而,正如理查德·莱温汀在《纽约图书评论》指出的:"……在美国,与改善工作场所环境、减少污染、增加营养的方法相比,有可能通过"遗传疗法"治愈的简单遗传错乱致病或致死的比例很小(我们目前尚无成功病例)。"[30]

当然,真正引人瞩目的,不是克隆多莉羊,而是重新界定多莉羊牧羊人的 DNA。人类遗传工程具有令人极度兴奋的含义。弗朗西斯·福山的《我们死后的未来》断言,成功破译人类遗传密码的结果,将使互联网和信息科学的繁荣显得微不足道。福山说,把遗传学与信息科学结合起来,我们就真正创造出一个不同的世界。[31]这些发展将改变我们的生活方式、出生方式、我们的健康、我们的天气,以及世界的运转方式。这些变化也许是很多人无法接受的。设计出来的儿童?工厂化农场?北极长出西红柿,因为它被植入了一种鱼的基因?从孙子臂那里获取卵黄囊蒂(干细胞生成单位)用以挽救和延长祖父辈的寿命?在动物身上培育的人的器官?这些问题已不再是 1950 年代迎合大众娱乐需要的二流电影的素材,它们都是正在发生的现实。

胡安·恩里克斯的《未来展现在你面前时》认为,能"讲"遗传学语言的人将能够直接、随意地控制一切生命形式。但是他说,大多数国家和个人在这个问题上还是文盲,将被封闭在这个正在迅速成为全球经济最大动力的因素之外。财富将更加集中,有知识可出售者——国家和个人——将成为赢家。

"试想一下如果下面的情况得以实现,会发生什么事情:你的遗传密码能以数字方式印在你的身份证上,你的保险公司和雇员注意到你患有遗传性疾病,如心脏病;你能吃新开发的药品,如转基因球花甘蓝以防治癌症;克隆将像试管受精那样司空见惯,科学家不仅能影响其他物种的遗传设计,而且能影响你们自己孩子的遗传设计",恩里克斯说。但他警告说:"孤独无伴的人们正在创造崭新的产业,它们很快就变得比地球上大多数国家的经济还强大,但却没有创造多少就业岗位。"[32]

我们是在扮演上帝的角色,还是在进行心脏移植或用抗菌素挽救一个孩子?多莉羊使全世界一片哗然。假如我们克隆"波莉"熊猫,公众的反应会不同吗?科学的发展速度超越了我们的道德、伦理、法律、政治对它的驾驭能力。有几个国家已经禁止人类克隆和干细胞研究。这在很大程度上造成这些研究搬迁到其他地方。到2002年中,美国已约有15万人从事基因组研究,为5年前人数的两倍。

上个世纪在欧洲发生的、造成巨大破坏的优等民族理论的阴影,一直在我们的心头挥之不去。福山写道:"笼罩整个遗传学领域的幽灵,始终是优生学——即有意培育具有某些遗传特性的人。"福山指出,这个术语是查尔斯·达尔文的表弟弗朗西斯·高尔顿杜撰的,19世纪末20世纪初,国家发起的优生学计划得到了惊人广泛的支持,支持者中,不仅有右翼种族主义者和社会达尔文主义者,而且有费边社会主义者比阿特丽斯和西德尼·韦布夫妇、萧伯纳、共产主义者J.B.S.霍尔丹、J.D.贝尔纳以及女权主义者和节育倡导者玛格丽特·桑格夫人等。极左和极右再度找到共同事业,因为跟往常一样,他们知道什么对我们最好。

"美国和西方其他国家都通过优生法律,允许国家对被认为'低能的人'实行非自愿绝育,同时鼓励具有优秀特性的人尽可能多生孩子",他说道。纳粹大屠杀的罪行被揭发后,美国的优生运动有效地终止了。此后,欧洲一直有效地反对任何优生学的复兴,而且成了对许多形式的遗传研究不友好的地区。不过,福山指出,直到1960年代,先进的、社会民主的斯堪的纳维亚国家还保留着优生法律。

器官移植的黑市早就存在。即使对非受控性优生有禁令,重组 DNA 技术的黑市也肯定会出现。我们的担心自不待言。没有道德的科学、没有人性的技术、没有信誉的企业、没有信念的逻辑和没有同情心的政府,都有可能把我们引向极权主义。上一世纪的历史告诉我们,一些人多么轻而易举地就被精神变态的领袖引入歧途,出现焚毁书籍、消灭麻雀、辱骂老师的行为。

马特·里德利在《道德的起源》中得出结论说:"霍布斯哲学鼓吹者的完美社会追求以奥斯威辛的毒气室而告终,所表达的不是人类合作的本能,而是种族灭绝和部族主义的人类本性,诚如我们知道的,浮士德似的交易以集体观念出现了。"[33]

福山认为,我们就像曼哈顿计划的目击者,惊恐地看见首枚原子弹的爆炸,对于我们可能释放的能量表现出激动和惊恐。与此平行的是一项正确的事:为确保安全,我们草拟了核条约,建立了国际机构和国内控制监督机构。迄今为止,仅用过两枚核弹,事故也很少。实际上,死于煤炭产生的污染的人更多。

非受控试验的危险有目共睹。美国国家科学奖得主罗伯特·A.温伯格说,"大部分生物学家都认为生殖性克隆——用一个成年细胞来生成一个崭新的生物体所用的程序——问题很多。我们为什么要浪费时间为远离实用,而且会永远如此的事伤脑筋呢?"[34]

温伯格认为,答案在于,如果不这样,由商业利益驱动的克隆"小丑"就可能避开现有的监督程序,采取越来越多的行动。这反过来又可能破坏一些可能有用的研究的名声,例如用胚胎干细胞进行的治疗性克隆。"治疗性克隆具有使目前多种不治之症的治疗获得突破的可能性,而且仅仅是可能性而已。尚需大量研究,才能决定该技术治疗病人的可行性和局限性。"

"内窥镜"外科手术和各种奇药仅仅初现端倪;再过半个世纪,今天的手术工具,看上去就会像是200年前的放血杯一样原始了。手术刀即将被,而且正在被激光手术刀所取代,注射正被药膏所取代。军方赞助互联网;医生在无害情况下对病人施行手术的遥控电脑驱动手术的实验,很快就将进入临床。这在未来对各地医院和救护人员意味着什么呢?将来,巴黎或波士顿的外科医师,或许能为数千英里外战场上的病人手术。试想一想,当这项技术投入应用后,对人类尤其是对生活在农村偏僻地区的人们,有多么重要。受人喜爱的乡间医院,可能被享受城市生活的外科医师所取代,他们可以采用这一新技术为农村病人治病。

联合国儿童基金会报告说,维生素A可使儿童死亡率降低25%至33%,每年能挽救很多发展中国家约100—300万生命。由此可见,给水稻嫁接一个"维他命A"基因,即可挽救第三世界数百万儿童的视力。但企业家和政治家不愿冒舆论风险,再说反对转基因的势力还很大。我们还是不要忘记,伽利略就是由于说地球围绕太阳转才被从罗马终生流放到佛罗伦萨附近的乡村。在宗教法庭压力下,他不得不郑重宣布放弃他的信仰。一些极端的环境保护主义者非理性地拒绝现代世界能提供的几乎所有要素。说到底,任何惧怕科学的文明,终将沦为巫术王国。

理查德·莱温汀指出,18世纪代议制民主的理论家懂得,受过教育的选民是民主国家的重要前提。"但他们没有想到,两个世纪后伴随这种教育的是什么",他写道。"假如大量的公民依赖只有极少数精英才能获得的专家知识——这个精英阶层的形成和直接经济利益只代表一个狭隘的社会阶层——民主国家怎么能运转自如?"[35]

我认为我们已经证明,自由运作的市场、良好的治理和透明、完善的标准,能得到更好的回报。如果政府把其收入花在枪炮而不是儿童身上,花钱收买政权而不是把政权交给其合法的拥有者,其结果是可想而知的。

1980年代和1990年代的不幸副产品之一,就是政府这个概念遭到唾弃。政府是"问题而不是解决办法"成了当时的陈词滥调。与所有口号一样,这个口号也有其真谛在,然而,如果把它推到极致,就起到了破坏历史的作用,因为政府的作用就是促进文明程度和生活水平的提高。领导还是至关重要的。唯政府才能完成维持标准、制定市民和商业行为规则、决定社会与市民投资方向等职能。在发展中国家和新世界国家,如我的祖国新西兰,如果政府恪尽职守,就能成为人民、企业和年轻人的最好的朋友。

林肯没有要求废除政府,他要求废除奴隶制。他谈到了民有、民治的政府。政府管得太多固然危险,但政府若不负责任听凭人们无节制地利用人力、社会、环境资源,也会激起过激的反应。没有法治就更危险。不论是全球的还是各国的政府,如果拒绝接受我们知道对于好的生活非常重要的好的治理原则,就会挫伤公众信心,结果是人人遭殃。

在人力资本、教育和投资领域,这一点就表现得更加明显。在旧经济和工业时代,生产工人干的活无需他们有高水平的创造性、灵活性或流动性;新经济所要求的则恰好相反。公司必须创新,创新产品、创新观念,比竞争对手更快、更高效、廉价地把产品和服务推向市场。它们必须冒风险,但不能以声誉为代价。在人力资本方面的投资不仅仅是政府的职责,而且是每个参与者的职责:父母、社会和企业。在其近著《我简单说几句》中,罗伯特·赖克根据研究结果提出报告说,实施正式员工培训计划的公司,劳动生产率提高幅度比没有实施这种计划的公司高19%。[36]另一项报告表明,使工人受教育水平平均提高1年,能使工人劳动生产率提高12%。

赖克最后指出:"大量证据表明,一个人的技术愈过硬,工资就愈高。中学毕业后,无论是否在从业期间,每接受一年的教育或岗位培训,都能使平均收入提高6%至12%。"而且在最富的国家是这样,在最穷的国家也是这样。政府是不能没有的。在诸如教育等方面的良性支出,对我们的生活质量和广义的环境关系重大。

我们必须用外交手腕,提供政治的、政府的空间以及智力的良好条件和空间,实现信息的自由流动,允许领导人提出解决办法,建立乐于接受政治决定的选区。如果不是处于大危机或大战时期,领导已无法再把自己的意志强加于公民。宏大的金字塔形的科学,没有宽广的基座,就不可能产生新的高峰。卡尔·萨根在《魔鬼作祟的世界——科学,照亮黑暗的蜡烛》中指出:"科学的方法——尽管不尽完善——可用来使社会、政治和经济体制日臻完善。"[37]

萨根在那本书中意味深长地呼吁要战胜流行的神话和迷信,并在结束语中说:"[但]如果公民受过教育,而且有自己的主见,那么掌权者就会为我们工作。无论在哪个国家,我们都应该教会我们的孩子,让他们懂得科学方法和制定一项《人权法案》所依据的理由。有了它,才有了某种行为准则、谦恭和社区精神。我们是人,但我们却居住在一个魔鬼作祟的世界里,也许矗立在我们与无边的黑暗之间的只有它了。"

注　释

第1章

1. 迈克·穆尔引自《经济学家》,"强硬的工党",1987年。
2. 《世界银行发展报告,1997年》,引自R.道格拉斯、R.理查森、S.罗伯逊,《公共政策的新方向》、《没有改革委员会的开支——论公共服务的改革,中期报告》,2002年。
3. 唐·布拉什,《新西兰引人瞩目的改革》,1997年。
4. 丹尼尔·耶金和约瑟夫·斯坦尼斯瓦夫,《制高点》,1998年。
5. 科德尔·赫尔,《科德尔·赫尔回忆录》,1948年。

第2章

1. 弗朗西斯·福山,《历史的终结和最后一个人》,1993年。
2. 瓦茨拉夫·哈维尔,引自《纽约时报》,2000年8月。
3. 美国古老汽车俱乐部,《汽车的历史——编年史》。
4. 美国国情普查与统计局。
5. 格扎·费克特库蒂,《新贸易议程》。
6. C.弗雷德·贝里斯泰因,引自约翰·H.杰克逊,《世界贸易体系。国际经济关系的法律和政策》,第二版,2002年。
7. 菲利普·勒格兰,《开放的世界:全球化的真实性》,2002年。
8. 彼得·F.德鲁克,《大变化时代的管理》,1995年。
9. 弗里德曼,《凌志车与橄榄树:理解全球化》,1999年。
10. 肯尼思·波梅兰兹和史蒂文·托皮克,《贸易创造的世界:社会、文化和世界经济：1400年至今》，1999年。

11. 戴维·沃斯、奇克·佩奇——你说你要更大的宽带？解决办法和铒增益因素，《有线上网》，1995年7月3日。

12. 尼丹·德赛，"为群众的利益计调整全球化的方向"，《地球时代新闻》，2001年1月2日。

13. 皮尔·康迪特，"生活在一个多变、易变的世界"，在加利福尼亚州奥兰治县世界事务委员会的演说，2000年11月20日。

14. 彼得·施瓦茨、彼得·莱登和乔尔·海厄特，《长期繁荣：展望即将到来的繁荣时代》，1999年。

15. 弗里德曼，1999年。

16. 胡安·恩里克斯，《未来展现在你面前时：基因子和其他力量如何改变你的生活、工作、健康和财富》，2001年。

17. 美国统计局，互联网，1998年；克林顿总统在1998年技术大会上讲话摘要，1998年；新边界，《世界联系》，1998年1月/2月；沃斯，1995年；恩里克斯，2001年。

18. 恩里克斯，2001年。

19. 波梅兰兹和托皮克，1999年。

20. 波梅兰兹和托皮克，1999年。

21. 《土著美国人遭遇的大屠杀：一种社会学观点》；贾里德·戴蒙德，《枪、细菌和人。最近13 000年的通俗简史》，1998年。

22. 道格拉斯·A.欧文，《从斯穆特－霍利到互惠贸易协定：改变1930年代美国贸易政策的方向》，1997年。

23. 查尔斯·金德尔伯格，《大萧条时期的世界1929—1939》，1986年。

24. 波梅兰兹和托皮克，1999年。

25. 美国农业部经济研究处，《农业资源和环境指标，2000年：农业生产率和增长》，2000年。

26. 消费品工业贸易行动联盟。研究表明，保护美国钢铁工业的建议，将使消费者每年多耗费28.9亿美元（新闻稿），2001年。

27. 世界银行政策研究报告，《全球化，增长和贫困：建立综合的世界经济》，2001年。

28. 中国社会科学和文献出版社,《中国人口和就业机会报告》,2001年。
29. 马修·J.斯劳特和菲利普·施瓦格尔,《全球化使工资和出口就业岗位减少了吗?》,2002年。
30. 香港金融管理局总裁任志刚,"在波士顿第一信贷银行亚洲投资大会上的演说",1999年3月29日。
31. 贾森·布思,"一个新时代:中国加入世贸组织:东南亚在慢慢研究自由贸易",《华尔街日报欧洲版》,2002年4月12—14日。
32. "2002年创纪录的外来直接投资展望",新华通讯社,2001年12月4日。
33. 彼得·F.德鲁克,《对未来的管理:1990年代及其后》,1992年。
34. 托马斯·L.弗里德曼,《凌志车与橄榄树:理解全球化》,2000年。
35. 香港金融管理局总裁任志刚,"处理国际资本流动中的风险与挑战",第六届马尼拉框架集团会议开幕式致辞,2000年3月20—21日。
36. 马丁·沃尔夫在其刊于2002年2月6日《金融时报》的"国家仍然统治世界"一文中视此评论有失偏颇。他认为,对国家和公司的销售数据作一严格比较,即可看出,国家还是比公司大。
37. 恩里克斯,2001年。
38. 乔恩·杰特,"赞比亚因向西方市场献殷勤而付出沉重代价",《国际先驱论坛报》,2002年4月24日。
39. 杰特,2002年。
40. 美国"总统经济报告",2001年1月。
41. 安东尼·斯佩思,IDEAS/World Economic Forum @ the Web of Power,《时代》杂志,1997年2月17日。
42. 德鲁克,1995年。
43. 环境学国际与世界经济论坛,《世界经济论坛民意测验:对全球化的全球舆论》,2002年。
44. 罗伯特·康奎斯特,《对一个饱受蹂躏的世纪的反思》,2001年。
45. 斯科特·M.斯坦利,《究竟何谓离婚率?》。
46. 乔治·A.阿克洛夫和雅内·L.耶伦,《对美国非婚生育的分析》,1996年。
47. 恩里克斯,2001年。

第3章

1. 罐头制造商协会,《罐头食品:一部视觉史》。
2. 本章有关糖的很多资料源自波梅兰兹和托皮克,1999年。
3. 波梅兰兹和托皮克,1999年。
4. 波梅兰兹和托皮克,1999年。
5. 布伦特·博雷尔和戴维·皮尔斯,《糖:对贸易自由化的味觉检验》,1999年。
6. 道格拉斯·A.欧文,《自由贸易辩》,2002年。
7. 欧文,2002年。
8. 糖贸易改革和自由化全球联盟主席布鲁斯·沃恩,《在凯恩斯集团部长级会议上的演说》,2000年10月10日。
9. 罗宾·克莱,《自由贸易——谁都认为是一种更甜蜜的交易》,2002年。
10. 马克·韦尔,贸易部长,《在国际农业生产者联盟家庭农场主国际贸易峰会上的演说》,1999年11月29日。
11. 马里·若尔丹,"古巴厌弃糖料作物后的田间革命",《国际先驱论坛报》,2002年7月30日。

第4章

1. 约翰·斯图尔特·穆勒,《政治经济学原理及其在社会哲学的部分应用》,1909年。
2. 马特·里德利,《道德的起源:人类天性和合作的演变》,1997年。
3. 汉斯·昆,《全球政治学和经济学的全球道德规范》,1997年。
4. 亚当·斯密,《国富论》,1776年。
5. 亚当·斯密,《道德情操论》,1759年。
6. 埃尔南多·德索托,《资本的奥秘:资本主义何以在西方胜利而在其他地方失败》,2001年。
7. 彼得·沃森,《反恐战争的经济武库》,2002年。
8. 德索托,2001年。
9. 布林克·林赛,《不散的阴魂:为全球资本主义而斗争正未有穷期》,2002年。

10. 林赛,2002年。
11. 林赛,2002年。
12. 穆罕默德·尤努斯,《穷人的银行家:小额贷款和与世界贫困斗争》,1999年。
13. 以赛亚·贝兰,《自由及对其背叛:人类自由的六大敌人》,2002年。
14. 柏拉图,《理想国》,公元前360年。
15. 让·雅克·卢梭,《民约论》,1762年。
16. 罗伯特·帕特南,《让民主名副其实:现代意大利的文明传统》,1993年。
17. 劳伦斯·E.米切尔,《公司无责任:美国的最新出口》,2001年。
18. 查尔斯·达尔文,1882年。
19. 亚历克西斯·德·托克维尔,《美国的民主》,1835年。
20. 帕特南,1993年。
21. 比尔·莫耶斯,《比尔·莫耶斯报告:贸易民主》,2002年。
22. 拉尔夫·纳德,《PBS(公共广播公司)访谈》。
23. 乔治·奥韦尔,《1984年》,1954年。
24. 德·托克维尔,1835年。
25. 穆勒,1909年。
26. 约翰·布伦德尔,《进行思想战》,2001年。
27. 罗兰·沃贝尔,《西欧的集中:共同市场,政治一体化和民主》,1995年。

第5章

1. 伊恩·哈特,《顺流而下:泰晤士河——污染与清污》,2002年。
2. 埃克塞特大学计算机科学系,《活水:昔与今》,1996年。
3. 伊恩·哈特,2002年。
4. 美国环境保护署,《1997年全国空气质量和趋势报告》,1998年。
5. 自由出版社,《民主的世纪:20世纪全球政治变革调查》,1999年。
6. 比约恩·隆博格,《持怀疑态度的环境保护主义者:衡量世界真实状况》,2001年。
7. 联合国开发计划署,《使新技术服务于人类发展》,2001年。
8. 联合国,《联合国人口信息网》,2001年。

9. 国际劳工组织,《信息经济条件下的生活》,2001年。
10. 世界银行,《2001年世界发展指标》,2001年。
11. 联合国开发计划署,2001年。
12. 国际货币基金组织/经济合作与发展组织/联合国/世界银行,《普天之下世界更加美好。逐步实现国际发展目标》,2000年。
13. 联合国艾滋病规划署,《艾滋病传播最新校正数据》,1999年。
14. 隆博格,2001年。
15. 世界粮食峰会,《世界粮食峰会:技术背景文献》,1996年。
16. 世界粮食峰会,1996年。
17. 粮食与农业组织,《撒哈拉以南非洲粮食供应形势与作物收成前景》,1996年;粮农组织,《第六次世界粮食调查》,1996年;粮农组织,《粮食与农业状况》,1997年;粮农组织,《1999年世界粮食不安全状况》,1999年;粮农组织,《2000年世界粮食不安全状况》,2000年。
18. 粮农组织,2000年。
19. 佩尔·平斯楚普-安德森、拉尤尔·潘迪殴-洛尔希、马克·W.罗塞格朗,《世界粮食形势:新近的发展、出现的问题以及长期前景》,1997年;里普·兰德斯、保罗·韦斯科特、约翰·魏纽,《至2005年为止的国际农业基线预测》,1997年;联合国开发计划署,《自2000年3月开始的生产数据库》,2000年。
20. 约翰·诺伯格,《捍卫全球资本主义》,2001年。
21. 阿马蒂亚·森,《作为自由的发展》,1999年。
22. 国际货币基金组织/经济合作与发展组织/联合国/世界银行,2000年。
23. 世界银行,2001年。
24. 世界银行,2001年。
25. 国际复兴开发银行/世界银行,《全球经济前景与发展中国家》,2001年。
26. 国际货币基金组织/经济合作与发展组织/联合国/世界银行,2000年。
27. 世界银行,《着手解决贫困问题》,2001年。
28. 联合国开发计划署,《1997年人类发展报告》,1997年。
29. 泽维尔·塞拉-伊-马丁,《全球经济不平衡令人不安的"加剧"》,2002年。
30. 世界银行,《2002年世界发展报告》,2002年。

31. 世界银行,《1998年世界发展报告》,1998年。
32. 经济政策研究中心,《弄懂全球化的意思:经济问题指南》,2002年。
33. 隆博格,2001年。
34. 国际复兴开发银行/世界银行,《全球经济前景与发展中国家》,2001年。
35. 联合国开发计划署,2001年。
36. 粮农组织,渔业主页。
37. 世界野生生物自然基金,《世界野生生物自然基金欢迎渔业国家的补贴行动(新闻稿)》,1999年。
38. 世界银行,《1992年世界发展报告:发展与环境》,1992年。
39. 世界银行,1992年。
40. 世界气象组织(WMO),《地下水:无形资源》,1998年。
41. 彼得·H.格莱克,《世界的水 1998—1999:两年一次的淡水资源报告》,1998年。
42. 世界气象组织,1998年。
43. 格莱克,1998年。
44. 美国水新闻在线。报告指出抽水过度使世界粮食供应保持稳定,1999年9月。
45. 朱利安·L.西蒙,《最后的资源2》,1996年。
46. 世界银行,1992年。
47. 联合国儿童基金会(UNICEF),《国家的进步:水与卫生评论》,1997年。
48. 约翰·布里斯科,《为水和卫生事业筹资:老的和新的挑战。对国际供水联合会世界代表大会发表的基调演说》,1995年。
49. 桑德拉·波斯特尔,《沙柱:灌溉奇迹能持久吗?》,1997年。
50. 欧罗巴,《欧洲进行中的研究:水:处于威胁中的必不可少的资源》,2002年。
51. 科菲·安南,《世界水日发表的谈话》,2002年3月22日。
52. 欧罗巴,2002年。
53. 世界卫生组织,《水与卫生:情况说明书》,1996年。
54. 汉斯·佐缪,《水的政治》,1998年。
55. 美国水新闻在线,《联合国机构报告世界各地农药污染和中毒事件》,1997

年6月。
56. 美国水新闻在线,《中国三峡投资防污染》,2002年1月。
57. 格莱克,1998年。
58. 世界银行集团,《管理世界水资源非有伙伴关系创新不可(新闻稿)》,1999年3月18日。
59. 隆博格,2001年。
60. 西蒙,1996年。
61. 世贸组织,S/CSC/M/18/Rev.1.2001年4月24日。
62. 迈克尔·M.温斯坦,《绿色与全球化:胜利面前宣告失败》,载《纽约时报》,2001年4月22日。
63. 道·琼斯,新西兰政府支持削减国际渔业补贴,2002年5月6日。
64. 弗伦茨·菲舍尔,欧盟负责农业、农村发展和渔业的专员,演说,2002年。
65. 詹姆斯·安德烈奥尼和阿勒克·莱文森,《对环境库兹涅茨曲线的简单分析方法》,2000年。

第7章

1. 约瑟夫·奈,《美国强权的悖论》,2002年。

第9章

1. 丹尼尔·耶金和约瑟夫·斯坦尼斯瓦夫,《制高点》,1998年。
2. 巴里·科茨,世界发展运动主管,《评世贸组织多哈部长级会议》,2001年11月12日。
3. 沃尔登·贝洛和阿努拉德·米塔尔,《多哈大会:聚焦全球南方和粮食问题》,2001年。
4. 路易斯·F.德拉·卡列,《世界贸易组织的运转》,2002年。
5. 贾格迪什·巴格瓦蒂,《当今的自由贸易》,2002年;贾格迪什·巴格瓦蒂(编辑),《天马行空:自由贸易中的松弛互惠》,2002年。

第10章

1. 世界银行,《中国的差异:收入增加人人有份》,1997年。

2. 埃里克·埃克霍姆,"中国农村不法行为呈增加态势",《纽约时报》,2002年5月30日。
3. 利昂·布里顿,"对经济学的务实观点",《远东经济评论》,2002年5月23日。
4. 托马斯·克朗普顿,"随着中国崛起,有人会问:会出岔子吗?"《国际先驱论坛报》,2001年12月18日。
5. 克朗普顿,2001年。
6. 贾森·布思,"新时代:中国加入世贸组织:东南亚慢慢研究自由贸易",《华尔街日报欧洲版》,2002年12月12—14日。
7. "2002年预期的创纪录外国直接投资",《新华通讯社》,2001年12月4日。
8. 汤姆·科尔斯基,自然事务局,1998年。
9. 亚洲发展银行,《2002年亚洲发展展望》,2002年;国际货币基金组织,《2002年世界经济展望》,2002年。
10. 联合国/世界银行,《千年发展目标:贫困》,2000年。
11. 章家敦,"四大银行面临破产",《国际先驱论坛报》,2002年4月2日。
12. "底线",《亚洲周刊》,2000年10月20日。
13. 美国经济分析局。
14. 曼加·巴拉斯加拉姆,"分析:东南亚华人",BBC新闻,2001年8月29日。
15. 丹尼尔·耶金和约瑟夫·斯坦尼斯瓦夫,《制高点》,1998年。
16. ZDNet UK. Nua Internet Surveys.
17. 世贸组织秘书处。
18. 联合国商品贸易统计数据库;世贸组织秘书处。
19. 苏珊·劳伦斯,"中国—东盟贸易:皆大欢喜",《远东经济评论》,2002年6月13日。
20. 雨果·雷斯托尔,"论贸易",《华尔街日报》,2002年4月10日。
21. 詹姆斯·吉容,"中国钢铁集团打赢美国倾销官司",《金融时报》,2002年5月30日。
22. 据世界银行数据计算,《世界发展报告统计资料》。
23. 丹尼尔·P.莫伊尼汉,《地狱:国际关系中的种族渊源》,1994年。

第11章

1. 布林克·林赛,《不散的阴魂:为全球资本主义而斗争正未有穷期》,2002年。
2. 玛格丽特·C.莱文斯坦和瓦莱丽·萨斯洛,《私营国际卡特尔及其对发展中国家的影响》,2001年。
3. 丹尼尔·T.格里斯沃尔德,《世贸组织工作成绩鉴定表:开放贸易对美国经济的利害关系》,2000年。
4. 彼得·S.沃森,《反恐战争的经济武库》,2002年。
5. 斯蒂芬·布鲁克斯和威廉·沃尔弗斯,"正确看待美国的首席地位",《外交事务》,2002年7/8月。
6. 《2000年总统报告》,2000年。

第12章

1. 德里西拉·K.布朗、艾伦·V.迪尔多夫和罗伯特·M.斯特恩,"多边和区域协商选择CGE模型和分析",收入罗伯特·M.斯特恩《美国贸易政策的问题和选择》,2001年。
2. 世界银行,《2002年全球经济前景:使贸易为世界穷人造福》,2001年。
3. 斯特恩(编辑),2001年。
4. 卡利斯托·马达沃,世界银行非洲区副总裁,"高负债贫困国家及其他:非洲面临的挑战",对欧盟议会发表的演说,2001年9月13日。
5. 尚塔亚南·德瓦拉扬、玛格丽特·J.米勒和埃里克·V.斯旺森,《发展目标:历史,前景和成本》,世界银行工作文件,2000年。
6. 德瓦拉扬、米勒和斯旺森,2002年。
7. 世贸组织,《2001年年度报告》,2001b。
8. 世贸组织,《2001年国际贸易统计资料》,2001b。
9. 世贸组织,2001b。
10. 爱德华·格雷塞尔,《穷国承受的变相税收:改革美国关税政策的理由》,现代政策研究所政策报告,2002年3月25日。
11. 格雷塞尔,2002年。

12. 格雷塞尔,2002年。
13. 世贸组织,2001a。
14. 弗罗姆,"一板一眼的美国:关税如何伤害穷苦的劳动者",《新民主派在线》,2002年1月25日。
15. 布赖恩·T.约翰逊,"笔记本电脑:美国对国内一工业施压",《华尔街日报》,1992年8月。
16. 世贸组织,2001b。
17. 约瑟夫·弗朗索瓦,《世贸组织下一回合:北南在新市场准入谈判中的利害关系》,2001年。
18. 比约恩·隆博格,《持怀疑态度的环境保护主义者:衡量世界真实状况》,2001年。
19. 国际乐施会,《被垄断的规则和双重标准:贸易、全球化和与贫困斗争》,2002年。
20. 世界银行,2001年。
21. 欧盟贸易专员帕斯卡尔·拉米,《在世贸组织一次会议上发表的评论》,2002年2月。
22. 霍斯特·科勒(国际货币基金组织)、迈克·穆尔(世贸组织)和詹姆斯·沃尔芬森(世界银行),《在巴黎经济合作与发展组织部长级会议上对多哈发展议程的联合说明》,2002年5月17日。
23. 菲利普·勒格兰,《开放的世界:全球化的真实性》,2002年。

第13章

1. 贾格迪什·巴格瓦蒂,《当今的自由贸易》,2002年。
2. 格里·洛克伦,"谋财害命和忘恩负义的青年",《国民日报》,2000年5月14日。
3. 赫尔穆特·安海尔、马利斯·格拉休斯、玛丽·卡尔多(编辑),《2001年全球文明社会》,2001年。
4. 罗伯特·康奎斯特,《对一个饱受蹂躏的世纪的反思》,1999年。
5. 莉莎·费瑟森和道格·亨伍德,"服装的遭遇:激进主义分子与经济学家对血汗工厂各执一词",《通用媒介》,2001年3月。

6. 安娜贝尔·霍布利,"红军装是恐怖主义时尚一绝",《金融时报》,2002年6月。
7. 马克·利拉,《鲁莽的人——政界知识分子》,2001年。
8. 达林·M.麦克马洪,《启蒙运动的敌人:法国的反启蒙运动和现代化的造就》,2002年。
9. 艾伦·奥克斯利,"与作者沟通",2002年8月18日。
10. 奥克斯利,2002年。
11. 卡尔·马克思和弗里德里希·恩格斯,《共产党宣言》,1847年。
12. 罗伯特·赖克,《我简单说几句》,2002年。

第14章

1. 史蒂夫·希尔顿和贾尔斯·吉本斯,《好企业:你的世界需要你》,2002年。
2. 内奥米·克莱因,《无理性》,2000年。
3. 阿代尔·特纳,《合法的资本:自由经济》,2001年。
4. 玛丽亚·格拉斯,《粮食与农业:处于公司社会责任的十字路口》,2002年。
5. 市场和舆论研究国际,《利害关系者的对话:消费者的态度》,2000年。
6. 特纳,2001年。
7. 戴维·亨德森,《误导的美德:公司社会责任的虚假概念》,2001年。
8. 马丁·沃尔夫,"梦中与敌人同行",《金融时报》,2001年5月16日。
9. 亨德森,2001年。
10. 公共政策研究所,埃拉·约瑟夫和约翰·帕金森,《对批评者提出质疑》;威尔·赫顿和马丁·沃尔夫,2002年1月。
11. 世界经济论坛,《全球议程监督》,2002年。
12. 菲利普·勒格兰,《开放的世界:全球化的真实性》,2002年。
13. 科菲·安南,"公司必须带头确保全球化使很多人受益",《金融时报》,2002年2月4日。
14. 世界经济论坛,2002年。
15. 凯文·菲利普斯,引自科林·詹姆斯,"笼罩在人们心头的流氓资本主义幽灵",《新西兰先驱报》,2002年7月2日。
16. 罗贝尔·昂斯莱,"雇主需要雇员",《国际先驱论坛报》,2002年7月24日。

17. 希尔顿和吉本斯，2002年。
18. 英国石油公司集团首席执行官约翰·布朗，"引向更好的世界？跨国公司对穷国的经济和社会发展的作用"，在哈佛大学发表的演说，2002年4月3日。
19. 《2001年壳牌石油公司报告：人、行星和利润》，2002年。
20. 詹姆斯·拉蒙特和杰夫·戴尔，"英国的创议"，《金融时报》，2002年8月8日。
21. 《新闻周刊》，2002年9月。
22. 萨拉·安德森和约翰·卡瓦纳，"公司全球影响力的上升"，2000年12月4日。
23. 艾伦·希普曼，《全球化神话》，2002年。

第15章

1. 胡安·恩里克斯，《未来展现在你面前时：基因子和其他力量如何改变你的生活、工作、健康和财富》，2001年。
2. 布林克·林赛，《不散的阴魂：为全球资本主义而斗争正未有穷期》，2002年。
3. 安奈林·比万，《在令人害怕的地方》，1952年。
4. 法兰西共和国总统雅克·希拉克，《在国际关系法语学院的演说》，1999年11月4日。
5. 汉斯·昆，《全球政治学与经济学的全球道德规范》，1997年。
6. 金，1997年。
7. 彼得·德鲁克，"全球经济与民族国家"，《外交事务》，1997年。
8. 金，1997年。
9. 联合国，《国家发展筹资大会初步结果》，2002年3月1日。
10. J.拉穆，"地球峰会经受了'火的考验'"，《金融时报》，2002年9月6日。
11. 乔治·索罗斯，《乔治·索罗斯论全球化》，2002年。
12. 乔治·索罗斯，2002年。
13. 乔治·索罗斯，2002年。
14. 乔治·索罗斯，2002年。
15. 约瑟夫·施蒂格利茨，《全球化及其不满者》，2002年。

16. 丹尼尔·耶金和约瑟夫·斯坦尼斯瓦夫,《制高点》,1998年。
17. 施蒂格利茨,2002年。
18. 遗产基金会,《世界银行和经济增长,失败的50年》,1966年。
19. 肯尼思·W.达姆,《全球游戏的规则:美国国际决策新视角》,2001年。
20. 巴里·霍尔登(编辑),《全球民主:关键辩论》,2000年。
21. 本杰明·R.巴伯,《圣战对麦克世界。恐怖主义对民主的挑战》,2001年。
22. 理查德·福尔克和安德鲁·斯特劳斯,"接着,是全球议会",《国际先驱论坛报》,2002年4月19日。
23. 理查德·杰苏伊特,"政治参与西欧的国家和欧洲议会选举:这种区域背景行得通吗?"提交英格兰牛津大学纳菲尔德学院国际社会学联合会,2002年4月11—13日。
24. 威廉·萨菲尔,"需要:自由核心小组",《国际先驱论坛报》,2001年5月31日。
25. J.F.里沙德,《正午:20个全球问题,20年解决它们》,2002年。
26. 戴维·哈伯斯塔姆,《和平时代的战争》,2001年。
27. 国家战略研究所,《1999—2000年间的军事平衡》,1999年。
28. H.W.布兰兹,《美国自由主义的奇怪消亡》,2001年。
29. 约瑟夫·S.奈,"单边主义与多边主义之争",《国际先驱论坛报》,2002年6月13日。
30. 克里斯托弗·安德鲁斯,《序 A.G.霍普金斯(编辑)世界历史上的全球化》,2002年。

第16章

1. 世界银行,《教育与艾滋病病毒/艾滋病:希望之窗》,2002年。
2. 联合国艾滋病规划署和世贸组织,"艾滋病感染最新校正数据",2001年12月;尼科尔·德利·因诺琴蒂,"调查:博茨瓦纳:病毒摧毁该国生命力",《金融时报》,2001年9月26日。
3. 詹姆斯·普林格尔,"柬埔寨的新创痛:艾滋病传播",《国际先驱论坛报》,2002年6月17日。
4. 恩·容·卡希尔·谢,"数百万计的艾滋病孤儿",《国际先驱论坛报》,2002年

4月17日。
5. 世界卫生组织,《宏观经济学与卫生:为经济发展投资卫生事业》,2001年。
6. 默克,《背景简报》,2002年。
7. 世界卫生组织,《落实千年宣言:包括艾滋病毒/艾滋病和疟疾在内的疾病防治》,总干事的批注,2002年。
8. 尚塔亚南·德瓦拉扬、玛格丽特·J.米勒和埃里克·V.斯旺森,《发展目标:历史、前景和成本》,世界银行工作文件,2000年。
9. 默克,2002年。
10. 尼古拉斯·埃伯施塔特,"人口爆炸",《外交政策》,2002年3/4月。
11. 理查德·鲍德温和菲利普·马丁,《两次全球化浪潮:表面的相似与实际的差别,NBER工作文件,1999年》;安德烈斯·索利马诺,《国际移民和全球经济秩序:概述,世界银行工作文件,2001年》;A.G.霍普金斯(编辑),《世界历史上的全球化》,2002年。
12. 经合组织,《2000年海外发展援助保持稳定:其他流动减少》,2001年。
13. 亚洲移民中心,《亚洲移民年鉴》,1999年。
14. "长寿的工资,编者按语",《金融时报》,2002年5月11日。
15. 布林克·林赛,2002年。
16. 彼得·德鲁克,《养老金基金革命》,1976年。
17. 彼得·G.彼德森,《灰白的黎明:老龄化浪潮的到来将如何改变美国——以及世界》,2000年。
18. 阿拉伯人类发展报告,"自我注定要失败",《经济学家》,2002年7月6日。
19. 安东尼·布朗,"专题报道:英国的种族。白人世界的末日",《卫报》,2000年9月3日。
20. 《北爱尔兰的政治人口学》,2001年。
21. 安德鲁·基尔戈尔,《华盛顿中东事务报告》,2000年6月。
22. 戈登·张,"养老金告罄",《国际先驱论坛报》,2002年7月18日。
23. 德鲁克,1976年。
24. 德鲁克,1976年。
25. 埃里克·鲁洛,"王国的麻烦",《外交事务》,2002年7/8月。
26. 彼得·施瓦茨、彼得·莱登和乔尔·海尼特,《长期繁荣:展望即将到来的繁荣时代》,1999年。

27. 吉恩·科雷茨,"经济趋势:离婚和妇女选民",《商业周刊在线》,2002年3月11日。

28. 弗朗西斯·福山,《我们死后的未来:生物技术革命的结果》,2002年。

29. 戴维·维克托和C.福特·朗格,"开拓遗传新领域",《外交事务》,2002年5/6月。

30. 理查德·莱温汀,《纽约图书评论:科学的策略》,2002年5月9日。

31. 福山,2002年。

32. 胡安·恩里克斯,《未来展现在你面前时:基因子和其他力量如何改变你的生活、工作、健康和财富》,2001年。

33. 马特·里德利,《道德的起源:人类天性和合作的演变》,1997年。

34. 罗伯特·A.温伯格,"论克隆和小丑",《大西洋月刊》,2002年6月。

35. 莱温汀,2002年。

36. 罗伯特·赖克,《我简单说几句》,2002年。

37. 卡尔·萨根,《魔鬼作祟的世界——科学,照亮黑暗的蜡烛》,1995年。

图书在版编目(CIP)数据

没有壁垒的世界:自由、发展、自由贸易和全球治理/(新西兰)穆尔著;巫尤译.—北京:商务印书馆,2007

ISBN 7-100-05047-2

Ⅰ.没… Ⅱ.①穆…②巫… Ⅲ.世界贸易组织—规则—研究 Ⅳ.F743

中国版本图书馆 CIP 数据核字(2006)第 058274 号

所有权利保留。
未经许可,不得以任何方式使用。

MÉIYŎU BÌLĚI DE SHÌJIÈ
没有壁垒的世界
——自由、发展、自由贸易和全球治理

〔新西兰〕迈克·穆尔 著
巫 尤 译
祁阿红 校

商 务 印 书 馆 出 版
(北京王府井大街36号 邮政编码100710)
商 务 印 书 馆 发 行
北 京 民 族 印 刷 厂 印 刷
ISBN 7-100-05047-2 / F·624

2007年1月第1版　　开本 850×1168 1/32
2007年1月北京第1次印刷　　印张 12 1/8
印数 5 000 册
定价:21.00 元